周易古筮考精解

尚秉和/编著
刘光本/译注

北方联合出版传媒（集团）股份有限公司
万卷出版公司

图书在版编目（CIP）数据

周易古筮考精解 / 尚秉和编著；刘光本译注 .--
沈阳：万卷出版公司，2015.5

ISBN 978-7-5470-2910-7

Ⅰ.①周… Ⅱ.①尚… ②刘… Ⅲ.①《周易》–研
究 Ⅳ.① B221.5

中国版本图书馆 CIP 数据核字 (2015) 第 006098 号

出版发行：北方联合出版传媒（集团）股份有限公司
万卷出版公司
（地址：沈阳市和平区十一纬路 29 号 邮编：110003）
印 刷 者：北京京都六环印刷厂
经 销 者：全国新华书店
幅面尺寸：165mm × 240mm
字 数：400 千字
印 张：19
出版时间：2015 年 5 月第一版
印刷时间：2015 年 5 月第一次印刷
责任编辑：刘潇雯
封面设计：吕彦秋
ISBN 978-7-5470-2910-7
定 价：42.80 元

联系电话：024–23284090
传 真：024–23284521

常年法律顾问：李福

序

刘大钧

尚秉和先生为近代著名易学大家，其平生力作乃《焦氏易诂》一书，此书显示出先生对两汉象数易学的深厚研究功底。按照传统路数，举凡易学大家，亦皆精于筮法，本书就是尚先生通过对古代及其本人筮例的辑录整理，阐述了他对筮法筮例的深刻研究与独到见解。

当然，《周易古筮考》中尚氏所作按语，皆为先生高见，而见仁见智，我们未必与之相同。举很有名的“魏管辂为诸葛原射覆”一节为例：“第一物，含气须变，依乎宇堂，雌雄以形，翅翼舒张，此燕卵也。第二物，家室倒悬，门户众多，藏精育毒，得秋乃化，此蜂窠也。第三物，觳觫长足，吐丝成罗，寻网求食，利在昏夜，此蜘蛛也。”

尚先生定蜂窠之卦为《震》卦䷲，此解可谓至确，而定燕卵之卦为《噬嗑》卦䷔，本人以为此解恐有智者一失之处。案此卦恐为《小过》卦䷽，“含气须变”当为外卦震无疑，而内卦为艮为门庭，故能“依乎宇堂”。此卦外卦为震为长男，内卦为艮为少男，而二、三、四爻互巽为长女，三、四、五爻互兑为少女，故“雌雄以形”也。《小过》卦辞曰：“飞鸟遗之音”，且前人多以《小过》卦之卦形象鸟。因三、四两爻象鸟之身，初、二两爻及五爻、上爻四阴爻象鸟之翼，故“翅翼舒张”也。

而第三物“蜘蛛”之卦，应是《噬嗑》卦。盖“觳觫长足”，内卦为震为足，震动，故“觳觫长足”。外卦为离为网罗，离为外卦而震居内卦，故“吐丝成罗”。《噬嗑》卦外卦为离为罗网，而二、三、四爻互卦为艮为门庭为宇堂，三、四、五爻互卦为坎为沟渎为隐伏，于门庭宇堂沟渎之处隐伏之，艮又为止，而坎为险陷为食，以离之网罗与此相连，故曰“寻网求食”。三、四、五爻互坎为夜为盗为伏，故“利在昏夜”也。所以，“蜘蛛”之卦应为《噬嗑》卦。尚先生以《归妹》卦定“蜘蛛”，盖因忽视“吐丝成罗”之“吐”字，既云“吐”，显然“丝”、“罗”在外卦无疑！若以《归妹》卦定之，则是“纳丝成罗”矣！此恐先生书中智者一失之笔，但绝不妨先生之大家风范。

行笔至此，回想起与本书有关的一件旧事。上世纪六十年代，余因敬爱先生射覆之验，常研汉人射覆之妙，遂致入迷。至七十年代中期，偶与内人谈及此，内人遂以小手帕覆一物请余射之，以验其妙，卦得《小过》。余欣然曰：《小过》上卦为震为足，下卦为艮为止，卦象既为足下而止，必袜子无疑！内人笑而开帕示之，令余瞠然：乃半截塑料鞋底也。盖当时生活艰难，穿坏之塑料鞋人们弃前常取其鞋底粘补于新鞋之上，以耐久也。视其物而思其卦：此物亦为足下而止，但三、四、五爻互兑为毁折，二、三、四爻互巽为进退不果，此鞋底既遭毁折，则不能再穿，自然“进退不果”，与象奇验！然余仅见内外之卦便妄下断语，盖因术之不精，亦天资愚钝而无悟也。正如刘光本同志所云：“射覆本身需超人的想象力和全面的《周易》象数学知识，以及扎实的卦术根基和丰富的生活阅历，因而射覆具有相当大的难度，一般人是很难射准的。”

本书乃尚先生对《周易》象数易学穷理尽性后的观象玩辞与观变玩占之作，是娴于《易》数之后对《易》术的阐发。光本同志曾认真研读过两汉象数易学，对本书与《焦氏易诂》亦下功夫作了深入研究，因而可以清楚地把握本书的本旨与内涵，故他作的“注释”、“译文”、“说明”等大部分能切中要旨。因此，本书的问世，一方面为人们阅读本书提供极大便利，另一方面亦可看作是今人对本书的一部研究专著。我看完这部书稿，又回想起二三十年前的一些旧事，遂欣然志之，一则应制序之嘱，二则亦是对逝事烟云的一点寻觅。

原　序

《说文》："卜，灼龟也；筮，揲蓍也"。龟卜之法自唐以后即不见于记载，盖亡已久矣。揲蓍之占，春秋太史所掌，虽亦失传，赖左氏内外传所纪十余事，义法粗具，后之人犹得窥见端绪，传述不绝也。

盖《易》之用代有阐明，而其别有三：伏羲以来察象，周用辞而兼重象，至西汉乃推本辞象而益以五行，五行明而筮道乃大备矣。是以汉之焦、京，魏晋之管、郭，唐之李淳风，宋之邵尧夫，其筮法之神奇有非春秋太史所能望见者，则以春秋太史局于辞象，后之人能兼用五行也。

五行之义始箕子，易微露其兆，引而弗申，至汉乃大昌。后儒以其淫也，矫之而过，凡经义略涉五行者即噤而忌言，一若言及即为儒术之累者。岂知天、地、水、火、雷、风、山、泽、阴、阳、刚、柔，乃《象传》、《彖传》之比附推测。《周易》本文不曾言及，且其迷信又何以异于五行乎？信于彼而疑于此，是何异以五十步诮百步乎？兹惑已！

战乱以来，屏营忧虑，颇思学易，而古人筮案散在百家。毛西河尝录之，附《说卦》中，李刚主为《筮考》，又只十余事，较西河尤略，欲窥其全尤难。乃发愤搜辑，上自春秋，下迄明清传记所载，凡以辞象占而存有本卦者，概为辑录；其只有事验而本卦遗失者，则以其无益推测，摈弗取焉。凡得筮案百六则，一百十卦，揲蓍之法灿然大备。其或词义怪奇深奥难知者，则推求本卦章解句释，以期洞明，俾学者有所遵循，而得其途径焉。至今日市肆所用明程良玉等筮法，虽号称占易，实与辞象无关，且专取用爻，用爻不得即不能推断，可小事而不可大事，宜一人不宜国家，能占命不能射覆。垂帘市井，肆应则宜；观象玩占，兹编不录。

民国十五年一月，滋溪老人记。

目　录

卷三　一爻动上

卷四　一爻动下

卷五　二爻动

卷六 三爻动

卷七 四爻动五爻动六爻动

卷八　纳甲考

卷九　占易杂述

卷十　筮验辑存

卷一　卜筮仪式

筮　仪

《易》本用以卜筮，不娴筮法九六之义即不知其何来。而《系辞》大衍一章尤难索解，《春秋传》所谓某卦之某卦亦莫明其故，故学《易》者宜先明筮法。兹就朱子所传《筮仪》用之。至此《筮仪》为朱子所定，抑或传自先儒，朱子未言，则亦不必论也。

译文：

《周易》本来是用以预卜筮测吉凶祸福的，对筮法九六之义不娴熟即不知《周易》之理从何而来。但是《系辞》大衍一章尤难索解，《春秋传》所谓的某卦之某卦亦令人不知其故，因此学习《周易》的人应当先明白占筮的方法。现就朱熹《周易本义》卷首所载《筮仪》作一简要分析，以助于析明筮法。但是，至于此《筮仪》是否为朱熹所亲订，抑或是传自先儒，而朱熹未言，则不必去争论。

说明：

诚然，《周易》首先是一部卜筮之书，其成书的最初目的和功用都在于占筮。《汉书·艺文志·六艺略》载："及秦燔书，而《易》为卜筮之事，传者不绝"，朱熹也认为"《易》乃卜筮之书。古者则藏于太史，太卜以占吉凶"（《朱子语类》卷六十六）。因而，尚秉和认为："《易》本用以卜筮"，"学《易》者宜先明筮法。"但是，《周易》又不是纯粹的占筮之书，它还反映了殷周之际人们的精神风貌，记录了当时人们所掌握的历史史实、自然科学知识、政治伦理知识以及哲理性的生活知识。特别是《易传》，作为一部解经著作，虽力图将用于卜筮的卦爻符号和卦爻辞奉为神圣，但是它又从象数、义理两个方面阐发其中的意蕴，从而使其哲学思想具有奇特的复杂性质，成为一种哲学智慧与占筮巫术的奇妙结合。因而，随着历史的发展，《周易》的卜筮方面已经过了哲学化的改造，成为一种哲学化的卜筮；其哲学知识、历史史实、自然科学知识又是在卜筮的基础上建立起来的，因而又具有浓厚的巫术文化色彩。秦汉以降，《周易》遂又成为"大道之源"，高居"六经之首"，已脱出卜筮书的范围，成为一部思想文化典籍。所以，在研究《周易》深奥义理的同时，我们并不反对从史的角度对《周易》象数、筮法进行严肃、认真的学术研究，也并不否认卜筮在易学史上的地位。但是，不必迷信占卜。

筮仪详解

择地洁处为筮室，南户置床于室中央。蓍五十茎（长尺余）[①]，韬以帛囊，纳之椟中（椟以圆竹筒或木筒为之，上有盖，下有台函之，使不偃仆），置之床北。设木格于椟南，居床二分之北（格以横木板为之，高一尺，长竟床，广当床三分之二，中为两大刻，相距一尺。大刻之西为三小刻，相距约五寸，下施横足。按：刻即槽也，凹也）。

置香炉一于格南，香合一于炉南，日炷香致敬。将筮，则洒扫拂拭，

① 括号内之文字皆为尚秉和原著中之小字注释，或引用先儒之注解，或尚自加训诂，为与原著正文区别起见。

涤砚一注水，及笔一、墨一、黄漆板一于炉东。东上，筮者齐洁衣冠，北面盥手焚香致敬（筮者北面见仪礼。若使人筮，则主人焚香毕北面立。筮者进立于床前，少西南面受命。主人直述所占之事，筮者许诺，主人右还西向立，筮者右还北向立）。

两手捧椟盖，置于格南炉北，出蓍于椟，解囊置于椟东，合五十策（此所谓大衍之数五十也），薰于炉上。

命之曰："假尔泰，筮有常（任氏云：古命筮二，主人一，筮史再。此筮史之辞，言假此以质于神也）。某今以某事未知可否，爰质所疑于神之灵。吉凶得失，悔吝忧虞，惟尔有神，尚明告之。"

乃以左手取其一策，反于椟中（此所谓"其用四十有九"也。存一不用，以存神也，一故神）。而以左右手中分之，置格之左右两大刻（此第一营，所谓"分而为二以象两"仪也。按：营即经营之义）。

次以左手取大刻之策执之，而以右手取右大刻之一策，挂之左手小指间（指第二营，所谓"挂一以象三"才也）。

次以右手四揲左手之策（此第三营，所谓"揲之以四，以象四时"也）。

次归所余之策，或一，或二，或三，或四，而扐之左手无名指之间（此第四营，所谓"归奇于扐以象闰"也）。

次以右手反过揲之策于左大刻，遂取右大刻之策执之，而以左手四揲之（此第三营之半）。

次归其所余之策如前，而扐之左手中指之间（此第四营之半，所谓再扐以象再闰者也。一变所余之策，左一则右必三，左三则右必一，左二则右亦二，左四则右亦四。通挂一之策，不五则九也。或谓右不必再揲，举左则右可知，但取余策扐之可已。任启运曰："如此则有意简略，且失阴阳交错之义，心不诚则神不应，万不可不揲"）。

次以右手反过揲之策于右大刻，而合左手一挂二扐之策置于格西第一小刻（以东为上），是为一变（此所谓"四营而成易"）。

再以两手取左右大刻之蓍合之（或四十四策，或四十策），复四营如一变之仪，而置其挂扐之策于格西第二小刻，是为二变（二变所余之策左一则右必二，左二则右必一，左三则右必四，左四则右必三。通所挂之一，不四则八也）。

又取左右大刻之蓍合之（或四十策，或三十六策，或三十二策），复四营如二变之仪，而置其挂扐之策于格西第三小刻，是为三变（所余之策与二变同）。

三变既毕，乃合三变挂扐之策，而画其爻于板（此所谓三变而成爻也。合三变挂扐，若共十三策，则三少，而为老阳，其画为重○，重○须变阴。若共十七策，则二少一多，而为少阴，其画为拆 --，拆 -- 不变。若共二十一策，则二多一少，而为少阳，其画为单—，单—不变。若共二十五策，则三多，而为老阴，其画为交✕，交✕须变阳。此四象也），故曰三变而成爻（九变成三爻，谓之内卦）。

凡十有八变而成卦，乃考其卦之变而占其事之吉凶。礼毕，韬蓍袭之以囊，入椟加盖，敛笔砚墨板，再焚香致敬而退（如使人筮，则主人焚香，揖筮者而退）。

按[①]：一变所余之策不五则九，五为奇，九为偶。五除挂一为四，以四约之得一，故为奇。九除挂一为八，以四约之得二，故为偶。

二变三变所余之策不四则八，不去挂一，四约之，四为奇，八为偶。

通三变所余之策，若初五、次四、次四，则全是奇（奇为阳，三阳为乾，故曰群龙）。共得十三策，而揲策则为三十六，四揲之得九而为老阳，阳老则变为阴，故圣人于乾卦六爻之后曰用九。言筮者遇老阳之九，须用以变阴，与遇少阳之七不同也，故用之也。曰："见群龙无首吉"，言老阳须变阴之义也。此筮仪所以曰遇三少则其画为重○，重○者九之标识而待变阴者也。

通三变所余之策，若初九、次八、次八，则全是偶（偶为阴，三阴为坤）。共得二十五策，而揲策则为二十四，四揲得六，而为老阴，阴老则变为阳。故圣人于坤卦六爻之后曰用六，戒筮者遇六须用以变阳，与遇少

---

① 此皆为尚秉和所加之按语。在其按语中，尚或剖析先儒成说，或详细剖析筮案或阐述其观点。

阴之八不同也，故用之也。曰“利永贞”者，言老阴须变阳之义也。此筮仪所以曰遇三多则其画为交✕，交✕者六之标识而待以变阳者也。

通三变所余之策，若初五、次八、次八（阳在初为震），或初九、次四、次八（阳在中为坎），或初九、次八、次四（阳在上为艮），则一奇二偶。共得二十一，而揲策为二十八，四揲得七，而为少阳，少阳不变。此筮仪所以曰遇一少二多，则其画为单一，单一者即不变之阳爻也。

通三变所余之策，若初九、次四、次四（阴在初为巽），或初五、次八、次四（阴在中为离），或初五、次四、次八（阴在上为兑），则一偶二奇。共得十七，而揲策则为三十二，四揲得八，而为少阴，少阴不变。此筮仪所以曰遇一多二少，则其画为拆 - -，拆 - - 者即不变之阴爻也。

说明：

上述文字所论为古人通用之揲蓍布卦法，其法最早见录于《周易·系辞》。《系辞》记录古占筮之法曰：“大衍之数五十，其用四十有九。分而为二以象两，挂一以象三。揲之以四以象四时，归奇于扐以象闰。五岁再闰，故再扐而后挂……是故四营而成易，十有八变而成卦，八卦而小成。”关于这段文字，古人解之甚多，但大多牵强。今人刘大钧先生解之较妥，兹特录其说如下：

把用于演算的四十九根蓍草，在手中任意分成两份，以左手一份象天，右手一份象地，此谓之“以象两。”而后从右手蓍草中任取一根，置于左手小指间，用以象征人，连同左右两手象天地的蓍草，所谓天、地、人三才之道都有了，这就是“挂一以象三”的意思。完成了这套程序之后，以四根蓍草为一组，先用右手一组分数左手的蓍草，然后以同样方式，再以左手分数右手的蓍草。这样一组组分数完两只手中的蓍草，即所谓“揲之以四以象四时。”揲在此为数的意思，以四根蓍草为一组分数左右两手蓍草，以象征四时。

分数完左右两手的蓍草后，每只手中的蓍草必有余数，或余一根，或二、三根，或余四根。“奇”就是以四根蓍草一组分数完后的余数。“扐”

宋人解做“勒”，就是将左手蓍草的余数，置于左手无名指与中指间，将右手蓍草的余数，置于左手中指与食指间。以这余数象征积余日而成闰月，此即所谓“归奇于扐以象闰。”前后两次闰月相去大约三十二个月，在五岁之中，故称“五岁再闰。”

以四根蓍草为一组，一组组分数完后，这时两手蓍草的剩余数亦有一定规律：左手若余一根，则右手必余三根（左手若余两根，右手必余二根；左手若余三根，右手必余一根；左手若余四根，右手必余四根。这时，置于左手指缝间的剩余蓍草数（连同置于小指缝中象征人的那根）不是五根，就是九根。也就是说，这样分数完后，去掉余数，左右手中的蓍草数还余四十四根，或四十根。

到这里，算是完成了以蓍草演算的第一道手续，古人称之为“一变。”尔后将两手的蓍草合在一起（四十根或四十四根）再分成两份，与第一次分时一样，将右手的蓍草取一根置于左手小指缝间，再用右手四四一组分左手的蓍草，随后用左手以同样方式去分右手的蓍草，其他手续亦同第一变，待第二变完成之后，两只手中的蓍草若左手余一根，则右手必定余两根；左手余两根，右手必定余一根；左手若余三根，右手必余四根；左手若余四根，右手必余三根。第二变后置于左手指缝的蓍草余数之和（连同二变开始时取出的那一根蓍草），不是四根就是八根。这时左右两手的蓍草总数在去掉此余数四或八之后，还将有四十根，或三十六根，或三十二根。演算的第二道手续至此结束，此谓之“二变。”

然后将两手的蓍草（四十根，或三十六根，或三十二根）再一次合在一起，尔后分成两份，仍取右手一根放在左手小指缝间，用右手四四一组先数左手的蓍草，再用左手四四一组去数右手的蓍草，两只手中的蓍草以四根为一组，一组组分数完后，其余数的处置亦完全同于一、二变。这时，左手若余一根蓍草，右手必余两根；左手若余两根，右手必余一根；左手若余三根，右手必余四根；左手若余四根，右手必余三根，其余数之和（连同开始从右手取出夹在左手小指的那根）不是四根便是八根。第三变至此结束。三变之后，两手的蓍草总数在去掉此余数四或八之后，将会出现下面四种情况中的一种：1. 还余三十六根，2. 或三十二根，3. 或二十八根，4. 或二十四根，再以四除之（取四象之意），一爻遂定：

36 ÷ 4 = 9（此老阳之数，以○表示）

32 ÷ 4 = 8（此少阴之数，以 - - 表示）

28 ÷ 4 = 7（此少阳之数，以—表示）

24 ÷ 4 = 6（此老阴之数，以✕表示）

老阳须变少阴，老阴须变少阳。这就是“老变少不变”，此为占筮的一条重要原则。《周易》以变为占，故以老阳数九作为卦中阳爻的标志，以老阴数六作为卦中阴爻的标志。

这种于三变之后，将两手揲余蓍草数被四除，然后得出少阴、少阳、老阴、老阳的方法，为汉、唐及部分宋人所用，称之谓“过揲法”。朱熹却对此不以为然，另创“挂扐法”以求少阴、少阳、老阴、老阳之数。

所谓“挂扐法”，系指用勒于左手指间的蓍草余数，以定阴阳老少之数。我们在前面已经知道：第一变后扐之于左手指间的蓍草总数不是五根就是九根。第二变与第三变后，其挂扐数不是四根就是八根。这样，在三变中挂扐数无非有四种情况：

5——奇数（五中只含一个四）

4——奇数（四中只含一个四）

8——偶数（八中含两个四）

9——偶数（九中含两个四）

这是以蓍草余数中含有几个四（象征四时）来定奇偶，再以此奇偶之数定阴阳老少。

譬如按挂扐法，若三变之后，左手指缝中的蓍草余数（挂劫数）皆为奇数，则定此爻为老阳；若三变后挂扐数皆为偶数，则定此爻为老阴；若三变后一奇二偶，则定此爻为少阳；若三变后一偶二奇，则定此爻为少阴。然后以此法经十八变而定六爻。

其实，挂扐法和过揲法求得的结果皆相同。也就是说，用过揲法求得的是老阳之数，用挂扐法同样也得老阳之数。比如用过揲法求得策数为三十六策，然后被四除得九，九为老阳之数。用挂扐法则第一变得蓍草余数为五，五中只含有一个四，是为奇数。第二变得蓍草余数为四，自是奇数。第三变也只能得四，为奇数。三变皆奇数，是为老阳之数。然而三奇数之和为十三策（第一变蓍草余数为五，第二、三变各为四，故其和为十三），四十九策去十三策，正得三十六策。其余老阴、少阴、少阳之数的求法，皆同此理。

用九用六解一

《易》于乾坤二卦之后，独赘曰："用九：见群龙无首，吉"，曰："用六：利永贞。"何也？曰："此圣人教人知筮例也，非占辞也。且专就筮时所遇之一爻言，非论六爻之重卦也。"何言之？凡《易》无论何卦，皆由乾爻坤爻所积而成。而筮时所遇揲数有九、六焉，有七、八焉；七、九皆阳，八、六皆阴。何以乾坤两卦之发端只言九、六。不言七、八？因七为少阳，八为少阴，少阳、少阴静而无为。九为老阳，六为老阴，老阳、老阴动而有用，以有用故，故以九、六代阴阳爻，而不以七、八。

其曰"见群龙无首"、"利永贞"者，则所以申明九、六必变之义。九何以必变？阳极则亢，亢则凶，若"见群龙无首"则吉也，无首则阴矣。六何以必变？阴极则消，消则不能固守，若持之以健而永贞则利也，永贞则阳矣。

朱子曰："凡筮得阳爻者，皆用九而不用七；筮得阴爻者，皆用六而不用八。"其诂是也。其曰"使遇此卦而六爻皆变者，即此辞占之"，则非也。用九用六专指三变成一爻言耳。

三变而揲余皆为奇，或皆为偶，则揲为九为六，则用以变易也。三变而揲余为一奇二偶，则揲数为七；或二奇一偶，则揲数为八。七、八虽亦为阳爻、阴爻，则不用以变易也。

专就三变成一爻言，于六爻皆变，何与哉？设此而为六爻皆变之占辞，则其余六十二卦皆当有六爻变之占，而何以皆无？且《易》于一、二、三、四、五爻变皆未占及，而突及于六爻变之占，于义无取，于例何当哉？此其误。惟清初任氏启运知之，而不敢昌言。

任氏论朱子所定六爻皆变占法云：“‘乾坤占两用’，是也。‘余占之卦之彖辞’，非也。朱子盖误以用九为变坤，用六为变乾”云云。推任氏之意，应以用九为变阴，用六为变阳；以用九用六为变重卦六爻之乾坤者，误也。是任氏亦心知用九用六专指三变成一爻言，审矣。而犹模棱其词，以乾坤占二用为是，则恐有攻朱子之嫌，而干犯清议也。

然其误并不自朱子始。考《左传》，蔡墨论龙云：“乾之坤曰：见群龙无首，吉。”夫墨非为人筮也，所言乾之坤即阳变阴，仍指一爻言也。墨于姤、于同人、于大有、夬，皆指一爻言，于坤亦指一爻可知。

而杜注曰“乾六爻皆变”，是其误自杜预而已。然预之误不止此也。于“见群龙无首”句则注曰：“用九爻辞。”夫用九若为爻，则卦有七爻矣，古今岂闻有七爻之卦哉？后之人习焉不察，沿传注之误，遂误及《易经》。

且又以杜预古人也，或明知其误而不敢驳。岂知筮者遇九则三变之揲余皆奇。三奇即三阳，则乾之象所谓重也，重则之坤矣。三变之揲余皆偶，三偶即三阴，则坤之象所谓交也，交则之乾矣。

周秦人凡明《易》者无不明揲扐，故蔡墨言之而不讹。后之人不娴揲扐，徒知讲《易》，故杜预释之而易误，以一爻之乾变坤而认为六爻，则揲蓍之法不娴故也。

此其义惟唐一行言之最详。唐一行之言曰：“三变皆少，则乾之象也；皆多，则坤之象也。三变而少者一，则震、坎、艮；多者一，则巽、离、兑。故夫七、八、九、六者，因揲数以名阴阳。而阴阳之所以为老少者，不在乎此，在乎三变之间所含八卦之象也。”夫三变之间既各含卦象，则蔡墨所言之乾之坤为一爻之乾之坤可断言也。何则？墨非为人筮故也。

按：用九即阳变阴，亦可曰乾之坤，因一爻亦有乾爻坤爻之分。设蔡墨为人筮遇乾之坤，再以“群龙无首”为占辞，则可曰乾六爻皆变矣。今泛论阳变阴之义而曰乾之坤，则乾爻变坤爻也，仍指一爻言。

又《周易》本占变，筮得一爻阳变阴、阴变阳之义当然为人说明，而六十四卦皆乾爻坤爻积成，故于乾坤二卦之末发其端。而后儒忽以用九用六为六爻全变，百思而不得其解。推原其故，皆由蔡墨论龙“乾之坤”三字误之以为此是用九的解。岂知蔡墨并非为人筮，只以乾爻变坤爻诂用九耳。

又按：王庭凑筮得乾之坤，只就坤卦推，不推“群龙无首”，以其非占辞也。

老少之义自来无确诂，独僧一行以谓三变皆奇则乾之象，皆偶则坤之象。乾坤为父母，故曰老。三变而一奇则震、坎、艮之象，一偶则巽、离、兑之象。震、坎、艮、巽、离、兑为男女六子，故曰少。由一行之说则老少之义皆由三变所含卦象而来，故知蔡墨所言乾之坤即三变时所含之乾象变为坤象也，专指筮时成一爻言也。此义既明，则历来注疏家恃蔡墨以为根据，谓用九用六为六爻全变者，不攻自破矣。

《易》内所言九六乃乾爻坤爻代名，与筮得之九六异。后人以乾皆九，坤皆六，便疑用为六爻皆变。岂知筮时尽可六爻皆得乾，皆得坤，而无一爻变，以不必得九六耳。

任氏论朱子乾坤占二用云：“然则坤尽变，何不占乾元亨利贞之四德，而只占利永贞之两德乎”？是亦以占二用为非矣。

译文：

《易经》在乾、坤二卦六爻之后，又独赘曰：“用九：见群龙无首，吉”，曰：“用六：利永贞。”这是为什么呢？答曰：“用九用六是圣人用来教人占筮的规则，而并非为占辞。况且用九用六是专指筮时所遇之一爻言，而不是来论述六爻皆变重卦之义。”为什么这么说呢？大凡《周易》无论何卦，皆由阳爻阴爻累积而成。而占筮时所遇过揲之数有九六、七八之分，七、九皆为阳，八、六皆为阴。为什么乾坤两卦的发端只言九、六，而不言七、八呢？因为七为少阳之数，八为少阴之数，少阳少阴皆静而无为。而九为老阳之数，六为老阴之数，老阳、老阴皆动而有用，以其动而有用之故，故分别以九、六代指阳爻、阴爻，而不以七、八代指阳爻、阴爻。

之所以说“见群龙无首”、“利永贞”，是为着重申明九、六必变之义。九为什么必变？因为九为老阳之数，阳极则亢，亢则凶，阳亢之时“见群龙无首”则吉，因为无首则转为阴了。六为什么亦必变？因为六为老阴之数，阴极则消，消则不能固守其本，若持之必以健而永贞之利，永贞则又变为阳了。

朱熹说，“大凡筮得阳爻，皆用九而不用七，凡筮得阴爻，皆用六而不用八”，其解诂甚为正确。但是他又说，“假使遇到此卦而六爻全变，则以用九用六辞占之”，却是错误的。因为用九用六是专指三变成一爻而言。

三变之后所揲蓍之余数皆为奇，或皆为偶，则所揲之数或为九或为六，则用以表示变易。三变之后而所揲蓍之余数为一奇二偶，则所揲之数为七；若所揲蓍之数为二奇一偶，则所揲之数为八。七、八虽亦分别为阳爻、阴爻，但是本身却不能变易。

若专指三变成一爻而言，对于六爻皆变之说又怎样呢？假设用九用六为六爻皆变之占辞，那么其余六十二卦也应当有六爻皆变之占辞，而为什么却没有呢？况且《周易》对一爻变、二爻变、三爻变、四爻变、五爻变之占辞皆未涉及，却怎能突然于六爻变而系占辞，这不仅于义无取，于例亦不当。这是朱熹之误。对朱熹之误，只有清初任启运知其错，却不敢昌明其说。

任启运评论朱熹所定六爻皆变之占法时说：“‘乾坤占两用’是正确的，‘余占之卦之彖辞’却是错误的。大概朱熹误认为用九即为所变坤卦之辞，用六即为所变乾卦之辞。”推测任启运之意，应以用九为老阳变少阴，用六为老阴变少阳，而以用九用六为所变重卦六爻之乾坤却是错误的。可见任启运确实心知用九用六专指三变成一爻而言。但是任启运却模棱其词，亦以乾、坤六爻皆变仍以占用九用六为是，是其恐有攻朱熹之嫌，而干犯清议。

然而用九用六之误并不自朱熹时才开始。考《左传》诸筮例，蔡墨论龙时说：“乾之坤曰：见群龙无首，吉。”蔡墨并不是为人占筮，他所说乾之坤也即阳变阴之义，仍指一爻言。蔡墨解姤卦、同人卦、大有卦、夬卦时皆指一爻言，可知其于坤卦亦是专指一爻言。

而杜预却注曰：“乾六爻皆变”，因而用九用六之误始自杜预。然而杜预之误并不止此。杜预于“见群龙无首”句又注其为“用九爻辞。”如果用九为爻，则乾卦有七爻，古今岂听说有七爻之卦吗？后人习焉而不察，长久沿其传注之误，遂误及《易经》。

况且杜预又为古人，或许有人明知其有误却不敢驳。岂知筮者遇九是说三变之所揲之余数皆为奇，三奇即三阳，三阳即所谓重乾之象，重则变为坤。若三变之所揲余数皆偶，三偶即三阴，也即坤之象所谓交，交则变为乾。

周、秦时人凡明《周易》之人无不明揲蓍挂扐之法，故蔡墨之言并不为错。但是后人不娴揲蓍挂扐之法，徒知讲解《周易》，因而以杜预之解释而误以一爻之乾变坤为六爻全变，则是因其揲蓍之法不娴熟之故。

此义只有唐一行言之最详。唐一行之言说：“三变皆为少，则为乾之象；若三变皆为多，则为坤之象。若三变中只有一个少，则为震、坎、艮；若三变中只有一个多，则为巽、离、兑。所以七、八、九、六，只是因揲蓍之数而名阴阳而已。而阴阳之所以有老有少，则不在于此，而在于三变之间所含之八卦之象。”三变之间既已各含卦象，那么蔡墨所言之乾之坤可以断定为一爻之乾之坤。为什么呢？因为蔡墨并非是为人占筮。

按：用九即为老阳变阴，也可说为乾变为坤，因为一爻亦有阳爻阴爻之分。假设蔡墨为人筮遇乾之坤，再以“群龙无首”为筮占之辞，则可说六爻全变。今泛论阳变阴之义却说为乾之坤，则是由阳爻变为阴爻，仍是指一爻言。

又《周易》本占变爻之辞，筮得一爻阳变阴、阴变阳当然应为人说明，而六十四卦皆由阴爻阳爻构成，因而在乾坤两卦之末发其端绪。然而后儒却忽以用九用六为六爻全变之卦，真令人百思而不得其解。推其原故，皆是由蔡墨论龙“乾之坤”三字而误以此为用九的解而至。岂知蔡墨并不是为人筮，只是以阳爻变阴爻来诂解而已。

又按：王庭凑筮得乾卦变为坤卦，只就坤卦来推断，却不用“见群龙无首”来推断，也是因为“见群龙无首”非占辞。

老少之义自来无确解，只是僧一行认为三变皆奇则为乾之象，皆偶则为坤之象。乾坤为父母故为老，三变而一奇则为震、坎、艮之象，三变而一偶则为巽、离、兑之象。震、坎、艮、巽、离、兑为乾坤之男女六子，所以说是少。僧一行之说认为老少之义皆是从三变所含之卦象而来，故可推知蔡墨所言乾之坤即三变时所含之乾象变为坤象，亦专指筮时成一爻而言。此义既明，则历来注疏家恃蔡墨之说以为根据，而以为用九用六为六爻全变之说则不攻自破。

况且《周易》所说九六乃为阳爻阴爻之代名，与揲蓍布卦所得之九六不同。后人因为乾卦六爻皆九，坤卦六爻皆六，便疑用九用六为六爻皆变之占辞。岂知筮时尽可六爻皆为阳，皆为阴，而却无一爻变动，因为其不必非得变之九、六罢了。

任启运又论朱熹乾坤占两用之说时认为：“然而坤卦六爻全变何不占乾元亨利贞之四德，却只占利永贞之两德”，这也是以占用九用六为非。

用九用六解二

余著前论既毕，复得欧阳公说，皆与余意相发明。自古解用九用六者，盖莫过欧阳公也。欧阳公《明用篇》云：“乾卦六爻之后又曰用九者，何谓也？谓以九而名爻也。乾爻七、九，九变而七无为，易道占变，故以其所占者名爻，不谓六爻皆常九也。曰用九者，释所以不用七也。及其筮也，七常多而九常少，有无九者焉，此不可以不释也。坤卦六爻之后又曰用六者，何也？谓以六而名爻也。坤爻八、六，六变而八无为，亦以其占者名爻，不谓六爻皆常六也。曰用六者，释所以不用八也。及其筮也，八常多而六常少，有无六者焉，此不可以不释也。”终又曰：“六十四卦阳爻皆七九，阴爻皆六八，于乾坤而见之，则其余可知也。”

允哉，欧阳子之言也。夫曰以九六名爻，则九六者只乾爻坤爻之代名，非筮得之九六也。乾坤之九六既非筮得，何得谓六爻全变？又何得谓无首为占辞？夫曰及其筮也，七八常多九六常少，有无九六者焉，则用九用六之专指三变成一爻言，尤为显著。

一爻成而为七八也，则不变也。一爻成而遇九六也，则用以变也。如是积之而至于六爻，六爻皆七，虽得乾卦而不变一爻；六爻皆八，虽得坤卦亦不变一爻。且或九六与七八各半焉，七八多而九六少，九六少而七八多焉，遇有用则动，遇无用则静。此正圣人发凡，明例示人以筮法，而安得以名爻之九六认为筮得之九六，谓用九用六为六爻全变而自乱其例哉？

朱子盖尝疑之，而以为不安，故曰使遇此卦而六爻全变者即此辞占之。夫曰使遇，则非确认用九用六为六爻全变也，谓设或如此焉耳。其不安之意自在言外。顾犹以“见群龙无首吉”、“利永贞”为占辞者，则误会蔡墨之言，而惑于杜注也。

岂知无首二语乃释用义而非占辞。任启运曰：“设此而为占辞，则坤尽变乾，何不占乾元亨利贞之四德，而只占利永贞之二德乎？”其立说可谓至坚，为历来注疏家所不能破。

且朱子亦既以“六爻全变当占之卦彖辞”教人矣，而独于乾坤全变则不占之卦而占本卦，考之于古而不然，揆之于理而不协。学者苟能娴营揲之法，而详考六九之言，屏除千百年来注疏家之蒙说，则其心必有与我同者矣。

按：《易经》本文尽占辞，只此两节教人筮法，于乾坤两卦发之者，凡卦皆乾爻坤爻积成也。用九用六者，申不用七不用八之义也。“群龙无首吉”、“利永贞”者，又释九六必变之义也。

蔡墨之乾之坤，即阳变阴也，仍指一爻言，非为人筮遇六爻全变也。蔡墨不误也，杜注误也。杜之误不只此，其释艮之八，先儒尤谓其误。他注易之处，驳之者亦多也。

后又阅毛西河《仲氏易》，亦谓后人误解蔡墨之言，惟毛释“乾之坤”

三字仍隔鞋抓痒，不能折后人之口耳。至谓用九用六若另为爻辞，则天下岂有七爻之卦？颇足补助，余非占辞及圣人自乱其例之说。特毛又谓用九用六为上九上六爻辞，则又忽明忽暗，不能自圆其说耳。

译文：

我著完前《用九用六解一》后，又看到欧阳修之说与我之意互相发明。自古以来解用九用六的，大概没有人能超过欧阳修。欧阳修《明用篇》说："乾卦六爻之后又说用九，是说什么呢？是说以九而名爻。阳爻为七、九，九为老阳之数可变，而七为少阳不可变，易之道以变之九为占，所以以其所占之九而名爻，而不说六爻皆常九。乾卦之后说用九，是说为什么不用七。在占筮时，常常多静爻而少变爻，因而有无变爻不可不解释。坤卦六爻之后又说用六，为什么呢？也是说以六名爻。阴爻为八、六，六为老阴可变，而八为少阴不可变，亦以其可占之六而名爻，而不说六爻皆为常六。之所以说用六，是说为什么不用八。当其占筮之时，少阴常多而老阴常少，因而有无变爻则不可不释。"欧阳修最后又说："六十四卦阳爻皆为七、九，阴爻皆为六、八，在乾坤两卦之后而见之，则其余六十二卦可以推知。"

欧阳修说得太好了。他之所以说以九、六来名爻，则用九、用六只是阳爻阴爻之代名，而不是筮得之九、六。乾卦坤卦之用九用六既然不是占筮而来，怎么能说是六爻全变，又怎么能以"见群龙无首"为占辞？他说及占筮时，七八常多而九六常少，有无九六及用九用六皆专指三变成一爻而言，则尤为显著。

一爻成而为七八之数，则其爻为静爻。若一爻成而遇九六之数，则必变动。若如此而积为六爻，六爻皆七，即使得乾卦而不变一爻；若六爻皆八，即使得坤卦亦不变一爻。况且九六与七八各半，七八常多而九六常少。七八常多而九六常少，则遇有用而动，遇无用则静。这正是圣人以明例而示人以筮法，怎么能以名爻之九六而认为是筮得之九六？说用九用六为六爻全变则是自乱其例。

大概朱熹曾经怀疑过，但却甚感不安，所以说假使遇此卦而六爻全变的即以用九用六之辞而占断。他说“使遇”则是说并非确认用九用六为六爻全变，是说假设如此罢了。其不安之意自在言外，其犹以“见群龙无首吉”、“利永贞”为占辞，则是因其误会蔡墨之言，而为杜预之注所迷惑。

岂知“见群龙无首吉”、“利永贞”两句乃是释其用义而不是占断之辞。任启运说：“假设用九用六为占断之辞，则坤卦六爻全变而变为乾卦，何不以乾元亨利贞之四德为占辞，却只占利永贞之二德?”任启运此说可谓至坚，为历来注疏家所不能破。

况且朱熹既然已经说“六爻全变当占之卦彖辞”，却又独说乾坤全变则不占之卦而占本卦。此考之于古而不然，揆之于理亦不妥。若学者能熟练地运用掌握营揲之法，并详考九六之言，则可摒除千百年来注疏家之蒙说，其心必有于我相同者。

按：《易经》本文尽为占筮之辞，只有用九用六两节为教人筮法，并在乾坤两卦之后说明之，因为六十四卦皆由阳爻和阴爻来构成。之所以说用九用六，是为申明不用七不用八之义。“见群龙无首吉”、“利永贞”，又是用来释九六必变之义。

蔡墨所说之乾之坤，是说阳爻变为阴爻，仍是指一爻言，而不是说为人筮而遇六爻全变。蔡墨并没有错误，而是杜预注释错误。杜预之误并不仅止此，其释艮之八亦误。其他杜预注易之误，先儒已驳之甚多。

以后又阅毛西河《仲氏易》，亦说为后人误解蔡墨之言，只是毛西河解释“乾之坤”三字仍为隔靴搔痒，不能折服后人。至于其又说用九用六若另为爻辞，则天下岂有七爻之卦? 颇足补助，其余的则并非占辞。及其又说圣人自乱其例之说，又说用九用六为上九上六之爻辞，则又忽明忽暗，并不能自圆其说。

卷二　静　爻

静　爻

朱子曰："六爻不动，占本卦彖辞。"[①]

按：古人成例固以占彖辞为常，然彖辞往往与我不亲，则视其所宜者而推之，斯察象[②]为贵耳。兹将古人占得六爻全静之推，汇录于左，固不拘一法也。

注释：

①"朱子曰：'六爻不动，占本卦彖辞。'"：朱子即宋代大学问家朱熹，著有《周易本义》，成一家言。本文所引"六爻不动占本卦彖辞"系出自《易学启蒙》。《易学启蒙》相传为朱熹所作，亦有人疑为朱氏弟子蔡元定之作。其"变占"章论《周易》筮法曰：

凡卦六爻皆不变，则占本卦彖辞。而以内卦为贞，外卦为悔。

一爻变，则以本卦变爻辞占。

二爻变，则以本卦二变爻辞占，仍以上爻为主。

三爻变，则占本卦及之卦之彖辞，而以本卦为占，之卦为悔。前十卦主贞，后十卦主悔。

四爻变，则以之卦二不变爻占，仍以下爻为主。

五爻变，则以之卦不变爻占。

六爻变，则乾、坤占二用，余卦占之卦彖辞。

②察象：象指卦象；广而言之，亦可指大自然所呈现的各种各样的景象。《周易》包括象数、义理、卜筮三个要素，其中卦象是观变玩占的重要基础。《周易·系辞》说："君子居则观其象而玩其辞，动则观其变而玩其占"，可见卦象在易占中的重要性。象数、义理、卜筮三者密切相关。《左传·僖公十五年》认为："筮，数也。物生而后有象，象而后有滋，滋而后有数。"唐代孔颖达也说："象生而后有数，是数因象而生也。若易之卦象，则因数而生，故先筮而后得卦，是象从数生也。"古人对卦象、卦数的探讨往往最终归结到易占上，因而尚秉和此处强调"察象为贵。"

译文：

朱熹说："若所占得之卦六爻皆不动，没有变爻，则以所得之卦的彖辞来推断事情的吉凶。"

按：古人固定成例，若所得之卦无变爻，则根据所得之卦的彖辞来推断事情的吉凶。然而，所得之卦的彖辞有时往往与我所占断的事情没有很直接的联系，则需视其具体情况或者与卦、事有联系的方面而推断之。这个时候，就显示出观察卦象以断吉凶的重要。兹将古人筮案中所占得的六爻全静之卦的推断实例汇录于下，可见古人筮占本来就不泥成法、不拘一格。

董因筮重耳返国

公子重耳反[①]国，董因迎之河，曰："臣筮之，遇泰☷之[②]八（韦注：遇泰无动爻，筮为侯，泰三至五震[③]为侯，阴爻不动，其数皆八，故得泰之八。与贞屯悔豫[④]皆八义同）。曰：是谓天地配享，小往大来（阳下阴升[5]，故曰配享。小喻子圉，大喻文公，阴在外为小往，阳在内为大来），今及之矣，必有晋国。”

按：此用彖辞。

又按：泰之八，韦注不甚明了。宋程迥[6]云“九变六，六变九”，非也。九当变八，六当变七，何以言之？董因为晋文公筮得泰之八，谓初、二、三以九变八，四、五、上不变为八，故曰泰之八。如程氏之说，则初、二、三变矣。然史何不曰泰之坤而曰泰之八，则未变可知也。且如程说，施之于艮之八，贞屯悔豫皆八，则不通也。阙疑可也。

注释：

①反：通返。

②之：即变。如蹇之升，即蹇卦二爻、五爻动而变成升卦。

③三至五震：即泰卦三爻至五爻互为震卦，此为互体卦。所谓互体，指在一卦六爻中，除内卦、外卦这两个经卦之外，另外二爻、三爻、四爻可以组成一个新经卦，三爻、四爻、五爻又可以组成一个新经卦。互体之卦，据说与本卦很有关系：一卦之义，包含有互体之义；一卦之占，也要从互体卦上去推测。这是旧儒用以附会卦象而释占的一种巧妙方法。

④贞屯悔豫：古人称本卦为“贞”，变卦为“悔。”贞屯悔豫，即本卦为屯，变卦为豫，也即屯之豫。

⑤阳下阴升：此释泰卦。泰卦乾下坤上，乾为阳，坤为阴，故曰“阳下阴升。”阴为小，阳为大，阴消而阳长，故又称“小往大来。”

⑥程迥：南宋应天府宁陵（今河南宁陵东南）人，博学多闻，释经订史，精于易学。其《易》说用邵雍加一倍法，据《系辞》说卦，发明其义，用逆数以尚占知来。撰有《易章句》十卷、《周易外编》一卷、《古易考》一卷、《古易占法》一卷等。

译文：

晋公子重耳欲返回晋国。晋大夫董因迎到河边，对晋文公重耳说：“臣占了一卦，得泰之八（韦昭注曰：遇泰卦而无动爻。泰卦三爻至五爻互体为震卦，震卦为侯。阴爻不动，则为少阴，少阴数皆八，故曰‘得泰之八’。此与本卦为屯、变卦为豫皆八之义同）。这是说，泰卦乾下坤上，乾为天，坤为地，有天地配享、小往大来之意（阳在下而往上升，阴在上而逐渐消，故曰天地相配。小喻晋惠公太子子圉，大喻晋文公重耳；阴小在外快要走到尽头，为小往，阳大在内快要出现，为大来。暗喻子圉去位而重耳掌晋国）。这正是您实现抱负、一展宏图的时候，您肯定能掌有晋国。”

按：此卦纯用泰卦彖辞占断。《泰·彖》曰：“泰，小往大来，吉，亨。则是天地交而万物通也，上下交而其志同也；内阳而外阴，内健而外顺，内君子而外小人。君子道长，小人道消也。”

又按：关于“泰之八”，韦昭之注不甚明了确切。宋代程迥说“九变六、六变九”，也是不正确的。九应当变八，六应当变七，为什么这样说呢？董因为晋文公占筮得泰之八，是说初爻、二爻、三爻以九变八，四爻、五爻、上爻为阴爻不变，少阴为八，所以说是泰之八。如果依照程迥的说法，那么初爻、二爻、三爻都应变。然而太史何以不说泰卦之坤卦，而说泰之八，可见泰卦初爻、二爻、三爻未变。况且，若按程迥的说法，对于艮之八，对于贞屯悔豫皆八，则讲不通。对于这些难以解释之处，阙疑以待后来即可。

说明：

关于“泰之八”，古人论之甚多，可谓人言人殊。尚秉和认为“泰之八”当为泰卦无动爻，故将之纳入“静爻”之列，此乃一家言。今人刘大钧先生经过详细考证，对此提出异议，认为“泰之八”当有动爻（详见刘氏《周易概论》）。读者可考证之。

秦伯伐晋筮获晋君

秦伯伐晋，卜徒父筮之，“吉，涉河，侯车败。”诘之（杜注：秦伯不解，谓败在己，故诘之），对曰："乃大吉也，三败必获晋君。其卦遇蛊☶，曰'千乘三去，三去之余，获其雄狐'。夫狐蛊，必其君也（注：于《周易》，'利涉大川，往有事也'①，亦秦胜晋之卦也。今此所言，盖卜筮书杂辞②以狐蛊为君，其义欲喻晋惠公，其象未闻。顾炎武③曰："邵氏云，去犹除也，每除三百三十三，则三除所剩为一，非获其君而何？"）蛊之贞风也，其悔山也（注：内卦为贞，外卦为悔④。巽为风，秦象。艮为山，晋象）。岁云秋矣，我落其实而取其材，所以克也（注：艮为山，山有木。今岁已秋，风吹落山木之实，则材为人所取）。实落材亡，不败何待，三败及韩（晋侯车三坏）。"果获晋君。

按："涉河，侯车败"，卜徒父筮辞也。秦伯疑败在己，故诘之。蛊初至四为大坎⑤，河也；二至四为兑，兑毁折；三至五为震，震为车，故车毁折而止于泞，艮止故也。更参之以贞悔，知败在彼而不在我，明矣。

按：此不用彖辞。

注释：

①"利涉大川，往有事也"：此为蛊卦彖辞。《蛊·彖》曰："蛊，刚上而柔下，巽而止，蛊。'蛊，元亨'，而天下治也。'利涉大川'，往有事也。'先甲三日，后甲三日'，终则有始，天行也。"

②卜筮书杂辞：古有三易之说。《周礼·大卜》"大卜……掌三易之法，一曰《连山》，二曰《归藏》，三曰《周易》。其经卦皆八，其别皆六十有四"，可见用于卜筮之书并非仅通行本之《周易》。其他用于卜筮之书，或由于本身价值不大，随历史发展逐步淘汰掉；或由于年代久远，疏于流传，今已见不到。但在当时，卜筮书之类的占辞当有很多，且芜杂而欠系统。此处之"卜筮书杂辞"似指此。

③顾炎武：明末清初思想家、学者。其《易》著有《易音》三卷，另见《日知录》第一卷。

④内卦为贞、外卦为悔：一别卦分上、下两经卦，上经卦又称外卦、

上卦，亦可称悔卦；下经卦又称内卦、下卦，亦可称贞卦。

⑤蛊初至四为大坎：蛊卦初爻、四爻为阴爻，二爻、三爻为阳爻，阴包阳，有坎象。

译文：

秦伯（即秦穆公）欲攻伐晋国，令卜徒父占了一卦。卜徒父断曰："吉，宜于过河，侯之战车会损坏。"秦伯心存疑惑，又追问了一遍（杜预注曰：秦伯不明白，认为失败在自己这边，故再追问），卜徒父回答说："这是大吉啊！经过三次失败之后，必能擒获晋国国君。占问遇到蛊䷑卦，其辞曰：'一千乘战车三次驱驰，三次驱驰之余，必能擒获领首的雄狐'。雄狐，必定是晋国的国君（注：对于《周易》，《蛊·彖》曰：'利于涉过大河，因为过河有重大事情'，也是预示秦国战胜晋国之卦。此处所言'千乘三去，三去之余，获其雄狐'，大概是其他卜筮书上的杂辞，用雄狐来喻晋君，其义主要是指晋惠公。但是，何以通过卦象来揭示其义，却从未见过。顾炎武也论此曰：'邵氏云，去字犹除字，每次除三百三十三，则除三次之后只剩一，不是擒获晋君而是什么呢。'）蛊的内卦为巽为风，外卦为艮为山（注：内卦为贞，外卦为悔。巽为风，象征秦国；艮为山，象征晋国）。时令到了秋季，我吹落山上的果实，而伐取山上的木材，所以是我克制晋国（注：艮为山，山上有木。现在已到秋天，劲风吹落山木的果实，则木材亦为人所伐取）。果实剥落，木材伐尽，不败又等待什么呢，三败之后必获晋君（晋君的战车坏了三次）。"果然擒获晋惠公。

按："涉河，侯车败"，这是卜徒父的筮辞。秦穆公怀疑自己会败，故一再盘问。蛊卦初爻至四爻有大坎之象，大坎为大河；二爻至四爻互体为兑卦，兑卦有毁折之义；三爻至五爻互体为震卦，震卦为车，所以总断晋君车子毁折而停止于泥泞中。因为外卦为艮，艮有停止之义。再根据内卦为我、外卦为彼的原则，则可推知失败在晋惠公而不在秦穆公。这又是何等明显。

按：此不用彖辞来推，而是主要依据卦象来断。

晋败楚鄢陵筮得复[1]

成公十六年，晋楚遇于鄢陵，晋侯筮之。史曰："吉，其卦遇复䷗。曰：南国蹙[2]，射其元，王中厥[3]目，国蹙王伤，不败何待?"公从之。及战，吕锜射其王，中目，楚师败。

按：此亦不用彖辞。

杜注曰：复，阳长之卦[4]，阳气起子[5]，南行推阴，故曰南国蹙也（按：子正北方，一阳初生，必逐渐增长，阳长则阴消，故曰推，曰蹙）。南国蹙则受其咎[6]，离为诸侯（《正义》曰：离为日，日君象，故为诸侯），又为目，阳气激南，飞矢之象[7]。

何氏《订诂》[8]云：贞我悔彼，以震木入坤土，射之义也。

注释：

①此出自《左传·成公十六年》。

②蹙：紧迫、困顿之貌。

③厥：其，他的。

④复，阳长之卦：复卦，十二辟卦之一，五阴而一阳，有一阳长而息五阴之象，故为"阳长之卦。"十二辟卦又称十二消息卦，分主十二月。复卦建子，主十一月。

⑤阳气起子：子为十一月，十二辟卦为复。复卦一阳长而息五阴，故有"阳气起子"之说。

⑥咎：凶，灾祸。

⑦阳气激南，飞矢之象：阳气激南，指复卦阳气从子长，子为正北方，故阳气逐渐往南长。飞矢，指内卦震为木，震有飞矢之象。

⑧何氏《订诂》：此指明代何楷所著《古周易订诂》。

译文：

成公十六年，晋军与楚军在鄢陵（今河南省中部）相遇，晋侯占了一卦。史官断曰："吉，这一卦得复☷。这是说南国（即楚国）国内紧迫、困顿，打仗射中其主帅，射中他的眼睛。国家困顿，国王受伤，不败才怪呢!"晋侯也这样认为。等到开战，吕锜射中楚国主帅的眼睛，楚国军队大败。

按：此也不是依据复卦彖辞来推断。

杜预注曰：复卦是阳长而息阴之卦，阳气从正北方升起，向南推行而息阴，所以说楚国国内窘迫、困顿（按：子为正北方，为一阳初生之地。一阳初生，必逐渐增长，阳气长则阴气必消，所以说向南推，所以说楚国窘迫）。楚国军队窘迫，则必受其灾。而阳消南，南为离，离为诸侯（孔颖达《周易正义》说：离为日，日有君象，所以离也为诸侯），离亦为目，阳气向南激荡，内卦震有飞矢象，故有飞矢射目之义。

何楷《古周易订诂》说：内卦为我为震木，外卦为彼为坤。复卦有震木入坤土之象，也即有射之义。

说明：

此卦既未用彖辞，也未用卦象。而赖以断占的"南国蹙，射其元，王中厥目"并不见于通行本之《周易》。这可能出自当时流传的《连山》、《归藏》，也可能取自其他筮书。可见当时的筮占方法不只《周易》一种，也可能还有其他方法。

孔子自筮命得贲

《家语》：孔子常自筮，其卦得贲☶，愀然[①]有不平之色。子张进曰："师，闻卜者得贲者吉，而夫子之色不平，何也?"孔子曰："以其离耶，在《周易》，山下有火谓之贲，非正色之卦[②]也。夫质也，黑白宜正焉。今得贲，非吾之兆也。吾闻丹漆不文[②]，白玉不雕，何也？质有余，不受饰也。"

按：此推卦义。

彖曰："文明以止"[④]，言内离明而外艮止也。李刚主[⑤]曰："孔子之意，盖欲行道于天下，乃不遇见龙[⑥]等卦而得贲，则止以《诗》、《书》传后，所谓‘小利有攸往’[⑦]，故不快也。”

注释：

①愀然：神色变得忧愁、悲伤之状。

②非正色之卦：贲有修饰、文饰之义。《序卦》曰：“贲者，饰也。”此外，贲尚有杂色成文之义；既为杂色，则贲为非正色之卦。

③文：通“纹”，亦为修饰、文饰之义。

④彖曰“文明以止”：此系指《贲·彖》。《贲·彖》曰：“贲亨，柔来而文刚，故‘亨’。分，刚上而文柔，故‘小利有攸往’。刚柔交错，天文也。文明以止，人文也。观乎天文，以察时变。观乎人文，以化成天下。”

⑤李刚主：即清代李塨，字刚主，号恕谷。其《易》著有《周易传注》七卷、《周易古筮考》一卷。

⑥见龙：此指乾卦、坤卦。乾卦“初爻：潜龙勿用”，“九二：见龙在田，利见大人”，“九五：飞龙在天，利见大人”，“上九：亢龙有悔”，“用九：见群龙无首，吉。”坤卦上六爻“龙战于野，其血玄黄。”盖乾坤为天地之正卦，主可干大事业。

⑦小利有攸往：贲卦卦辞，谓只有小利而可前往，非谓干大事业之征。

译文：

《孔子家语》：孔子常常自己为自己占筮，占得之卦为山火贲卦䷕。孔子见后，怅然有不平之色。弟子子张问曰：“老师，听占卜的人说占得贲卦为吉利之占，而先生您却有不平之色，这是为什么呢?”孔子回答说：“因为贲卦，在《周易》来讲，山之下有火谓之贲，离在山下，又贲有修饰、文饰之义，有杂色成文之象，本来不是正色之卦。对于色质来讲，黑白才是正色。今日占得贲卦，并不是我的好兆头啊。我听说丹漆不需纹饰，白玉无须雕琢，这是为什么呢？质地刚正有余，不需要接受纹饰。”

按：此纯粹根据卦义来推断。

《贲·彖》曰：“文明以止”，是说内卦为离为明，外卦为艮为止，文明于内而不显于外。清代李塨分析说："孔子的本意，欲行救国拯民之大道于天下，没有遇见可干大事业之乾坤之类的正卦，却遇到了非干惊天动地之事业的贲卦，则只好以《诗经》、《书经》传授于后世，所谓'只有小利而可前往'，所以孔子不快。"

说明：

古人解《易》，多并不拘于一法。或依卦辞解，或以爻辞推，或从卦象析，或据卦义断，或照彖辞辨。秦汉以降，纳甲法出，梅花易昌，则筮法良多，从无泥于成规。可见《周易》多存变通之义。盖《周易》云："易穷则变，变则通，通则久"，也即今人所谓"具体问题具体分析"之义。

即如上卦，对于一般筮者来讲，或为小利，或为小义，得贲卦可有小利而前往，当然是足以令人心动的吉卦。但是对于欲拯斯民于水火、行大道于天下的孔夫子来说，得此小利之贲卦显属不吉之兆。可见析卦断易当因人、因时、因地而异，古人从无成规可循，今人亦不应迷信于成法，当根据具体情况而具体分析之。

孔子自筮命得旅

《乾凿度》[①]云：孔子生不知《易》本，偶筮其命得旅䷷，请益于商瞿氏[②]。曰："子有圣知而无位。"孔子泣曰："凤鸟不来，河无图至，天之命也[③]。"于是始作十翼[④]。

按：此占与贲义同。

《旅·彖》云："小亨，柔得中乎外，而顺乎刚，止而丽乎明"[⑤]，言离明而止也，有道于身而不能行之象也，故孔子泣也。

注释：

①《乾凿度》：《易纬》中最重要的一篇。《四库全书总目提要》评曰："说者称其书出于先秦，自《后汉书》、南北朝诸史及唐人撰《五经正

义》、李鼎祚作《周易集解》，征引最多，皆于《易》旨有所发明，较他纬独为醇正。”内容有《易》三义说、太易说、九宫说、八卦方位说、爻辞说、卦气说等。

②商瞿：孔子弟子，孔子易学的第一代传人。《史记·仲尼弟子列传》云：“商瞿，鲁人，字子木，少孔子二十九岁。孔子传《易》于瞿，瞿传楚人馯臂子弘。”

③天之命也：孔子曾说，“君子有三畏：畏天命，畏大人，畏圣人之言。”所谓天命，古人把宇宙的最高主宰称为天，把支配人的社会生活的异己力量称为命，是为天命。

④（孔子）作十翼：十翼即《彖》上下、《象》上下、《系辞》上下、《文言》、《说卦》、《序卦》、《杂卦》。十翼之名始见《易纬·乾凿度》，其书曰：“仲尼五十究《易》，作十翼”，称十翼为孔子所作。宋欧阳修作《易童子问》始疑十翼非孔子所做，宋以后亦多有人以《说卦》、《序卦》、《杂卦》非圣人之书。今人经过详细考证，认定十翼多为战国中后期的作品，实非孔氏所作（详参刘大钧、林忠君著《周易传文白话解》）。

⑤此系引自《旅·彖》。其全文曰：“旅‘小亨’，柔得中乎外，而顺乎刚，止而丽乎明，是以‘小亨旅贞吉’也。旅之时义大矣哉。”

译文：

《乾凿度》说：孔子刚开始时并不知《易》，偶然用《周易》占其命得旅䷷，问于商瞿。商瞿说：“先生您有圣人的智慧，却没有圣知的权位。”孔子泣曰：“凤凰不向这里飞来，黄河没有龙图出现，这是天命啊！”于是开始作十翼。

按：这一卦与贲卦之义同。

《旅·彖》说：“小亨通，阴柔得中位于外卦而顺乎于阳刚，静止而依附于光明。”这是说离卦光明却静止不动，是集大道于一身却不能推行于天下之象，所以孔子哭泣。

鲁伐越筮鼎折足

《论衡》[1]：鲁将伐越，筮之得鼎☲折足[2]。子贡占之以为凶，何则？鼎而折足，行用足，故谓之凶。孔子占之以为吉，曰："越人水居，行用舟，不用足，故谓之吉。"果克之。

按：此不知其何以占得此一语。或谓古人凡占得鼎卦，皆有折足之惧。观下子贡事及李纲事，殆[3]是也，故仍列入静爻中，然则古人得全静卦，或独取一爻推也。

鼎取新也[4]，有取意。越行不用足，即折足，寓取越意，故孔子以为吉。

注释：

①《论衡》：东汉哲学家王充的代表作。其中的《卜筮》篇论《周易》象数卜筮有精到之见。

②鼎折足：系指鼎卦九四爻辞。其辞曰："鼎折足，覆公悚，其形渥，凶"，是说鼎足折断，八珍菜粥倾倒出来，沾濡了四周，故凶。

③殆：几乎，差不多。

④鼎取新也：此引自《周易·杂卦》。

译文：

《论衡》载：鲁国将要攻打越国，鲁国占了一卦，得鼎卦，鼎四爻有折足之义。子贡占断，认为鲁国凶险，为什么呢？鼎足折断，行军打仗用足，足折断，所以说是凶。孔子占断认为非常吉利，他说："越国人依水而居，行用舟而不用足，所以说是吉利。"鲁军果然战胜越军。

按：此例不知从何处占得"鼎折足"一语。有人说，古人凡占得鼎卦，都有折足难前之忧惧。观以下所列子贡之事及后面的李纲足疾之事，几乎都是这样，所以仍将此例列入静爻之类中。然而，古人占得全静之卦，有时也可独取其中的一爻爻辞而加以推断。

鼎卦有取新之意，所以有攻取、战胜的意思。越人行不用足，即折足之义，折足则凶（九四爻辞），蕴涵着鲁能攻取越国之义，所以孔子认为吉利。

说明：

此例紧紧抓住卦爻辞中与所占之事有联系之处来判断吉凶，弥足可贵。鼎九四爻说，“鼎折足……凶”，是说折足者凶；越人行用舟而不用足，有折足之义，故断其凶。断卦析占须十分详细才是。

孔子命弟子筮子贡久而不来

《诚斋杂记》[①]：孔子使子贡，久而不来，命弟子占，遇鼎☲，皆言无足不来。颜回掩口而笑，子曰：“回也哂[②]，谓赐来乎？”对曰：“无足者，乘舟而至也。”果然。

按：此亦不取象辞，专取折足义，以象与我不亲也。

注释：

①《诚斋杂记》：南宋杨万里撰。杨万里字廷秀，自号诚斋。

②哂：微笑、讥笑。

译文：

《诚斋杂记》载：孔子使子贡出访，很长时间而没有回来，命弟子们占子贡何时来，得火风鼎☲卦，都说无足而不能来。颜回掩口而笑。孔子问：“颜回笑什么，是说子贡来吗？”颜回答：“无足者，是说乘船而至，当然不用足了。”子贡果然乘船回来了。

按：此例亦未按鼎卦彖辞断，而专取鼎卦九四爻之折足义，因为彖辞与我所占之事没有什么太大联系。

说明：

《鼎·彖》曰："鼎象也以木巽火，亨饪也。圣人亨以享上帝，而大亨以养圣贤。巽而耳目聪明，柔进而上行，得中而应乎刚，是以'元亨'。"通篇并无有出行何时归来之义，因而难以用此彖辞来断。故改用鼎折足义来断，因折足与行可以联系起来。从此例来看，朱熹所谓"六爻不动，占本卦彖辞"之语并非处处应验，宜应谨慎用之。

汉和帝筮雨

汉永平五年，京师少雨，上向云台，自作卦，以《周易》林[①]占之，遇蹇䷦，其疏曰："蚁封穴户，大雨将至。"上以问沛献王辅，辅上书："蹇，艮下坎上，艮为山，坎为水，山出云为雨。蚁，穴居之物，雨将至，故以蚁为兴[②]。"

按：此专取象。

注释：

①《周易》林：此例所录之林辞"蚁封穴户，大雨将至"，于今本《周易》未见著录，可见当时用于卜筮的林辞，并非《周易》一家。此外，汉人焦延寿所著《易林》也无此林辞，可见此处所引亦非《易林》。

②兴：起兴、比兴。

译文：

汉代永平五年，京城少雨而干旱，皇上走向高台，亲自揲蓍布卦，并用《周易》林辞占断，占遇水山蹇䷦卦。其林辞曰："蚂蚁将穴口封住，不久将要下大雨。"皇上以之问沛献王辅，刘辅上奏说："蹇卦，艮在下坎在上，艮为山，坎为水，山上出云则为有雨。蚁穴是蚂蚁住的地方，大雨将至，故将蚁穴口封住，此是以蚁穴来起兴。"

按：此例专依据卦象来推断。

蜀都尉赵正为杨仪筮代政

蜀杨仪随诸葛亮出屯谷口。亮卒，仪领军，既诛魏延，自以为当代亮秉政。呼都尉赵正筮之，得家人☲，默然不悦。

按：家人有反身内修、巽顺贞静之义，与仪愿违，故不悦也。

译文：

三国时蜀国杨仪随诸葛亮出屯谷口。诸葛亮去世，杨仪统领蜀军，诛杀魏延之后，自己以为应当取代诸葛亮主持国政。于是令都尉赵正占了一卦，占得风火家人☲。杨仪看后心中默然不悦。

按：家人卦有反身内修、巽顺贞静之义，与杨仪统领军政之愿相违，因而不悦。

魏爰邵为邓艾筮梦决艾不还

魏邓艾当伐蜀，梦坐山上而有流水，以问珍虏护军爰邵。邵曰："按易卦，山上有水蹇☵。蹇繇曰：'蹇利西南，不利东北[1]。'孔子曰[2]：'蹇利西南，往有功也；不利东北，其道穷也'，[3]往必克蜀，殆不还乎?"艾怃然[4]不乐。

按：此以彖辞占。

注释：

①"蹇利西南，不利东北"为蹇卦卦辞。

②孔子曰：此处引文并非孔子所作，系出自《周易·彖传》。《周易》传文中有多处"子曰"字样，但并非孔子所作。

③蹇利西南，往有功也；不利东北，其道穷也：系引自蹇卦彖辞，但引文有误。《蹇·彖》曰："蹇，'利西南'，往得中也；'不利东北'，其道穷也；'利见大人'，往有功也。"

④怃然：失意的样子。

译文：

三国时魏国大将邓艾将要攻伐蜀国，行前梦见自己坐在山上而山上有流水，以此梦向珍虏护军爰邵请教。爰邵回答说："按《周易》卦象来讲，山上有水为蹇卦䷦。蹇卦卦辞说：'往西南去有利，往东北去不利'。蹇卦彖辞说：'蹇卦利于向西南，去可以建立功业；不利往东北，因为已没有回来的路。'这是说往西南去必能攻克蜀国，但是不利于再回东北，因为已无归路，大概是说回不来了吧？"邓艾怃然而不乐。

按：此例纯以彖辞来占断。

魏管辂为刘邠射覆

魏管辂[①]善射覆[②]，平原太守刘邠取印囊及山鸡毛著器中，使辂筮。辂曰："内外方圆，五色成章，含宝守信，出则有章，此印囊也。高岳岩岩，有鸟朱身，羽翼玄黄，鸣不失晨，此山鸡毛也。"

按：此全以易象推。今即其辞而推其所得之卦。其印囊之卦为地天泰䷊。天员[③]而地方，天在内卦，地在外卦，故曰"内外方员。"坤为文章、为黄、为黑[④]，乾为赤，而震为玄黄，故曰"五色成章。"乾为宝[⑤]，坤为囊[⑥]，而乾内坤外，故曰"函宝"。乾为直，为信[⑦]，故曰"守"。又震为动，故曰"出则有章"。夫既为宝之函矣，而宝上有文有色有信，故决其为印囊也。

其山鸡毛之卦必为火山旅䷷。内艮为山，故曰"高岳岩岩"。外卦为离，离为鸟为雉为朱[⑧]，故曰"有鸟朱身"。而艮之倒体[⑨]为震，震为玄黄，又二至四互巽，巽为翼为鸡，故曰"羽翼玄黄"。三至五互兑，兑为口舌为鸣，故曰“鸣不失晨”。夫既为能鸣者之毛羽，而卦中有山象雉象鸡象，故决其为山鸡毛也。

或者谓此卦亦可为山火贲䷕。贲上艮，艮为山，故曰“高岳岩岩”。下离，离为雉为朱，故曰“有鸟朱身”。三至五互震，震为玄黄，二至四互坎，坎为美脊，合上震形，似鸟展翼，故曰“羽翼玄黄”。震为鸣，震旦⑩，故曰“鸣不失晨”。夫既为玄黄之羽毛，为鸣不失晨者之羽毛，则或为鸡毛也。然依于山，则非家禽之羽可知也，故曰山鸡毛也。

注释：

①管辂：三国魏平原（今山东德州地区）人，曹魏时期著名占算家。《三国志》及注引《管辂别传》记载管氏占验之事颇多。其著作有《周易通灵决》、《周易通灵要决》、《周易林》等，皆亡佚不传。其解易“虽分筮八卦，乃绝口不及《易》中辞义矣”。

②射覆：事先把物用其他物品（如匣、盆、碗）藏起来，让卦师起卦，然后根据卦象来推测是何物。射覆有一定难度，没有丰富的易学知识和熟炼的断占技巧是难以射准的。

③员：通圆。

④坤为文章、为黄、为黑：坤为文为黑皆据《说卦》所列卦象，坤为黄不见录于《说卦》。坤为地，地为土，土之色尚黄，故曰坤为黄。

⑤乾为宝：此不见于《说卦》。《说卦》云“乾为玉为金”，金、玉皆为宝物，故亦可训乾为宝。

⑥坤为囊：坤为地为母，皆有包容之义。况坤卦六四爻有“括囊”之语，故亦可训坤为囊。

⑦乾为直为信：乾有刚健之义，刚健引申为正直、守信。

⑧离为鸟为雉为朱：离为雉为朱系据《说卦》。离为日，古有日乌月兔之说，故又可训离为鸟。雉即野鸡。

⑨倒体：指将某卦颠倒过来，从而形成一个新的卦体。又称“倒象”、“反易”、“反对之象”。

⑩震旦：震为雷，居东方，东方为日出之地，日出前后为旦，故曰震旦。

译文：

曹魏易占家管辂善于射覆。平原太守刘邠取印囊及山鸡毛放在器皿中，让管辂占筮为何物。管辂筮后说："第一物，内方外圆，各种颜色构成优美的纹理，内涵宝物，执守威信，出动则有章用，这是装承印章的印囊。第二物，高高的山上岩石甚多，其上有鸟，颜色朱红，它的翅膀和羽毛都为玄黄色，早晨鸣叫而不失时，这是山鸡的羽毛。"

按：此例全是按照八卦卦象来推断。因其本卦未存，今依据管辂所断之辞来推断当时所得之卦。管辂射印囊之卦应当为地天泰卦䷊，泰卦上坤下乾，乾为天为圆，坤为地为方，天在内卦，地在外卦，所以断曰："内外方员。"坤为文章，坤为地，其于地为黑，又地为土，土之色尚黄，坤亦为黄，乾为大赤，震为玄黄，所以说"五色成章。"乾卦为宝物，坤卦为布囊，而乾在内，坤居外，布囊涵受宝物，故曰"函宝"。乾卦为刚健为正直，为执信，执信为守，所以说是"守"。又三至五互为震卦，震卦有动义，动则必有章法，所以说"出则有章"。既是函承宝玉之物，而宝物之上有文印，有朱色，且执掌威信，则不可能是他物，所以射其物为函宝之印囊。

管辂射山鸡毛之卦一定是火山旅卦䷷。旅卦内卦为艮，艮为山为石，有高高的山上岩石甚多之象，所以说"高岳岩岩"。旅卦外卦为离，离卦为鸟为鸡也为朱色，所以可以说有红色的鸟在山上。此外，艮卦的倒体为震卦，震又为玄黄色，二爻至四爻又互为巽卦，巽卦为羽翼又为鸡，故可以说"羽翼玄黄"。旅卦三爻至五爻互为兑卦，兑卦为口舌为善于鸣叫，故可以说"鸣不失晨"。既然是可以鸣叫的动物的羽毛，而卦中又有山象、雉象、鸡象，总而决之，可以说是山鸡毛。

此外，这一卦也可以说是山火贲卦䷕。贲卦上卦为艮，艮为山为小石，故可以说"高岳岩岩"。贲卦下卦为离，离为野鸡为红色，故可以说"有鸟红褐色"。贲卦三至五互体为震卦，震卦为玄黄色，贲二至四互体为坎卦，坎卦为脊背甚美，结合上互卦震之形，形似有鸟正展开翅翼，所以可以说“羽翼玄黄。”震为雷为善鸣，震又为早晨，有鸟晨起而鸣叫，故可以说“鸣不失晨。”既然是玄黄色的羽毛，又是早上鸣叫守时者的羽毛，则可能是鸡毛。然而，贲卦中有山象，可见为山上之物，则可知并非家禽之羽毛，因而说是山鸡毛。

魏管辂为诸葛原射覆

新兴太守诸葛原取燕卵、蜂窝、蜘蛛著器中，使管辂射之。卦成，辂曰：“第一物，含气须变，依乎宇堂，雌雄以形，翅翼舒张，此燕卵也。第二物，家室倒悬，门户众多，藏精育毒，得秋乃化，此蜂窠也。第三物，觳觫[①]长足，吐丝成罗[②]，寻网求食，利在昏夜，此蜘蛛也。”举座惊喜。

按：燕卵之卦当为火雷噬嗑䷔。噬嗑内为震，震为雷电、为气、为竹、为苇[③]，竹、苇皆圆空，象卵壳，故曰“含气[④]”。而震为动，故曰“须变”。二至四互艮，艮为门庭[⑤]，而与震体连，故曰“依乎宇堂”。三至五互坎，外为离，坎男离女，故曰“雌雄以形。”而二至五有鸟舒翼状，而初阳上阳函之，故曰“翅翼舒张”。夫既推得卵象，又推得羽翼象，则为鸟卵无疑矣。而依于宇堂之上，则非鸡卵、鸦鹊卵，必为燕卵也。

蜂窠之卦当为震䷲。震者，艮之倒也，艮为门庭，故曰“家室倒悬”。而二至四爻又互艮，艮为门，三至五爻又互坎，坎为宫[⑥]，故曰“门户众多”。又坎为隐伏而阴精[⑦]，故曰“藏精”。坎为眚为病为毒[⑧]，故曰“育毒”。坎为水，秋金王生水[⑨]，故曰“至秋乃化”。夫卦象既全体为门户而倒悬，或尚有其他之窠而中育毒，则非蜂窠不可矣。

至蜘蛛之卦则为䷵归妹。上震为足[⑩]，震动，故曰“觳觫长足”，觳觫者动之貌。而二至四互离，离为网罗，下为兑，兑为口舌，故曰“吐丝成罗”，故曰“寻网求食”。而三至五互坎，坎为夜为盗为伏[⑪]，故曰“利在昏夜”。夫能吐丝而有足，则非蚕，而就网求食又利昏夜，以卦象推非蜘蛛不可也。

注释：

①觳觫（hú sù）：恐惧地发抖状，此处为不停地移动状。

②罗：当网讲。

③震为雷电、为气、为竹、为苇：震为雷为苍筤竹为萑苇皆据《说卦》。震为气不知其何据。

④含气：圆空之物空空无物在，但气仍存焉，故曰“含气。”

⑤门庭：《说卦》言艮为门阙，也即门庭。

⑥坎为宫：坎有穴意，亦可训坎为宫。

⑦坎为隐伏而阴精：不知何据。

⑧坎为眚为病为毒：《说卦》言坎为加忧、为心病、为耳痛、为多眚，故可训坎为眚为病。坎为险、为隐伏、为盗，故可训坎为毒。

⑨秋金王生水：王通旺。古筮法认为，东方属木，主春季；南方属火，主夏季；西方属金，主秋季；北方属水，主冬季。秋季为金主事，金最旺相，金旺则可生水，故曰“秋金王生水”。

⑩震为足：《说卦》言“震为馵足，为作足”，故可训震为足。

⑪坎为夜为盗为伏：《说卦》言“坎为隐伏为盗”。坎属北方，北方属水，水色黑，故可训坎为夜。

译文：

新兴太守诸葛原取燕卵、蜂窝、蜘蛛放在密器中，令管辂射其为何物。卦象排成之后，管辂说：“第一物，孕含生气而等待变化，依附于宇堂之上，雌雄可辨，翅翼可以舒展，这是燕子之卵。第二物，家室倒置悬挂，门户密集繁多，内藏精气而育毒素，到秋季而发生变化，这是峰窠。第三物，长足不停地移动，口吐长丝而织成网，寻着网而捕食，在黄昏之时最为有利，这是蜘蛛。”果如管辂所言，在座的人都为管辂之奇验而惊喜不已。

按：射燕卵之卦应当是火雷噬嗑卦☲。噬嗑卦内卦为震，震卦为雷电、为气、为竹、为苇，竹、苇皆圆而中间空，象蛋壳一样，故可以说是“含气。”而震卦为动，动则必变，故可以说“须变”。噬嗑卦二爻至四爻互体为艮卦，艮为门庭，而与内卦震体相连，故可以说“依乎宇堂。”噬嗑卦三爻至五爻互体为坎卦，噬嗑卦外卦为离，坎为中男，离为中女，有男有女，故可以说“雌雄以形。”此外，噬嗑卦二爻至五爻有鸟舒展羽翼之象，初阳和上阳函之在内，故可以说“翅翼舒张。”既然推断得到鸟卵之象，又推得有羽翼舒张之象，那么必是鸟卵无疑。而依附于宇堂之上，则不可能是鸡卵、鸦卵、鹊卵，一定是燕卵。

管辂射蜂窠之卦应当是震卦☳。震卦为艮卦的倒象，艮卦为门庭、为家室，故可以说“家室倒悬”。而震卦二爻至四爻又互体为艮卦，艮为门阙，震卦三爻至五爻又互为坎卦，坎为宫室，门庭、宫室甚多，故可以说“门户众多”。此外，坎为隐伏为藏为阴精，有暗中育精之象，故可以说“藏精”。坎卦又为灾祸为疾病为毒害，亦可说为“育毒”。坎卦属水，秋天金当令旺相而生水，故曰“至秋乃化。”震卦之象既是全体都是门户而倒置悬挂，或者还有其他窠臼而中可育毒，则非蜂窝不可。

至于射蜘蛛之卦应当是雷泽归妹卦☳。归妹卦上卦震为足，震又为动，足而不停地动，故曰“觳觫长足”，“觳觫”运动不止的样子。归妹二爻至四爻互体为离卦，离为罗网，归妹下卦为兑卦，兑为口舌，有口并有丝，故曰“吐丝成罗”；口而可食，网而可寻，故曰“寻网求食”。归妹三爻至五爻互体为坎卦，坎为黑夜为盗贼为隐伏，有在黑夜隐伏行盗之象，故曰“利在昏夜”。能吐丝并有足，则不是蚕；能利用网而搜求食物，且利在黄昏行动，从卦象来推必是蜘蛛无疑。

魏管辂为徐季龙筮本日猎得貍

清河令徐季龙使人行猎，令管辂筮其所得。辂曰：“当获小兽，非食禽。虽有爪牙，微而不强；虽有文章，蔚而不明。非虎非雉，其名曰貍。”

猎人暮归，果如辂言。

按：此亦以象占。今依其辞推其所筮之卦，以博筮趣。

按：其所得之卦当为蒙䷃。蒙上艮，艮为黔喙[①]之属，故知其为兽。而艮为小[②]，故知所获为“小兽”也。蒙下坎，坎上有半兑象[③]，兑为口，今口不全，胡能食？故曰“非食禽”。兑为爪牙[④]，半兑，故曰“微而不强”。离为文章，坎上下只有半离象，且二至四互震，震为玄黄，三至五互坤，坤为文为黑，故曰“蔚而不明”。兑为虎[⑤]，离为雉，半兑则“非虎”，半离则“非雉”。夫既为小兽，其文采蔚[⑥]而不明则非狐（狐则文采彰）。且爪牙又微，必为狸也（又坎为薄蹄[⑦]，故曰“爪牙微”）。

以上六射，陈志[⑧]皆失其本卦，甚为可惜。今皆依辞推出，以为学射覆者之导引，非谓必是也。

注释：

①黔喙：肉食之兽。黔，黑色。喙，鸟兽的嘴。

②艮为小：艮为少男，故艮有少义。

③半兑象：此为坎卦上之半象。半象即半体之象，为汉儒取象解卦方法之一。如坎☵象为水，兑☱二爻三爻象坎上半，初爻为阳，则曰兑为不雨之象。坎☵象为月，巽☴初爻二爻象坎下半，三爻为阳，则曰巽有月望之象。坎☵又为豕，巽☴下两画为半坎，上画为阳，则曰巽有羸豕之象。坤☷为布帛，艮☶下半坤，上画为阳，则曰艮有束帛之象。其实，半象也是象外生象，以期解经容易。

④兑为爪牙：此不见于《说卦》。尚秉和《焦氏易林注》认为“兑遗象”可为“牙齿（大畜豕之牙）”（《易林遗象原本考》篇）。

⑤兑为虎：此不见于《说卦》。

⑥文采蔚：即文采华美艳丽。文，事物错综所成的纹理或形象。采，各种颜色。蔚，文采华美。

⑦薄蹄：马蹄磨薄。

⑧陈志：此处指《三国志》。以上管辂射覆之例皆取自《三国志·管

辂传》。

译文：

清河县令徐季龙使人去打猎，令管辂筮占可猎得何物。管辂回答说："应当捕获小兽，但不是可以食用的禽兽。虽然有爪有牙，但是小而不锐利；虽然身上有纹理，但是文采华美而不鲜明。既不是老虎又不是山鸡，它的名字应当是貍。"猎人晚上回来，视其所猎之物，果如管辂所言，只获小貍而已。

按：此例也是依据卦象来占断。今依管辂所断之辞来推断管辂所筮之卦，以博筮趣。

按：管辂所得之卦应当是山水蒙卦䷃。蒙卦上卦为艮，艮为肉食兽之类，故可知所猎之物为兽。又艮为少，有小之义，故可知所获为"小兽"。蒙下卦为坎，坎卦上半有半兑之象，兑为口，半兑则口难全，口不全则不能食，所以说是"非食禽"。兑又为爪为牙，半兑则爪牙难以锐利，故可以说"微而不强"。离为纹理，坎卦上半、下半皆只有半离之象，纹彩难明，况且蒙卦二爻至四爻互体为震卦，震为玄黄，蒙卦三爻至五爻互体为坤卦，坤为文又为黑为暗，所以纹彩较暗，因而说是"蔚而不明"。兑卦为老虎，离卦为山鸡，半兑则"非虎"，半离则"非雉"。既然是小的野兽，其文采华美但不艳明，因而不是狐（狐则文采华美艳明）。况且爪牙小而不锐利，则必定为貍（又坎卦为薄蹄，薄蹄必牙爪不锋利，所以说"爪牙微"）。

以上所录管辂之六个射覆筮例，《三国志·管辂传》皆未著录其本卦，非常可惜。现在依照其断辞而推出当时所射覆之卦，作为学习射覆者的引例而已，并不是说必定如此。

说明：

由于射覆本身需要具备超人的想象力和全面的《周易》象数学知识，以及扎实的卦术根基和丰富的生活阅历，因而射覆具有相当的难度，一般人是很难射准的。以上所录管辂射覆的六个筮例，皆引自《三国志·管辂传》，可见其并非子虚乌有之事，当有一定的事实依据。其射覆应验之神奇，甚是令人惊奇，此亦足见古人《周易》象数思维水平之高、综合运用能力之强。

射覆甚难，由所断之辞再推所筮之卦则更难，若非大智大慧，毕生致力于斯则不能为。尚秉和以其超凡的易学知识，如此清楚明白地据其断语而推断出当时所筮得之卦，且如此契合，绝不牵强，堪称千古之第一人。难怪后学赞其曰："魏管辂之射印囊、山鸡毛、燕卵、蜂窠、蜘蛛，陈志皆失其本卦，至使古今最有名之射覆术竟不传。先生能即筮辞推得本卦，丝毫不爽，其有功于筮术尤大"，其功确不可没。

魏牛辅筮客善恶

《魏书》曰：牛辅怯失守，不能自安，见客先使相者相之，知有反气与不[①]，又筮知吉凶，然后乃见之。中郎将董越来就辅，辅使筮之，得兑下离上䷥[②]。筮者曰："火胜[③]金，外谋内之卦也。"即时杀越。《献帝记》云："筮人常为越所鞭，故因此报之。"

按：此专取象。睽上离下兑，离为火，兑为金，火在上，故曰胜。

注释：

①不：通否。

②兑下离上䷥：即火泽睽卦。睽，原义为目不相视，引申为违背、乖异、隔膜，亦有反之义。

③胜：克、制。

译文：

《魏书》说：牛辅害怕失守，心中恐惧，寝食难安。接见客人之前先使相者相一相，看看有无谋反之气，然后再占筮之，看吉凶如何，然后才决定见与不见。中郎将董越来拜见牛辅，牛辅令筮者占了一卦，得火泽睽卦䷥。筮者回答说："外卦为离，离为火，内卦为兑，兑为金，火克金，是从外而谋内之卦，有谋反之义。”牛辅听后，不辨真伪，立即将董越杀掉。《献帝记》说：“这个占筮的人原先常常被董越鞭打，记恨在心，所以借此来报复他。”

按：此例专门根据卦象来剖断。睽卦上为离下为兑，离为火，兑为金，离在外卦，兑在内卦，火在上，火克金，故曰火胜金。

晋郭璞避难筮所投

郭璞[①]云：余乡里屡遭危难，寇戎[②]并至，百姓遑遑[③]，莫知所投。时姑涉《易》义，颇晓分筮[④]，遂寻思贞筮[⑤]，钩求攸济[⑥]。于是普卜郡内县道可以逃死之处者，皆遇明夷䷣，乃投策[⑦]而叹曰：“嗟乎，黔黎时漂异类[⑧]。桑梓之邦，其为鱼乎?”于是潜命姻妮密交，得数十家，与共流遁[⑨]。乃到处遇贼，不得安居，符卦象焉。

按：明夷者，灭也。时郡县沦陷，灭入于虏，故皆遇此卦。

注释：

①郭璞：晋河东闻喜（今山西闻喜）人，字景纯，好古文奇字，妙于阴阳算历，属占算家。曾辑前后筮验六十余事，名为《洞林》。其易著还有《新林》十篇，《卜韵》一篇，现仍传于世。其他所著《周易林》、《周易成林》、《周易玄义经》、《易斗图》、《易八卦命录斗内图》，皆亡佚。

②寇戎：盗贼和兵乱。

③遑遑：通惶惶，恐惧、惊慌状。

④分筮：即揲蓍布卦。

⑤贞筮：即占筮。贞，占。

⑥攸济：攸，所。济，助益。攸济，此处指可以逃难的地方。

⑦策：蓍草，蓍策。

⑧异类：禽兽。

⑨流遁：辗转潜逃。遁，逃走。

译文：

郭璞说：我的乡里屡遭劫难，盗贼横行，战乱频仍，老百姓惊慌失措，不知道该到何处避难。当时我姑且涉猎《周易》的大道，懂得揲蓍布卦的道理，想通过占筮来探求所应避难之所。于是起卦普筮郡县内何处可以逃生，皆遇地火明夷卦䷣，明夷乃伤灭之卦，不得不弃蓍策而叹息道："唉，老百姓都要随时飘落于禽兽出没之地，背乡离井，命运不就象游鱼一样吗?"随后带着自己的姻亲出外逃命，密密地联系了几十家，同他们一起流亡逃遁，但所到之处皆遇贼寇。始终不得安居，确实非常符合卦象。

按：明夷卦的意思是光明减灭。当时郡县都沦落，皆被外寇所占，所以都遇到此卦。

晋郭璞避难筮所诣

郭璞云：偕姻族避难昌邑，不静，复南过颍，由脉头口渡，去三十里所，传高贼屯驻，栅断渡处，以要[①]流人。时数百家，车千乘，不敢前。令余占可决，得泰䷊。欣然语众曰："群类避难而得拔茅汇征之卦[②]，且泰者通也，吉又何疑?"吾为前驱，从者数十家，至贼界，贼已去。余皆回避㯹津，渡为贼劫，悔不取余卦。

至淮南安丰县，诸人缅[③]然怀悲，咸[④]有归志，令余卦决之，卜往安丰，得既济䷾。其林曰："小狐迄济，垂尾累衰（言垂渡而困），初虽偷安，终靡所依。"[⑤]案卦言之，秋吉春悲。

卜诣[⑥]寿春，得否䷋。其林曰："乾坤蔽塞道消散，虎刑挟鬼法凶乱（十一月虎刑在午为鬼，鬼即贼），乱则何时时建寅（火鬼生处[⑦]），僵尸交林血流漂（火刑与鬼并）。"此占行者入涂炭。乃至庐江。后寿春果有事，群凶剽荡。至春三月，诸家留安丰者为贼所得，所谓春悲也（注：系《洞林》原注）。

按：此三占皆取象意。否林曰“乾坤蔽塞”者，言上下不交也。下数语以纳甲[8]法推。否，乾宫卦，乾为金，故午火为官鬼，寅木生火，故曰鬼生处。

兄弟　戊子－－应

官鬼　戊戌——

父母　戊申－－

兄弟　己亥——世

官鬼　己丑－－

子孙　己卯——

右既济卦图[9]。秋吉春悲者，世主亥水，秋金王生水，故吉。春木王生火，水火相煎，故不吉。或曰，二爻五爻土鬼，土生金，故秋吉。至春木生火，火生土鬼，故不吉。

父母　壬戌——应

兄弟　壬申——

官鬼　壬午——

妻才　乙卯－－世

官鬼　乙巳－－

父母　乙未－－

右否卦图。二爻巳刑寅而值鬼[10]，故知建寅之日必乱。又四爻午鬼，十一月占，虎刑值午[11]，至寅月生午鬼，故益知必乱。

注释：

①要：通“邀”，阻留、拦截之义。

②拔茅汇征之卦：指泰卦。泰初九爻曰：“拔茅茹以其汇，征吉”，是说拔茅草牵连其类，预示出征作战吉利。

③缅：遥远。

④咸：都，皆。

⑤小狐迄济，垂尾累衰，初虽偷安，终靡所依：此林辞不见录于《周

易》，也不见录于《焦氏易林》，当取自其他筮书。或依未济卦意类推而得，因此文与未济卦义同。此处言既济卦当为未济之误。

⑥诣：往，到。

⑦火鬼生处：生，指长生。按纳甲筮法，火长生于寅。因而，寅可以说是“火鬼生处。”

⑧纳甲：纳甲始出于京房之积算法。因其以甲为十干之首，举首干以赅其余，故谓之纳甲。魏伯阳以月象附会之，其所著《参同契》论纳甲曰：“三日出为爽，震庚受西方。八日兑受丁，上弦平如绳。十五乾体就，盛满甲东方。蟾蜍与兔魄，日月气双明。蟾蜍视卦节，兔者吐生光。七八道已讫，屈折低下降。十六转就统，巽辛见平明。艮直于丙南，下弦二十三。坤乙三十日，东北丧其朋。节尽相禅与，继体复生龙。壬癸配甲乙，乾坤括始终。”宋朱震论之更切，他说：“纳甲何也？举甲以赅十日也。乾纳甲壬，坤纳乙癸，震巽纳庚辛，坎离纳戊己，艮兑纳丙丁，皆自下生，圣人仰观日月之运，配之以坎离之象，而八卦十日之义著矣！”但此处主要是指纳甲筮法。所谓纳甲筮法，就是将六十四卦按八宫排列，每宫八卦，由一经卦领首，宫中每卦分世、应，再将天干地支按一定规律排于卦中，列出六亲、六神，然后根据干支的五行生克与占卦时日的关系，从而推断占事的吉凶。详见卷八。

⑨卦图：此卦图系指八卦纳甲图。

⑩二爻巳刑寅而值鬼：二爻临巳火官鬼，按纳甲筮法，巳、寅、申成三刑，今巳火遇寅日则成刑，故言“巳刑寅而值鬼”。

⑪刑值午：按纳甲筮法，子卯相刑，午自刑，未见有子午之刑一说。此处疑为子冲午之误。

译文：

郭璞说：我偕姻亲在昌邑避难，不得安宁，遂再向南越过颍水，由脉头口处渡河后大约三十里，传言由贼寇屯驻，用栅栏阻断渡口，来阻拦过往行人。当时有数百家，千余乘车，都不敢前行，令我占一卦看是否可行，起得地天泰卦☷☰。于是我欣然对大家说：“大家一起避难而占得‘拔茅茹以其汇，征吉’之卦，乃大吉之兆；况且泰卦有沟通之义，这必是吉兆无疑。”于是由我带头，随从的有几十家，到达贼界时，众贼都已离去。其余的都在檫津回避，渡河时被贼寇劫掠，都后悔没有听从我占的卦。

到淮南安丰县，众人离家久远，怀乡凄悲之感油然而生，都有归家的念头，让我起卦占断是否宜往安丰，起得水火既济卦䷾。其林辞说：“小狐直行渡水，疲惫衰怨地垂着尾巴（是说垂渡窘困），开始虽暂得偷安，最终却没有依靠。”案此卦所言，应当是秋天吉利春天悲伤。

再占卜到寿春，起得天地否卦䷋。其林辞说：“乾坤蔽塞，大道消散，凶盗肆虐，世道凶乱（十一月虎刑在午为鬼，鬼即盗贼），凶乱之时必在寅日（寅为火鬼长生之处），僵尸遍地，血流成河（火刑与鬼并）。”此卦是说所行之人要遭涂炭。到春三月，那些留安丰的人家皆为贼寇劫掠，这就是所说的春悲吧（注：此系《洞林》原注）。

按：以上三个占例都是根据彖辞来占断。否林辞说“乾坤蔽塞”，是说天在上地在下两者不相交。以下数语是用纳甲法推断。否卦属于乾宫，乾为金，火克金，所以午火为官鬼，寅木生午火，所以说寅为鬼生处。

兄弟　戊子- -应

官鬼　戊戌——

父母　戊申- -

兄弟　己亥——世

官鬼　己丑- -

子孙　己卯——

以上既济卦图，说秋天吉利春天悲忧。因为世主为亥水，秋天金旺可以生水，世主亥水旺，所以说是吉。春天木旺，木生火，世主亥水与火相煎，不得安宁，所以说不吉。或者说，二爻五爻皆为土鬼，土能生金，金能生亥水，故可以说秋天吉利。至春天木旺，木生火，火生土鬼，土鬼克世主亥水，故言不吉。

父母　壬戌——应

兄弟　壬申——

官鬼　壬午——

妻财　乙卯－－世

官鬼　乙巳－－

父母　乙未－－

上列否卦纳甲图，二爻巳刑寅而临官鬼，至寅日巳寅相刑，所以说到建寅之日必遭凶乱。又四爻为午火官鬼，临十一月占，十一月为子月，子冲午火官鬼，到寅月生午火，火必旺，所以说必乱。

晋郭璞筮景绪病食兔必瘥

东中郎参军景绪病，经年不瘥，在丹徒遣其弟景歧求郭璞卦之，六月癸酉日得临䷒。其林曰：卯与身世并，而扶天医[①]（六月天医在卯）。案卦祛病法当食兔[②]乃瘥。弟归，捕一头食之，果瘥。

按：此全按纳甲法推。临世在二爻，二爻属卯，故曰卯与身世并。食兔乃瘥者，天医在卯故也。六月建未[③]，卯木克未土。

六月癸酉日卦，得临：

子孙　癸酉－－

妻才　癸亥－－应

兄弟　癸丑－－

兄弟　丁丑－－

官鬼　丁卯——世

父母　丁巳——

按：卯墓于未[④]，食兔乃瘥者，亦破墓出身之义也。

注释：

①天医：此属古筮法之神煞，藉此以助断吉凶。在古时即有人斥妄用神煞之谬，在今通行纳甲筮法中已很少使用。

②兔：按生肖来讲，卯为兔。六月天医在卯，天医为药，卯为兔，故后有食兔而瘥之说。此或为偶然凑巧，或为记载有误，实不足为据。

③六月建未：古通用干支纪时日，即正月建寅，二月建卯，三月建辰，四月建巳，五月建午，六月建未，七月建申，八月建酉，九月建戌，十月建亥，十一月建子，十二月建丑。

④卯墓于未：按纳甲筮法生旺墓绝之说，木长生于亥，旺于卯，墓于未，绝在申。卯属木，故卯墓于未。

译文：

东中郎参军景绪患病，经年不愈。景绪在丹徒时派其弟景歧求郭璞占一卦看病如何，六月癸酉日占得地泽临卦䷒。其林辞说卯木与身爻世爻并在一爻，而天医也正在这一爻上（因为六月天医在卯）。按这一卦来讲，祛病的方法应当是食兔之后当愈。景歧返回后，景绪捕一只野兔食之，病果然痊愈。

按：此例全部按纳甲筮法来推。临卦世在二爻，二爻为卯木，世、卯并在一爻，所以说“卯与身世并”。之所以说食兔即愈，因为天医在卯。六月建未，卯木克未土，故愈。

未月癸酉日起卦，得地泽临卦：

子孙　癸酉 - -

妻财　癸亥 - -应

兄弟　癸丑 - -

兄弟　丁丑 - -

官鬼　丁卯——世

父母　丁巳——

按：卯木墓于未土。食兔即愈，即是破墓而出，祛病而愈之意。

南齐阮孝绪筮嘉遯

南齐《阮孝绪传》：时有善筮者张有道，谓孝绪曰：“见子隐迹而心难明，自非考之龟筮[①]无以验也。”及布卦，既揲五爻，曰：“此将为咸应感[②]之法，非嘉遯[③]之兆。”孝绪曰：“安知后爻不为上九。”果成遯䷠卦，此谓“肥遯，无不利”[④]，象实应德心迹并也。孝绪曰：“虽获遯卦，而上九爻不发，升遐之道便当高谢许生。”

按：此以象推。

注释：

①龟筮：龟，龟卜，系指龟卜之法。筮，揲筮，指用蓍草占筮之法。后人通用卜、筮、卜筮、龟筮指揲筮之法。

②咸应感：咸，指咸卦。咸卦有感应、交感之义。《咸·彖》曰：“咸，感也。柔上而刚下，二气感应以相与，止而说，男下女，是以‘亨利贞、取女吉’也。天地感而万物化生，圣人感人心而天下和平。观其所感，而天地万物之情可见矣”，故此有咸应感之意。

③嘉遯：有退隐之义。遯九五爻曰：“嘉遯，贞吉”，是说遇庆典所用之小喜猪，则占问吉利。此处以“嘉遯”代指将得遯卦。

④肥遯，无不利：此系遯卦上九爻爻辞。肥，借为飞，遯为退隐。是说观察天下大势，宜飞速退隐，见机而去，不可稍留，故无不利。

译文：

南齐《阮孝绪传》说：当时有个善于筮占的人叫张有道，他对阮孝绪说：“见到先生您隐然处世，可是您的心迹却难以明了，非借助于卜筮而无以征验。”于是揲蓍布卦。揲蓍出第五爻之后，张有道说：“这是将布成咸应感之卦，而不是赞美隐遁的征兆。”阮孝绪答道：“怎么会知道最后一爻不是阳爻呢?”果然布成遯卦䷠，这是说“飞速退隐，无不利”，正应了阮孝绪的品德和心迹。但阮孝绪却说：“虽然占得遯卦，但上九爻却未发动，这是说远升之道已尽，便当迅速退隐，以谢众生。”

按：此例纯以象传之意来推断。

北齐吴遵世为大将军筮雨

北齐吴遵世为大将军文襄府墨曹参军，从游东山，有云起，恐雨废射戏，使筮，遇剥䷖。李业兴占云："艮上地下，剥。艮为山，山出云[①]，故知有雨。"遵世云："坤为地，土制水，故知无雨。"文襄使崔暹书之，云："遵世若着，赏绢十匹；不着，罚杖十。业兴若着无赏，不着罚杖十。"业兴曰："同是着，何独无赏？"曰："遵世着，会我意，故赏也。"须臾云散，二人各受赏罚。

按：此只以象并五行推。

注释：

①山出云：云，此处指坤，坤为云。"坤为云"一说不见于《说卦》，但后人多用之。尚秉和《焦氏易林注》也有坤为云一说。《梅花易数》也认为坤为云为阴为雾气。

译文：

北齐的吴遵世为大将军文襄府的墨曹参军，随大将军出游东山，有云起，恐怕下雨废了射击之戏，于是起卦占之，起得山地剥卦䷖。李兴业占断说："艮在上，坤在下，为山地剥卦。艮为山，坤为云，山上出云，所以说有雨。"吴遵世占曰："坤为地，地为土，土克水，故知无雨。"大将军文襄令崔暹记了下来，说："如果吴遵世占准，赏绢十匹；若占不准，罚十杖。李业兴占准无赏，不准罚十杖。"李业兴说："都是占准，我怎么没有赏呢？"文襄说："吴遵世占准符合我意，所以奖赏他。"过了不一会，云渐渐散去，二人各自接受赏罚。

按：此例只根据卦象和五行来推断，并未按彖辞断。

说明：

占雨遇山地剥卦，艮为山，艮又属土，坤亦为土，且互体之卦俱土，一片旺土，土能克水，故知无雨。艮为山，坤为云为阴晦，山上有云，有云并不见得有雨，故知虽有云，但无雨。

北齐赵辅和为世宗筮宅兆

北齐赵辅和明易筮，为世宗馆客。高祖崩于晋阳，葬有日矣。世祖令显祖亲卜宅兆于邺西北漳水北原，频卜不吉。又至一所命吴遵世筮之，遇革䷰，遵世等数十人咸云不可用。辅和少年，在众人之后进云："革卦于天下人皆凶，唯王家用之大吉。革卦辞云，汤武革命，应天顺民[①]。"显祖遂登车，顾云："即以此地为定。"即义平陵也。

按：此用卦辞[②]。

注释：

①汤武革命，应天顺民：此取自革卦彖辞。《革·彖》曰："天地革而四时成。汤武革命，顺乎天而应乎人。"此取皇家顺天应民之义。

②卦辞：应为革卦彖辞。

译文：

北齐赵辅和通晓占筮，为世宗的馆客。高祖驾崩于晋阳，不多时日要埋葬了。世祖令显祖亲自在邺西北漳水北的平原地带卜筮何处葬之吉利，占了多处都言不吉。又到一个地方令吴遵世占筮，遇泽火革卦䷰，吴遵世等数十人都说不可用。当时赵辅和正值年少有为时候，他在众人之后上奏说："革卦对于天下老百姓为凶卦，唯有王家用之大吉利。因为革卦卦辞说，汤武革命，顺乎天命而应乎人心。"显祖登车巡视之后，说："就以此地为定。"这就是义平陵。

按：此例是用彖辞来推断。

说明：

革卦有改革之义，平民百姓以生活安静为佳，忌变动不常，所以说

“革卦于天下人皆凶”。对于占坟地，犹忌屡遭变动，故有凶之说。但革卦彖辞有顺天应人之说，象征皇家上顺承天命、下顺乎民意，有吉昌之意，所以说“王家用之大吉”。

北齐赵辅和为人筮父疾

有一人父疾，托相知者筮之，遇泰䷊。筮者云甚吉，疾当愈。是人喜出后，赵辅和谓筮者曰："泰卦乾下坤上，然则父入土矣，岂得言吉。"果以凶闻。

按：此只察象。乾父坤土，故曰入土。

译文：

有一人父亲患病，托相熟的朋友占筮病情如何，遇地天泰卦䷊。占筮的人说非常吉利，疾病不久就会痊愈。这个人高兴地走出之后，赵辅和对占筮的人说："泰卦是乾在下，坤在上，乾为父，坤为土，土在父之上，即有父入土之象。既然为父入土父死之象，怎么能说吉利呢?"果然听到其父死亡的凶信。

按：此例只以卦象来断，不以卦辞来推。乾为父，坤为土，乾在坤下，故曰父入土。

说明：

泰卦地在上，天在下，言天地沟通，生生不息，故是吉卦。其卦辞曰："小往大来，吉亨"，其彖辞也说："天地交而万物通也，上下交而其志同也。内阳而外阴，内健而外顺，内君子而外小人。君子道长，小人道消也"，皆有吉利亨通之意，因而古人遇泰卦多以吉推，筮者占病遇泰即谓之甚吉。但是，从卦象来看，泰卦乾在下坤在上，乾为父，坤为土，有父入土之象，故知必死。因为未有系辞之前而先有卦象，故赵辅和弃卦辞吉而从卦象凶。这即如古人因为龟卜比揲蓍久远，即有“龟长筮短”之说一样。可见《周易》筮法复杂而繁琐，无疑为筮者提供了多种附会的机会，因而不可迷信。

唐李纲筮仕进易代乃显

唐代李纲在隋仕宦不进，筮之得鼎☲。筮者曰："君当为卿辅（彖云："大亨以养圣贤"[①]），然俟易姓乃如志（《杂卦》："革，去故也；鼎，取新也"）。仕不知退，折足为败（四爻辞[②]）。"纲后显于唐，屡辞相位，称疾而去。

按：古人凡占得此卦者，皆取折足，不必四爻动方取之。

注释：

①大亨以养圣贤：此取自鼎卦彖辞。《鼎·彖》曰："鼎象也以木巽火，亨饪也。圣人亨以享上帝，而大亨以养圣贤"，是说圣人以鼎器祭祀上帝，又用鼎器大烹食物以养圣人贤人，故此处引之为卿辅（即处于显赫之位的高官）。

②四爻辞：指鼎卦九四爻辞："鼎折足，覆公𫗧，其形渥，凶。"

译文：

唐代的李纲在隋朝做官时不得升迁，于是占问仕途如何，遇火风鼎卦☲。占筮的人说："您应当做卿辅之类的高官（因为《鼎·彖》说"大亨以养圣贤"，有高才之意），然而必须等到改朝换代之后才能如愿（《杂卦》说"革，去故也；鼎，取新也"，鼎卦有去故取新之义）。但是如果仕宦知进不知退，就会有折足之忧（此取自鼎卦四爻辞）。"以后李纲在唐朝显赫一时，权倾上下，然想到筮者之言，屡次请求辞去宰相之位，自称有病离开朝廷弃官而去。

按：古人凡占得鼎卦的，都取其折足之义来推断，不必第四爻动才取折足之意。

说明：

以朱熹论变占之法，当是一爻动才按本爻爻辞占断。而观本卦例，以及前边“鲁伐越筮鼎折足”、“孔子命弟子筮子贡久而不来”两例，后边“宋晁以道筮预知客折足”之例，其第四爻皆未动，而皆按鼎卦四爻辞占断。这大概属古人占断之通例：若遇鼎卦，皆取其折足之义而断。

晋马重绩筮石敬塘为天子

后唐马重绩精易筮，世居太原。唐庄宗镇太原，每用兵征伐，必以问之，所言无不中，拜大理司直。废帝时，晋高祖以太原拒命，废帝遣兵围之，势甚急，命重绩筮之，遇同人䷌。曰："乾健而离明，健者君之德也，明者南面而向之，所以治天下也。同人者人所同[①]也，必有同我者焉。《易》曰：'战乎乾，乾西北也。'又曰：'相见乎离'，离南方也，其同我者自北而南乎。乾西北也[②]，战而胜，其九月十月之交[③]乎?"是岁九月，契丹助晋击败唐军，遂有天下。

按：此稍采象意，乾健离明是也。余皆以象推。

注释：

①同人者人所同：同人卦有赞同、应和他人之意，亦指他人与我同，故曰“同人者人所同”。

②乾西北也：此句与下句“相见乎离”皆引自《说卦》。

③九月十月之交：乾属西北，西北方属金，金旺于秋季，故乾战而胜必在秋季九月十月之交金旺之时。

译文：

后唐马重绩精于易筮，世代居住太原。唐庄宗镇守太原时，每当用兵征战，必向马重绩询问战争之事，马重绩所言无不奇中，于是被拜为大理司直。废帝时候，晋高祖凭据太原拒不执行废帝的命令，废帝派兵将太原围困，形势非常危急，于是令马重绩占筮结果若何，遇天火同人卦䷌。马重绩说："同人卦上乾下离，乾卦刚健，离卦光明。刚健有为是君子的德行。离为光明，象征君王面南居尊而治理天下。同人卦有与人和同之意，肯定有志向与我相同者。《周易·说卦》说：'战于乾位，乾在西北之地'，又说'在南方相同'。难道志向相同之人是从北向南来吗？乾西北之卦，在西北战而能胜，西北属金，象征秋季，大概是在九十月之交而取胜吧！"这一年九月，契丹帮助晋军击败唐军，于是有了天下。

按：此例认为乾刚健有为，离南面光明，这是稍采同人卦彖辞之意来推断。其余的皆用卦象来推。

五代刘龚筮胜楚

五代南汉刘龚四年，楚攻封州，封州兵败贺江。龚惧甚，筮之，遇大有䷍。遂赦境内，改元大有，遣将苏章以神弩军三千救封州。章以两铁索沉贺江中，为巨轮于岸上，隐以堤，轻舟迎战，阳[①]败而奔[②]，楚人逐之。章举巨轮挽铁索锁楚舟，以强弩夹江射之，尽杀楚人。果符卦象。

按：大有繇云："元亨。"彖云："柔得尊位大中，而上下应之[③]"，"其德刚健而文明[④]"，"是以'元亨'。"《大象》云："以遏恶扬善，顺天休命[⑤]。"故龚以为大吉，改元。

又大有内乾，而内互亦为乾，乾健外离，离为戈甲[⑥]，而外互为兑，兑为毁折，内我外敌，是健在我而甲兵之毁折在敌也，故战胜也。

注释：

①阳：通佯，佯装。

②奔：四处逃散。

③柔得尊位大中，而上下应之：大有卦六五爻为阴爻，为柔，居上卦之中位，又在乾卦之上，乾为天为朝廷，是为"柔得尊位"，从而柔得

“大中。”此外，六五爻为阴为柔，其上下五爻皆为阳爻为刚，上下五刚应一柔，是为“上下应之。”

④其德刚健而文明：大有卦上卦为离，下卦为乾，乾为刚健，离为文明，此即说人有刚健、文明之德而能行大业。

⑤以遏恶扬善，顺天休命：大有卦上卦为离，下卦为乾，离为明察，乾为天为君，指明君审查朝廷百官之贤恶，从而遏止奸恶，扬举贤善，以顺赏善罚恶之天道，求命运之嘉美。

⑥离为戈甲：《说卦》云离为甲胄，为戈兵，即甲盔和兵器。

译文：

五代时南汉刘龚四年，楚军攻打封州，封州兵战败于贺江。刘龚非常惧怕，占了一卦，遇火天大有䷍。根据卦象，于是大赦境内，改国号为“大有”，并派遣将军苏章带领神弩军三千人急救封州。苏章将铁索沉于贺江之中，在岸边建造巨轮，在岸堤上隐蔽以待，用轻舟迎战，并佯装战败而四处逃散，楚军在后面追逐。苏章下令举起巨轮挽起铁索将楚军舟船锁在贺江中，以强弩在两岸强射船中楚军，将楚人全部杀掉。果然符合大有卦象。

按：大有卦辞说：“开始即亨通顺利。”《大有·彖》：“阴柔处六五之尊位，而上下阳刚皆应之”，“象征人的道德刚健而文明”，“所以说元亨。”《大有·象》说：“明君遏止邪恶，扬举贤善，顺乎天道，应乎天命。”所以刘龚认为大吉，并改国号为“大有。”

此外，大有卦内卦为乾，而内互卦亦为乾，乾为刚健；外卦为离，离为戈兵为盔甲，而外互卦为兑卦，兑为毁折，内卦为我，外卦为敌，这是说刚健在我，而甲兵的毁折在敌，敌甲兵毁则我胜，所以说战胜楚军。

说明：

在远古筮法中，多以内卦为我，以外卦为彼，从而通过内外卦的分析来剖析彼此的情势。这种方法在纯用卦象解占的筮例中见之较多，今已少用。今人所用的纳甲法，先分世应，以世为己，以应为彼，则己并不总在内卦。同样，今人所用的梅花易数则先分体用，以体卦为己，以用卦为彼，己亦并不总在内卦。这一点在阅读本书时应注意。

晋马重绩筮张从宾反必败

晋高祖二年，张从宾反，命重绩筮之，遇随䷐。曰："南瞻析木[①]，木不自续，虚而动之[②]，动随其覆[③]。岁将秋矣，无能为也[④]。"七月而从宾败，高祖大喜，赐以良马。

按：此不用彖辞。初至四为大离，离为南，故瞻析木之津。震动，兑为毁折，故曰覆灭。兑为西方属秋，而二至四互艮山，三至五互巽风，至秋而木被风摇，落败之象也，故曰无能为。此全以卦体卦互推。

注释：

①南瞻析木：内卦为震，初爻至四爻为大离，离为火，离又为南，震木生离火而损耗震木之气，所以说"南瞻析木"。析，分开。

②虚而动之：内卦为震，震为动，初爻至四爻为大离，离为虚，故曰"虚而动之"。

③动随其覆：内卦为震。震为动，外卦为兑，兑为毁折，兑金克震木，所以说"动随其覆"。

④岁将秋矣，无能为也：内卦震为木，外卦兑为金。秋天金旺木衰，旺金克衰木，克之殆尽，故曰"无能为"。

译文：

晋高祖二年，张从宾谋反。晋高祖命马重绩占筮，遇泽雷随卦䷐。马重绩说："向南观瞻木被析折，木不能自续生机，内虚而外动，动则必遭覆灭。时令快到秋天，震木已经无能为力。"至秋七月，张从宾谋反失败，晋高祖非常高兴，赐给马重绩良马。

按：此例不用随卦彖辞。随卦初爻至四爻为大离卦，离为南，所以说南瞻有析折木之忧。内卦震为木为动，外卦兑为金为毁折，金克木，故曰覆灭。兑为金，为西方，属秋，而随卦二爻至四爻互体为艮山，三爻至五爻互体为巽风，到秋天秋风吹摇树木，秋金旺而木衰，故木有败落之象，所以说无能为。此例全以卦体和互体卦来推断。

宋辛弃疾党怀英筮仕何方

宋辛弃疾历城人，少师蔡伯坚，与党怀英同学，号辛党。始筮仕，决以蓍。怀英遇坎☵，因留事金。弃疾得离☲，遂决意南归。

按：此只论卦向推。坎北方，故留北；离南方，故南归。

译文：

宋代辛弃疾为历城（今山东济南）人，年轻时师从蔡伯坚，与党怀英同窗学习，当时号称“辛党”。曾占问所仕之地，决定用揲蓍布卦法来决断。党怀英遇坎卦☵，坎为水为北方，因而决定留下来在金国为官。辛弃疾占得离卦☲，离为火为南方，于是决定随宋王朝南下。

按：此例只按八卦方位来推断。坎为北方，所以党怀英留在金国；离为南方，所以辛弃疾南归宋朝。

宋晁以道筮预知客折足

宋晁以道[①]为明州船场，日日平旦具衣冠焚香占一卦。一日有士人访之，坐间小雨，以道语之曰：“某今日占卦得鼎☲，有折足象，然非某也，客至者当之，必验无疑，君宜戒之。”士人辞去，至港口践滑而仆，胫几折，疗治累月乃愈。

按：贞我悔彼，折足为四爻象，故与我无涉。

注释：

①晁以道：即晁说之，字以道，一字伯以。北宋澶州（今河南濮阳）

人，博览群书，通“六经”，尤精于易。其易学本于邵雍，但又不囿于邵雍之学。撰有《古周易》八卷、《易规》一卷、《京氏易式》、《周易太极传外传因说》八卷。

译文：

宋代的晁以道在明州船场做官，每日天亮都齐整衣冠，然后焚香（表示虔诚、恭敬），再起卦占断一日吉凶。一日有一个士人来访，闲坐之间下起小雨，晁以道于是对他说：“我今天占了一卦，占得火风鼎卦䷱。鼎卦有折足之象，但是并不应验在我身上，而应在来的客人身上，这必定无疑，您应该小心谨慎才是。”士人告辞回去，因下雨路滑到港口滑了一跤而摔倒在地，胫骨几乎折断，疗治了几个月才愈合。

按：内卦为我，外卦为所来客人。鼎卦折足为九四爻之象，在外卦，所以说折足不应在我身上而应在客人身上。

宋程迥筮寓僧舍

宋程迥寓余姚僧舍，筮之遇巽䷸。占曰：“有风火之恐而不及害。”未几，舍北火发，焚十余室至寓舍止，县取纲维与遗火僧杖之。其占曰：“巽为风，互体离为火（三至五），兑为毁折（二至四），变震（巽全变为震[①]），为惊惧[②]。初六为内卦之主[③]，不与离应（隔二爻），故曰‘不及害’。巽为寡发，重巽二僧之象[④]，反对重兑（巽倒为兑），兑为决[⑤]，二僧受杖之象。”其奇验如此。

按：此推重互体倒体。

注释：

①巽全变为震：此种卦变方法即为旁通之法。所谓旁通，是指两个阴阳爻画完全相反的卦。旁通一词，大概本于《文言》“六爻发挥，旁通情也”。古人用旁通解卦，汉儒用之尤多，虞翻使用最详。

②震为惊惧：此不见录于《说卦》。《说卦》云震为雷，雷可使人惊惧，故此处训震为惊惧。

③初六为内卦之主：一般来讲，一个经卦之主为中爻，未见有初爻为内卦之主的说法。此处不知何据。

④重巽二僧之象：巽为寡发，发寡者有僧侣之象，故可训巽为僧。

⑤兑为决：《说卦》云"兑为附决"，有附从决断之意，故此处训为"兑为决"。

译文：

宋代程迥寓于余姚的僧舍里，占了一卦，遇巽为风卦䷸。程迥占断说："恐怕有风火的慌恐，但是烧不到我这里。"过了不长时间，程迥住的僧舍北边起火，焚烧了十余间房子，到程迥住的僧舍附近火就被扑灭了，县衙拘取了地方维持及放火的和尚打了一顿。程迥的分析是："巽卦为风，巽互体卦为离为火（巽卦三爻至五爻互体卦为离），兑为毁折（巽卦二爻至四爻互体卦为兑），巽卦全变为震（巽卦的旁通卦为震），震为惊恐、惧怕。初六爻为内卦之主，代表自己，与互体卦离不对应（初爻隔二爻才是互体离卦），所以说是伤害不到自己。巽为寡发，为头发稀少，有僧象，重巽是两个僧侣之象，巽卦的反对之卦为重兑（巽卦的倒体之象为兑），兑为决断为判决，兑金克巽木，所以是二个和尚受杖打之象。"这一卦例竟如此奇验。

按：此例推断专重于互体卦和倒体卦，纯以卦象来推。

宋程迥为人筮婚姻

或筮婚姻遇小过䷽，不知其占，再筮之仍得小过。程氏迥为占之曰："小过内卦兼互体为渐（二至四互风，故为风山渐），外卦兼互体为归妹（二至五互兑，雷泽归妹）。渐之词曰：'女归吉'[①]。归妹，'悦以动，所归妹也'[②]。"后果成。

按：此以内互与内卦合成一卦，外互与外卦合成一卦，即以两卦占，为筮法之变例，古人所未有。然则，筮无定法明矣。

注释：

①女归吉：此为渐卦卦辞。归，出嫁。女归吉，是说女子出嫁而入夫家则吉。

②悦以动，所归妹也：此为归妹彖辞。《归妹·彖》曰："归妹，天地之大义也。天地不交，而万物不兴。归妹，人之终始也。说以动，所归妹也。"这是说男女相配是天地之大义，是人伦之终始。归妹卦上卦为震，震为动，下卦为兑，兑为悦，所以说悦以动。男悦女而后娶之，女悦男而后嫁之。

译文：

有人占问婚姻而占得雷山小过卦䷽，不知是什么意思，再占一卦仍得雷山小过卦。程迥为其解释说："小过卦内卦艮与小过卦的互体卦组成风山渐卦（小过卦二爻至四爻互体为巽卦，巽为风，内卦为艮，故为风山渐卦），外卦震与上互体兑卦成雷泽归妹卦（二爻至四爻互体为兑卦，外卦为震为雷，故成雷泽归妹卦）。渐卦卦辞说：'女子出嫁吉利'。归妹卦彖辞说：'喜悦而动，所以要嫁女'。"所占之人后来果然成婚。

按：此例以内互卦与内卦合成风山渐卦，外互卦与外卦合成雷泽归妹卦，并舍本卦而以此两卦占断，这属于筮法的变例，在古人筮例中所仅见，以前并没有。然而，通过这一占例，筮无定法这一原则更加鲜明地表现出来。

卷三　一爻动上

动　爻

卦有一爻动、二爻动、三爻动，甚至四爻、五爻、六爻全动。吾人遇之，如何推断乎？兹按古人成例，及朱子所论定以为法式，然不可泥也。盖易占贵变，象与辞之通变，及事实之拍合，神之所示，千变万化，有不可思议者，故不可执也。须就事以取辞察象而印我，弃疏而用亲。

译文：

所占之卦有一爻动、二爻动、三爻动，甚至四爻动、五爻动、六爻全动，动则必变。如果遇到这种情况，我们如何推断呢？兹按照古人传下来的固定成例，以及朱熹所论定的作为通式，来论述古人占筮的方法，然而也不可拘泥于一端，不知通变。因为《周易》筮法贵在通变，贵在卦象与卦辞的灵活应用，以及与事实的具体契合。因为神明所兆示的预兆，总是千变万化，有一时令人不可思议的地方，所以不可偏执一端，必须根据具体事情来理解《周易》的卦爻辞，根据所占之卦的卦象与我之所占事情来印证，摈弃闲疏无关的东西而用与我所占之事相关的东西。

一爻动上

朱子曰："一爻变，则以本卦变爻辞占。"

按：此论其常耳。古人殊不尽取动爻辞，以辞往往与我疏，故弃而不用，用其象之亲于我者以推其事。又陈敬仲遇观之否，取动爻辞矣。又何以兼推互体，可见筮无定法。专察卦象之于我何如？不能执一以推也。兹将古人筮得一爻动故事汇辑如左。

译文：

朱熹说："一卦之中只有一爻动变，则以本卦中所动变的爻辞来推断。"

按：朱熹所论之法是一般的原则。在古人诸多占例中，并不尽取动爻辞来断占，因为所动之爻辞往往与我所占之事没有直接的联系，所以弃而不用，而用与我所占之事相关的卦象来推测所占之事。如果按照朱熹定论，则陈敬仲占遇观之否卦，已经根据卦爻辞来断占，又何必再兼用互体卦象呢？可见占筮并无定法。如果一味只察所占之卦的卦象来占断，又怎么样呢？也不行，必须兼而用之，而不能只执一法来推断。兹将古人筮得一爻动的筮例汇辑如下，以供读者参考。

毕万筮仕于晋[①]

闵公元年初，毕万筮仕于晋，遇屯䷂之比䷇。辛廖占之曰："屯固比入[②]，吉孰大焉！其必蕃昌（注：屯险难所以为坚固[③]，比亲密所以得入[④]）。震为土（屯内卦震变坤），车从马（震为车，坤为马[⑤]），足居之[⑥]（震为足），兄长之（震为长男），母覆之[⑦]（坤为母），众归之（坤为众），六体不易[⑧]（初一爻变，有此六义，不可易也）。合而能固[⑨]，安而能杀[⑩]，公侯之卦也（比合屯固，坤安震杀，故曰公侯之卦。孔疏[11]：震之为杀，传无明文。《晋语》云：震车也，车有威。武昭二十五年传云：为刑罚、威狱，以类其震曜杀戮，是震为威武杀戮之意也）。公侯之子孙必复其始。"

按：此占专重在内卦，以变在内卦也，不取辞。

注释：

①此例引自《左传·闵公元年》。

②屯固比入：高亨认为，《周易·杂卦》说"屯见而不失其居"，不失为坚固，故屯卦有坚固之义。《比·彖》说"比，辅也，下顺从也"；《周礼·大司马》也说"比小事大"，郑玄注解为"比，亲也"；《国语·吴语》也说"而孩童焉比谋"，韦昭注曰"比，合也"，因而比卦有顺入之义和比和之义（见《周易杂论》中之《左传国语的周易说通解》篇）。尚秉和在《左传国语易象释》中解此曰：屯卦内卦为震，震之倒体为艮，屯二爻至五爻互体为艮，艮为石为坚，故曰固。又《坎·彖》云："天险，不可升也。地险，山川丘陵也。王公设险，以守其国。"坎卦中爻之正覆艮卦（即坎二爻至五爻），与屯卦初至五同，坎为险为固，故屯亦有固义。比卦第五爻为阳，其余五爻皆阳，象一阳爻飞来入坤，五为尊位，故比卦有入义。

③屯险难所以为坚固：《屯·彖》曰："刚柔交而难生。动乎险中，大'亨贞'"，可见彖传中屯即有险、难之意。陆德明也认为："屯，难也"，《说文》也说"屯，难也"，可证屯字古有难义。难、险则坚固，故此处训屯亦有坚固之义。

④比亲密所以得入：比，卦名，其甲骨文象两人靠近、亲密无间状，有亲辅、依附之义，亲密可以深入，故曰"比亲密所以得入"。另外，比卦坎在上坤在下，坎为水坤为地，水在地上，水无孔不入于地，故亦可说比亲密所以得入。

⑤震为车，坤为马："震为车"不见录于《说卦》。《国语》曰："震

车也”，可证震有车象一说很古即有之。“坤为马”亦不见录于《说卦》。坤卦卦辞说：“坤：元亨，利牝马之贞”，牝马即雌马。“坤为马”之说可能据此而来。

⑥足居之：震卦有足象。《说卦》云震“为馵足，为作足”，故可训震为足。屯之比，屯卦内卦由震变为坤，震为足，坤为地，有足立于地上之象，故曰“足居之”。

⑦母覆之：坤为地为母，地可覆载万物，母能包容一切，故曰“母覆之”。

⑧六体不易：尚秉和在此处以为，屯卦初爻动，从其卦象可分析出“震为土，车从马，足居之，兄长之，母覆之，众归之”这六种涵义，这六义不可变易，故曰“六体不易。”尚秉和在另处却认为，本卦屯和之卦比皆有坎卦，坎数为六，居五爻尊位，坎始终未变，故曰“六体不易”。此处当以后说为佳。

⑨合而能固：比为亲辅、比附，亲辅、比附则能合。此外，屯亦有险难、坚固之义，故曰“合而能固”。

⑩安而能杀：尚秉和释此为“坤安震杀。”坤为地，大地有安稳不动之义，故可引申为坤为安。震为杀并不见录于《说卦》。《晋语》说“震车也”，车有威。《左传》昭二十五年亦说：“为刑罚威狱，以类其震曜杀戮”，从此亦可理解震有杀戮之象。屯之比是屯内卦由震变为坤，坤为安，震为杀，故合其义为“安而能杀”。

⑪孔疏：此指孔颖达之疏注。孔颖达，唐代冀州衡水（今河北衡水西）人，字仲达，又字冲远，少聪敏，博学多才。其主撰之《周易正义》，多采王弼、韩康伯注，“以仲尼为宗，义理可诠，先以辅嗣为本，去其华而取其实，欲使信而有征”，多所征引，至今仍为《周易》最完善的注本之一。

译文：

闵公元年初，毕万占筮在晋国的仕途如何，占了一卦，起得水雷屯䷂变水地比䷇。辛廖为其解占说：“屯卦险难、坚固，比卦亲辅、顺入，没有比这更吉利的了，子孙后代一定会兴旺发达（注：屯卦险难，难以攻入，所以为坚固；比卦亲密，密则无间，所以为得入）。屯卦初爻动内卦由震变为土（屯卦内卦初爻动，震卦变为坤卦），马拉着车（震卦有车之义，坤卦有马之象），双足立于大地（震卦为足，坤卦为地），兄弟逐渐成长（震卦为长男），母亲辅助呵护（坤卦为母），众人归顺（坤卦亦为众），这六种意思不可改变（初爻变动，可以分析出以上六义，这六义是不可移易的）。亲合而能险固，安顺而有威严，这是将成为公侯的卦象啊（比卦亲密、合顺，屯卦险难、坚固，坤卦安然、众顺，震卦威严、刑杀，所以说这是将成为公侯的卦象。唐孔颖达注疏说：震卦有杀戮之象，《说卦》传中并无明文。《晋语》说，震卦有车象，车可显示威严。《左传》武昭二十五年说，震为刑罚为威狱，以象其明曜、威严、肃杀、戳戮，这是震卦有威武、肃杀、戳戮之意）。公侯的子孙一定会兴旺发达。”

按：此例占断分析着重在内卦，因为变爻在内卦，所以不以卦爻辞来推断，而只以卦象来推。

说明：

“震为土，车从马”，有车可驾，有马可使，则非寻常百姓家。“足居之，兄长之”，双足据大地，以长兄为承嗣，则可有封地。“母覆之，众归之”，国母呵护，众人归顺，则可兴师、动众，必为一方霸主。“合而能固，安而能杀”，亲合而又险固，安顺而又威严，必能威震一方。既有封地，又有人从；既能安抚，又能树威，所以必然可以成为公侯。古人就是这样，可以凭藉抽象的卦象，经过慎密、严谨的逻辑推理，从无形中推知有形，从不知中推出知，从而可以预知未来，先知来事。

卜楚丘筮成季之生[1]

成季之将生也，桓公使卜楚丘之父卜之，曰：“男也，其名曰友，在公之右[2]，间于两社[3]，为公室辅，季氏亡则鲁不昌。”又筮之，遇大有☲

之乾☰，曰："同复于父，敬如君所[④]（注：筮者之辞也。乾为君父，离变为乾，故曰'同复于父'，见敬与君同。孔疏：离为乾子[⑤]，还变为乾，故云'同复于父'，言其尊与父同也。国人敬之，其敬如君之处，言其贵与君同也）。"及生，有文在其手曰"友"，遂以命之。后季氏大于鲁，果与君同。

按：此占专重在外卦，以动在外卦也。

任启运[⑥]曰："同复于父，敬如君所"，所谓后天之离即先天之乾。

注释：

①此例引自《左传·闵公二年》。

②右：古以右为上，品质等级高的称右。

③两社：社，古代指土地之神，泛指祭祀土地之神的地方。两社，即土神和谷神，古代帝王和诸侯都祭祀土神和谷神。

④同复于父，敬如君所：高亨认为，"同复于父，敬如君所"，系根据卦象所做的论断，不是爻辞，所以这也可能是用《周易》。大有卦是上离下乾，乾卦是上乾下乾，乾为父，离为子，那么，大有卦上离变为乾，是象征子与父同德，"无改于父之道"，所以说"同复于父"。大有卦上离变为乾，又象征臣与其君同心，常在君之左右，所以又说"敬如君所"。尚秉和在另处释道："按大有之乾，是离变乾也。乾为君为父，故曰同于父，敬如君。此杜（预）注之所释也。而传文复曰'所'曰'复'，何哉？所者位也，复者复其君父之位也。因乾位南，离亦位南，故人之敬离位，同于乾位也"，所以说"同复于父，敬如君所"。此两说皆能讲通。

⑤离为乾子：《说卦》传曰，"乾，天也，故称乎父……离再索而得女，故谓之中女"，乾为父，离为乾之女，故曰"离为乾子。"

⑥任启运（1670—1744）：江苏宜兴人，字翼圣，精通性理之学。其学宗朱熹，而所著以礼学为多，易著有《周易洗心》九卷等。

译文：

鲁桓公的小儿子成季将要出生的时候，鲁桓公令卜楚丘之父用《周易》占了一卦。卜楚丘之父占断说："是个男孩，他的名字叫友，不亚于您，奔走于两社之间（指掌大权），为王室的辅宰。成季死后鲁国就不再昌盛。"又占了一卦，得火天大有卦☲变乾为天卦☰，断曰："其职位同他的父亲一样，象君王一样受到人民的敬爱（注：这是筮者所下的断辞。乾卦为君为父，离卦变为乾卦，离为乾之女，所以说'同复于父'，受到尊敬同君王一样。孔颖达疏注曰：离为乾之子，又变为乾卦，所以说'同复于父'，是说他所受到的尊敬同其父一样。国人景仰他，他受的尊敬同国君一样，是说他的尊贵同国君一样）。"成季出生的时候，他的手上有个"友"字，于是就用"友"给成季命名。以后成季在鲁国很有政绩，果然同君王一样。

按：此占例着重于外卦的分析，因为动爻在外卦。

任启运说："同复于父，敬如君所"，是说后天八卦方位中的离卦就是先天八卦方位中的乾卦，因为两者的方位皆属南。

陈厉公筮公子敬仲生[1]

陈厉公生敬仲，筮之，遇观☴之否☰。曰："是谓'观国之光。利用宾于王'[2]（注：此观六四爻辞。易之为书，六爻皆有变象，又有互体，圣人随其义而论之），此其代陈有国乎？不在此，其在异国。非此其身，在其子孙，光远而自他有耀者也[3]。坤土也（观内卦），巽风也（外卦），乾天也（否外卦），风为天于土上[4]，山也（巽变乾，故曰风为天；自二至四互艮，艮为山）。有山之材而照之以天光[5]，于是乎居土上（山则材之所生，上有乾，下有坤，故言居土上，照之以天光），故曰'观国之光'（四为诸侯[6]，变而之乾，有国朝王之象）。庭实旅百，奉之以玉帛，天地之美具焉[7]，故曰'利用宾于王（艮为门庭，乾为金玉，坤为布帛，诸侯朝王陈贽[8]币之象。旅，陈也，百，言物备）。犹有观焉[9]，故曰'其在后乎'（因观文以博占，故言犹有观。非在己之言，故知在子孙）。风行而著于土，故曰‘其在异国’乎[10]。若在异国，必姜姓也[11]。姜，大岳之后也。山岳则配天，物莫能两大[12]，陈衰此其昌乎（变而象艮，故知当兴于大岳之后，得大岳之权，则有配天之大功，故知陈必衰）?”及陈之初亡也，陈桓子始大于齐，其后亡也，成子得政。

按：此取动爻辞，而兼取互体。本卦三至五互艮，之卦二至四互艮也。

注释：

①此例引自《左传·庄公二十二年》。

②观国之光，利用宾于王：此系观卦六四爻辞。这是说，观看考察一国的风俗民情，则宜用宾客之礼朝见王。宾，即仕，古代德行之仕，前往朝廷，天子以宾客之礼相待。国之光，即一国风俗民情。尚秉和解此曰：“坤为国，互艮为观、为光，故曰观国之光。巽为利，为宾客，乾为王，故曰利用宾于王。”

③此其代陈有国乎？不在此，其在异国。非此其身，在其子孙，光远而自他有耀者也：尚秉和释此说，本卦为我，之卦为彼，所以观卦之坤为陈国，否卦之坤为异国。否卦有乾，乾为大为君，故知其将代陈有国。坤为身，不是自身，因为应在之卦之坤。艮为子孙，所以说在其子孙。乾为远，为大明，故曰耀。乾在之卦，故曰自他而非己。

④风为天于土上：观之否，六四爻动，上卦由巽变为乾，巽为风，乾为天，下卦坤土未动，故曰“风为天于土上”，有风行于土上之象。

⑤有山之材而照之以天光：观卦三爻至五爻互为艮卦，否卦二爻至四爻亦互为艮卦，艮为山。观卦上卦巽为木，木即木材，所以说山上有材。之卦乾在上，乾为天为日，日有光，所以说照之以天光。

⑥四为诸侯：此依爻位之象。据《易纬·乾凿度》，在每卦六个爻画中，古人以初爻为“元士”，以第二爻为“大夫”，第三爻为“公”，四爻为“诸侯”，五爻为“天子”，上爻为“宗庙”。在这六个爻位中，第五爻为尊位，最为重要。

⑦庭实旅百，奉之以玉帛，天地之美具焉：大臣朝见国王，要献上许

多贡品，有玉有帛，还有其他天地间的珍美物品，都陈列于王庭之上，所以说“庭实旅百，奉之以玉帛，天地之美具焉”。艮为门庭，坤为品物，坤与艮连，故曰“庭实”。旅，此处指众多，《毛传》说“旅，众”（百亦为众多意。坤为众为布帛，乾为金为玉，艮为手，所以说“奉之以玉帛”。否卦上卦为乾为天，下卦为坤为地，所以说“天地之美具焉”。

⑧贽：古时初次见面所送的礼物。

⑨犹有观焉：尚秉和认为，之卦否初爻至五爻五画连互为观卦（五画连互之法参见刘大钧教授之《周易概论》），是说之卦中还有一个观卦，故曰“犹有观焉”。

⑩风行而著于土，故曰“其在异国乎”：观卦上风变天，坤为地为国，风飘动很远，故断定敬仲的后代将在别国得志。

⑪若在异国，必姜姓也：尚秉和认为，巽为齐，故为姜；犹震为周，亦为姬。艮为山岳。因本卦之卦皆有巽，巽为姜，故决其在姜姓之国。又观卦、否卦都有艮为山岳之象，为姜姓所自出，故知必为姜姓之国。

⑫山岳则配天，物莫能两大：之卦否二爻至四爻所互之艮上与否卦上乾相连，艮为山岳，乾为天，所以说“山岳则配天”。坤为国，本卦之坤为陈国，之卦之坤为异国，本卦无乾，之卦有乾，乾为大，两国不一样大，故曰“物莫能两大”。

译文：

陈厉公的儿子敬仲（名完）出生时，周王朝的史官用《周易》给这个幼儿占了一卦，起得风地观䷓变天地否䷋。史官占断说：“这是说观看考察一国的风俗民情，则宜用宾客之礼来朝见君王（注：这是观卦六四爻辞的意思。《周易》这本书，其中的八卦六爻都有变象，又可以形成互体之卦，古代的圣人可以随其本义而论辨之），这难道是说要取代陈国吗？不在此地，而是在异国。不在敬仲本人，而在敬仲的子孙后代，因为光明远离，从他才能始得照耀。坤为土（观卦内卦为坤），巽为风（观卦外卦为巽），乾为天（否外卦），观卦之否卦是观卦坤土不变而上卦巽风变为乾，所以互体又为艮卦，艮为山（观卦外巽变乾，所以说风变为天；观卦自二爻至四爻互体为艮卦，艮为山）。山上有木材，受到阳光的照耀，都居在土之上（山是木材生长的地方，上有天，下有地，所以说居住在土之上，受到阳光的照耀），所以说是‘观国之光’（四爻为诸侯爻，四爻变则巽变为乾卦，有国人、大臣朝见君王之象）。朝庭中摆满了各种各样的礼品，还有大臣们进奉的金玉和丝帛，天地间的珍美物品悉皆俱备，所以说是‘利用宾于王’（艮为门庭，乾为金玉之帛，坤为丝帛，这是诸侯朝见君王进献礼物、礼币之象。旅为陈设，百是说所进物品之完备）。之卦否之中初爻至五爻五画连互还可形成一个观卦，所以敬仲只是瞻望，他的后代才能得志（因为观卦以博来占断，所以说‘犹有观’。非在敬仲本人，则知必在其子孙）。观卦上巽风下坤土，有风行于土之象，风飘动甚远，非在自身，所以说‘其在异国’。如果是在异国，一定在姜姓之国，因为姜姓是大岳的后代。山岳与晴天相配，事物没有两个同时都大，陈国衰亡，敬仲的后代会昌盛吧（变卦否二至四爻互为艮卦，艮为山，故知大岳的后代应该昌盛，得到大岳的威权，亨有配天之大功，可以推知陈国必亡）?”等到陈国初亡的时候，陈桓子开始在齐国兴盛，其后就灭亡了，成子取得政权。

按：此例取动爻爻辞来推断，而兼用互体之卦，本卦观三爻至五爻互体为艮卦，之卦否二爻至四爻互体亦为艮卦。

晋献公筮嫁伯姬于秦[1]

初，晋献公筮嫁伯姬于秦，遇归妹䷵之睽䷥（上六变来）。史苏占之曰：“不吉，其繇曰：‘士刲羊，亦无衁也。女承筐，亦无贶也’[2]（归妹上六爻辞也。衁，血也；贶，赐也。刲羊，士之功；承筐，女之职。上六无应，所求不获[3]，故下刲无血，上承无实，不吉之象也。离为中女，震为长男，故称士女）。西邻责言，不可偿也[4]（将嫁女于西而遇不吉之卦，故知有责让之言，不可报偿）。归妹之睽，犹无相也[5]（归妹，女嫁之卦；睽，乖离之象，故曰无相。相，助也）。震之离，亦离之震（二卦变而气相通。震离皆二卦外卦)，为雷，为火，为嬴败姬[⑥]（嬴秦姓，姬晋姓，震为雷，离为火，火动炽而害其母，女嫁反害其家之象，故曰为嬴败姬)。车说其輹，火焚其旗[⑦]，不利行师，败于宗丘[⑧]（说同脱，輹车下缚，丘犹邑也。震为车，离为火，上六爻在震则无应，故车脱輹；在离则失位，故火焚旗。言皆失车火之用也。车败旗焚，故不利师。火还害母，故败不出国，近在宗邑)。归妹睽孤，寇张之弧[⑨]（此睽上九爻辞也。处睽之极，故曰睽孤。失位孤绝，故遇寇难而有弓矢之警，皆不吉之象)。侄其从姑（震为木，离为火，火从木生，离为震妹，于火为姑，谓我侄者，我谓之姑，谓子圉质秦)，六年其逋，逃归其国，而弃其家（逋亡也，谓子圉妇怀嬴)。明年，其死于高梁之虚（惠公死之明年，文公入，杀怀公于高梁)。”后秦穆公伐晋，晋师败，获惠公，乃以太子圉为质，惠公始返国。未几，子圉弃其妻怀嬴，逃归。惠公卒，子圉立。秦又纳重耳，子圉奔高梁，重耳杀之。

按：此推本卦动爻辞，兼推之卦动爻辞，并推互体之坎，与任启运说相合。

杜注详矣，而仍未尽。兹采毛氏、何氏二家解诂列后，二家诂有杜注所未及者。

毛西河[⑩]曰：十五年，秦伯伐晋，败晋于韩原，此不利行师，败于宗丘也。夫离为戈兵，为甲胄，此行师者也。以我之震柔变[⑪]而为彼之戈兵甲胄，是利在彼而不利在我，则我败矣。且夫震我也，之离客也。我之主震，倒艮山而为之丘，是主丘也（宗主也)。主丘者，韩原晋地也，而乃变客之离，刚而败之，获晋侯。十一月归晋侯。此归妹睽孤，寇张之弧也。

毛氏又曰：震之离，亦离之震。高梁者离，一变而离刚已亡。夫离刚之上横者，高梁也[⑫]。变之震而刚已亡，则变于是死亦于是焉（按：毛氏释高梁义亦未协)。

何氏楷云：兑在西，秦为西方，震为言，上六变则曰渝，故曰“西邻责言，不可偿也”。归妹于秦，欲得其助，变而为睽，两情相违，故曰

“归妹之睽，犹无相也”。自三至五体坎为车[13]，雷电交作，车不能行[14]，故为说其輹象。变离为火，爻之下体有坎（睽三至五互坎），为曳（《说卦》：坎为舆、为曳），象旗，离火在上烧之，故为焚旗象。三上敌应（言三爻上爻），上体震为木，下体兑为金，木与金遇，必为金所胜，兑为西方，故为嬴败姬象。震为兄，兑为妹，震木变离火，火从木生，以震为木，则以兑金为姑矣。木既为金所克，则侄无所依，故为侄从姑象。其与败于韩原子圉事一一吻合，春秋筮法之神如此。至曰败宗丘，死高梁，殆不可晓。

注释：

①此例取自《左传·僖公十五年》。

②士刲羊，亦无衁也；女承筐，亦无贶也：近人认为，此为归妹卦上六爻爻辞，与今通行本《周易》文字稍有不同，或系根据今本演绎而来。今本《周易》归妹卦上六爻辞曰：“女承筐无实，士刲羊无血，无攸利”，是说女子提着的筐中没有装东西，男士刺羊而未出血，这是做事没有收获的朕兆，所以无所利。刲，割、刺；贶，赠送、所赠送的物品。归妹卦上震下兑，震为竹、为苇，有中虚之象，故可为空筐，下兑为女，女上有筐，故归妹卦有女提空筐之象。

③上六无应，所求不获：“应”为古人解卦的一种手段。《易纬·乾凿度》认为：“动于地之下则应于天之下，动于地之中则应于天之中，动于地之上则应于天之上。”汉人据此认为，在一卦六画之象中，其初爻与四爻、二爻与五爻、三爻与上爻之间有一种呼应、对应关系，此即为应。归妹卦上六爻为阴爻，六三爻亦为阴爻，上六爻动而六三爻不动，故为不应。应爻有应予，固以有应予取义；应爻无应予，即以无应予取义。不应则不获，故下文说下刲无血，上承无实，皆为不吉之象。

④西邻责言，不可偿也：兑为西，互体之离为邻，故曰西邻。兑为口朝上，亦为言为口舌，所以说责言。震为善鸣为言，变离为败为泄气，又兑金克震木，所以说不可偿。

⑤归妹之睽，犹无相也：归妹为嫁女之卦，睽卦为违背、乖异、隔膜

之卦。嫁女本为改善两家关系，却使两家变得隔膜、不相往来，所以说是没有益处。相，有帮助之义，此处意为好处、益处。

⑥嬴败姬：震为周、为姬（见《焦氏易林注》“震逸象”）；兑为西，故为秦，秦嬴姓，故亦为嬴。兑为金，震为木，金克木，故曰嬴败姬。震为木，动变为离，离为火，震木变离火为泄气，则震木被伤，又离火可烧震木，有火害木之象，所以说火动炽而害其母。震为木为姬，震变离而震为离害，故姬败。综而观之，有嫁女反被女害之意，所以说嬴败姬。

⑦车说其輹，火焚其旗：震为车（见《左传·闵公元年》），震亦为輹（见今人周立升主编之《春秋哲学》“春秋易象说”），震变为离，则车毁，车毁则輹脱、箱与轴分离，车不能行。又震为旗（见《焦氏易林注》“震逸象”），震变离，旗上有火，故说火焚其旗。

⑧不利行师，败于宗丘：震为车，为威武，为征伐，故可训为行师。震为离，震车毁旗焚，故不利行师。震为长子，为主祭祀之人，为家族之传人，为宗邑之主。震变离而震败，故败于宗丘之地。

⑨归妹睽孤，寇张之弧：古人成例，占得卦中某爻动，既看到本卦动爻之辞，又看之卦动爻之辞。此取睽卦上九爻辞。睽上九爻辞曰：“睽孤见豕负涂，载鬼一车。先张之弧，后说之弧，匪寇婚媾。往遇雨则吉”，是说在乖异孤独之时，见猪满身泥土，又有一车鬼，先张弓欲射，后置酒相庆，不是盗寇而是求婚的，前往遇雨则吉。此处取其寇盗张弓示警之意。因为睽上九爻处睽卦之极，越位则无路可去，将有危险，故以为不吉。

⑩毛西河：即清代易学家毛奇龄，浙江肖山人，字大可，号秋晴，一曰初晴，弟子称西河先生。其易著有《河图洛书原舛编》、《太极图说遗议》、《仲氏易》、《推易始末》、《春秋占筮书》、《易小帖》、《易韵》等。后人评其书曰：“颇宗旧旨，不杂芜词，但以变易交易为伏羲之《易》，反易对易之外，又增移易为文王周公之《易》，牵合附会，不顾义理，务求词胜而已。”

⑪柔变：震属阳为刚，离属阴为柔，震刚变为离柔，故称为柔变。

⑫离刚之上横者，高梁也：归妹卦之震的上爻由阴爻变为阳爻，阳爻

有横梁之象，又处于极高之位，所以说离之上横为高梁。

⑬坎为车：《说卦》说坎“为弓轮”，轮有车象，又说“其于舆也为多眚”，亦有车象，故可训坎为车。

⑭雷电交作，车不能行：归妹卦上卦为震，震为雷，归妹二爻至五爻互体为离卦，离为电，故曰雷电交作。归妹三爻至五爻互体为坎卦，坎为车，夹于震雷与离电之间，故曰“雷电交作，车不能行”。

译文：

僖公十五年初，晋献公要把他的女儿伯姬嫁给秦穆公，当时占了一卦，得雷泽归妹䷵变为火泽睽䷥（系上六爻由阴爻变阳爻而来）。史官史苏解断说：“不吉。爻辞说‘男子割羊而未见出血，女子提着的筐中没有东西’（这是归妹卦的上六爻辞。衁即是血，贶为赠送之物，刺羊是男士的功德，提筐是女人的职能。上六动而无对应之事，所追求的没有得到，所以往下刺羊而未出血，向上提筐而未盛任何东西，这都是不吉的朕兆。离为中女，震为长男，故可连称士女）。西边的邻里有责备之言，得不偿失，没有什么好处（将把女儿嫁到西方而遇到不吉之卦，故可推知有受责备之意，不可报偿己之所失）。归妹卦变为睽卦，还是没有帮助之意（归妹卦是女子出嫁之意，睽卦有乖异、隔离、两人反目之象，嫁女本为二家合好却使两家反目成仇，所以说没有帮助。相，在这里是帮助之意）。震卦变为离卦，也是离卦变为震卦（二卦动变而其气相互沟通。震卦离卦都是归妹卦和睽卦的外卦），为雷；为火；为嬴击败姬（嬴为秦姓，姬为晋姓。震卦为雷为木，离为火，震木生离火为泄气，损泄震木之气，火炽热燃烧而可将震木烧焦，故为害其母，有嫁女反过来损害其娘家之象，所以说是嬴姓将战败姬姓）。战车挣脱了下輹，烈火焚毁掉其旗帜，不利于行兵打仗，将在宗丘之地失败（‘说’通‘脱’，輹为车之下缚，丘亦通邑。震卦无车，离卦为火，上六爻在震卦而无对应之处，所以说车脱掉下輹。上六爻在离未居中位，不为得位，所以说烈火焚烧掉其旗帜。都说失去战车之用，皆是因为离火的缘故。战车毁坏，旗帜被焚，所以说不利于行兵作战。离火烧震木，害其生母，所以说战败并不出国外，近在宗邑之内）。

归妹卦变睽卦，寇盗张开弓箭（这是睽卦上九爻辞。睽卦上九爻处于睽卦之极处。往前已无路可去，所以说是睽孤失位，会遇到盗寇和灾难，并有弓箭之警示，这都是不吉的兆象）。侄女跟从着她的姑姑（震卦属木，离卦属火，火从木生，离为中女，震为长男，则离为震之妹，于火则称姑，这是说子圉在秦国做人质），六年之后逃了出来，逃回自己的属国，并抛弃了自己的家属（逋为逃亡，是说子圉弃其妇怀嬴）。第二年，将死于高梁之地的废墟（晋惠公死的第二年，晋文公进入晋国，在高梁之地杀死了怀公）。”后来秦穆公攻打晋国，晋军大败，并俘获晋惠公，于是秦国把晋国太子子圉做为人质留在秦国，才放晋惠公返回晋国。没有多久，子圉弃其妻怀嬴于秦国而不顾，自己逃回晋国。晋惠公死后，子圉立为国王。秦国又接纳晋公子重耳，子圉逃奔于高梁，重耳将其杀掉，自己立为国王。

按：此例以本卦动爻爻辞推断，兼看变卦动爻爻辞，并参照互体之坎卦。这种断法与任启运的说法相合。

杜预的注解已够详尽，但仍没有尽解其意。兹将毛西河、何楷二家的解释训诂列于下，以尽其意。毛、何两家之解诂有杜预注疏所不能及的地方。

毛西河说，僖公十五年，秦伯攻打晋国，在韩原打败晋国，这就是“不利行师，败于宗丘”。离卦为拖着兵器，为戴着盔甲，这是说行师。以我之震木变为彼之兵器盔甲，是利在彼而不在我，则我败无疑。况且震卦为我，变卦之离为彼。主我之震卦的倒体为艮卦，艮为山，又可为丘，这是宗主之丘（上六爻为宗庙爻）。宗主之丘在晋国的韩原，而所变离卦代表彼，则我之震刚受损必败，则晋惠公被俘无疑。十一月晋惠公被放回国。这就是“归妹睽孤，寇张之弧”。

毛西河还说：震卦变离卦，也是离卦变震卦。高梁之地是离卦上爻之阳爻由震卦上爻之阴爻而变来，有高梁之象。震卦变为离卦则阳刚已失，则生变于高梁，而死亦在高梁（按：毛西河此处解释高梁之义也不妥切）。

何楷说：兑卦主西方，秦在西方，则兑为秦国，震卦为言，归妹卦上六爻由阴变阳则曰渝，兑金克震木，震木变离火，所以说“西邻责言，不可偿也”。晋惠公将女嫁于秦国，本来是想得到秦国的帮助，反而变为两家反目，两情相违，所以说“归妹之睽，犹无相也”。归妹卦自三爻至五爻互体为坎卦，坎有车象，归妹上震为雷，二爻至四爻互离为电，雷电交加，车则不能行，所以有脱其下缚之象。震之变卦离为火，其下互体之卦为坎（睽卦三爻至五爻互体为坎卦），坎为曳（《说卦》说坎为大车，为曳动），坎飘曳有旗帜飘动之象，离火在上烧其旗帜，所以有焚烧旗帜之象。归妹卦三爻上爻相对应（是说归妹卦之三爻上爻），归妹上体为震卦，震为木，归妹下卦为兑，兑为金，木与金相遇，则震木必被兑金所克伤，兑为西方，西方为秦国，所以是秦国作战胜晋国，故有嬴姓战败姬姓之象。震为长男为兄，兑为少女为妹，震木变为离火，火由木生，震为木，则兑金为离火之姑。震木既然已被兑金克制，则离火之侄女已无依靠，所以有侄女依从其姑之象。这一占断与重耳在韩原战败子圉之事一一相合，可见春秋筮法之神妙。至于说子圉果然败于宗邑之内，死于高梁之地，不知从何推断的。

晋文公筮纳周王[①]

晋文公谋纳王，筮之遇大有䷍之睽䷥（大有三爻变）。曰：“吉！遇‘公用亨于天子’[②]之卦（大有九三爻辞也。三为三公而得位[③]，变而为兑，兑为悦，得位而悦，故能为所宴享），战克而王飨[④]，吉孰大焉！且是卦也（总言二卦之义，不系于一爻），天为泽以当日[⑤]，天子降心以逆公[⑥]，不亦可乎（乾为天，兑为泽，乾变为兑而上当离，离为日，日之在天，垂曜在泽。天子在上说心，在下是降心，逆公之象）？大有去，睽而复，亦其所也（言去睽卦，还论大有，亦有天子降心之象。乾尊离卑，降尊下卑，亦其义也）。”

按：此推动爻辞，兼推上下卦体。

注释：

①此例取自《左传·僖公二十五年》。当时周襄王被狄兵击败，流落

在郑国汜地。晋国大臣狐偃劝晋文公去晋见周襄王，晋文公听了狐偃的建议后，先让卜偃以龟甲卜一下，得到“黄帝战于阪泉”的吉兆，文公还是不放心，于是令再用蓍草占筮。此例即是当时的占例。

②公用亨于天子：此为大有卦九三爻爻辞。《大有·九三》曰“公用亨于天子，小人弗克”，是说公侯将受天子之宴飨，庶民则不能，象征战胜狄兵会受到周襄王的宴请。

③三为三公而得位：根据爻位之象，第三爻为“公”，所以此处说“三为三公”。所谓得位，是指阳爻居阳位、阴爻居阴位，又称得正，主吉祥。汉人有阳位、阴位之说，初爻、三爻、五爻称为阳位，二爻、四爻、上爻称为阴位，并依此来推断卦爻之吉凶。大有卦三爻为公，三爻又为阳爻居阳位，所以说是“三为三公而得位”。

④飨：用酒食款待客人，此处指宴请。

⑤天为泽以当日：是指大有卦三爻动下卦乾变为兑，乾为天，兑为泽，乾天变为兑泽，故说“天为泽”。大有卦外卦离不变，离为日，高居于乾天、兑泽之上，有离日在天而照耀大泽之象，所以说“天为泽以当日”。

⑥天子降心以逆公：大有卦乾下离上，乾为君为尊，离为臣为卑，乾尊居于离卑之下，有天子屈尊以待臣下之象。天子在上是居其正位，为其悦心之时，今在离臣之下，当为不顺心之时，故为降心。所以说“天子降心以逆公”。逆，此处为迎接之意。

译文：

晋文公筹谋接纳周襄王，当时占了一卦，占得火天大有䷍变火泽睽䷥。卜官占断说：“非常吉利！遇到‘公侯受到天子宴请’之卦（此取自大有卦九三爻辞。三爻为三公，阳爻居阳位为得位，乾天而变为兑卦，兑为喜悦，得位而有喜悦之事，所以将受到天子的宴请），战胜狄兵而受到周王的宴请，没有比这更吉利的了！况且这二卦（总说二卦卦义，不独论单爻之义），大有变睽是大有之下卦乾天变为兑泽，而上卦离日不变以照耀之，有天子降心以接待臣下之意，不也很好吗（乾卦为天，兑卦为泽，大有三爻动，下卦乾变为兑而上卦之离不变，离为日，日丽于中天，照耀于大泽之上。天子居尊位在上而赏心喜悦，在下屈尊而降心，这是屈尊接待臣下公侯之象）？天子据有天下为大有，天子离开王朝为睽背，大有变为睽卦，终归最后要回到大有卦；天子离开王朝，终究要回到王朝，这必是其最终的结局（是说撇开睽卦，还是论大有，仍有天子降心屈尊之意。乾为天为君为父居尊位，离为臣为子居卑位，今乾君屈尊居于卑离之下，也是天子降心屈尊以待臣下之意）。”

按：此例按变爻爻辞来推断，同时兼看上下卦体、卦象之意。

齐崔杼筮取棠姜[1]

襄公二十五年，崔杼欲取棠姜，筮之遇困䷮之大过䷛（困三爻变），史皆曰吉（阿也）。示陈文子，文子曰："夫从风[2]（坎变巽），风陨[3]妻，不可取也。且其繇曰：'困于石，据于蒺藜，入于其宫，不见其妻，凶[4]（困三爻辞）'。困于石，往不济也；据于蒺藜，所恃伤也；入于其宫，不见其妻，凶，无所归也。"

按：此推变象，兼推本卦动爻辞。坎为中男，故曰夫；变巽，故曰从风；风陨，故凶。上兑毁折，亦凶也。

注释：

①此例取自《左传·襄公二十五年》。

②夫从风：困卦上兑下坎，兑为少女，坎为中男，有夫妻相配之象，故坎为夫。但是困卦三爻动，困下卦坎变为巽，巽为风，所以说"夫从风"。

③风陨：风有陨落之意。鼎卦初六爻辞说"鼎颠趾"，鼎下卦为巽，故曰颠，颠有陨落之意。九四爻辞"鼎折足"，折亦有陨落之意。《说卦》说"桡万物者，莫疾乎风"，"桡"者有"败"之意，仍有风陨之义，可

见巽风有飘荡、陨落之意。

④困于石，据于蒺藜，入于其宫，不见其妻，凶：此为困卦六三爻爻辞。是说行路被石绊倒，手抓在蒺藜之上，回到家见不到自己的妻子，所以说很凶险。占娶妻之卦而遇“入于其宫，不见其妻”之凶语，显然不可娶。

译文：

襄公二十五年，崔杼（崔武子）想娶棠姜，用《周易》占了一卦，占得泽水困䷮变为泽风大过䷛（困卦三爻动变来），史官都说娶棠姜吉（这是奉承之语）。将卦拿给陈文子看，陈文子说：“丈夫随风而飘荡（困卦下坎变为巽风），风有陨落之意，所以不能娶棠姜。况且困卦六三爻辞说：‘行路被石绊倒，双手抓到蒺藜之上，回到家又见不到自己的妻子，凶（困卦六三爻辞）。’被巨石所绊倒，是说前行而没有益处；双手抓在蒺藜之上，是说将会受到所依靠者的伤害；回到家中，见不到自己的妻子，凶，这是说最终没有归宿。”

按：此例依据变卦之卦象来推断，并参考本卦动爻的爻辞。坎卦为中男，所以可以说为丈夫；坎卦变为巽风，风有依从之意，故可以说依从；巽风有陨落之意，所以说是凶。况且困卦上卦为兑，兑为毁折，亦是凶兆。

郑子太叔以复卦筮楚子将死[1]

襄公二十八年，郑子太叔朝楚，楚子欲郑朝。归复命，告子展曰：“楚子将死矣。不修其政德，而贪昧于诸侯，以逞其欲。《周易》有之，在复䷗之颐䷚（复上六变），曰：‘迷复凶’[2]（注：复上六爻辞也。复反也，阴极反阳之卦[3]，上处极位，迷而复反[4]，失道已远，远而无应[5]，故凶。按：上应在三，三亦阴爻，远而无应也）。其楚子之谓乎！欲复其愿，而弃其本（谓欲得郑朝以复其愿，乃弃本而不修德），复归无所，是谓迷复

（失道已远，又无所归），能无凶乎？君其往也，送葬而归。”后楚子果死。

按：此亦以动爻辞占，特复之取义并非筮来，只因楚子欲郑朝楚，以复其愿，因即取复卦为占，并取复上六变颐，以寓无应之义。古人之于易学，精熟如此，可随事取占，不必布蓍也。

注释：

①此例取自《左传·襄公二十八年》。

②迷复凶：此取自复卦上六爻辞。《复·上六》曰：“迷复凶，有灾眚。用行师，终有大败，以其国君凶，至于十年不克征”，是说误入迷途而求复返，则凶有灾害，用以行师作战，最终将有大败，危及到国君，以至于十年不能出兵征战。

③阴极反阳之卦：复卦初爻为阳，其余五爻为阴，有阴气已走到尽头，剥极必复，阳气逐渐上升，阳气逐渐消阴之象，所以说复卦为“阴极反阳之卦”。

④上处极位，迷而复反：在一卦之中，初爻、二爻为地，三爻、四爻为人，五爻、上爻为天，上爻处天之极处，故此处说“上处极位”。位高必复。上六爻处极高之位，阴而不能进，有误入迷途、迷而才知复反之象。

⑤失道已远，远而无应：复卦上六爻与复卦之唯一阳爻初九相隔四位，阳为正，上六远离阳正之道，且已处于上六极高之位，故言其“失道已远”。上六为阴爻，与之对应之六三爻亦为阴爻，阴阴不能相互感应，所以有“远而无应”之象。

译文：

襄公二十八年，郑国公子太叔到楚国去朝拜，楚子想郑国朝拜楚国。太叔回来复命，告子展说：“楚子快要死了。不勤修其政治和德行，而一味在诸侯中贪昧逞强，恃强凌弱，以显示其逞强扬威之欲。《周易》之中讲到过这种事情。地雷复☷变山雷颐☶（复卦上六爻动变而来）讲的就是这种情况。复卦说：‘迷失道路之后才知道找返回的路，结果往往是凶’

（注：这是复卦上六爻爻辞。复卦有复返、还归之意，是阴气走到极处已无路可走而返归阳正之卦。上六阴爻处于极高之位，迷途之后方知要返回，已经找不到正道，离正道很远，而又没有接应、照应之人，所以再往前必然凶险。按：上六阴爻之应在三爻，而三爻亦为阴爻，阴与阴不能相互感应，所以是远而无应之象）。说的就是楚子啊！欲逞其恃强凌弱之愿，而弃其勤修德政之本（是说想郑朝楚，以逞其扬威显强之愿，乃抛弃其治国之根本而未修治国之德政），回来之后却已无处可去，这就叫迷复（迷失正道已很远，又没有可以投归之处），能不凶险吗？先生您前去吧，保证是为楚子送葬而后回。”不久楚子果然死去。

按：此例也是以动爻爻辞来占断，只是所用复卦的取义不是占筮而来，而是只因为楚子想郑国朝拜楚国，以逞其扬威之愿，因而就取复卦来为之占断。并取复卦上六爻动而变为颐卦，以寓其无对应之义。古人研究易学，如此精确熟练，可以随时、随地、随事取占，没有必要非得去揲蓍布卦。

郑伯廖以丰卦筮曼满必败[1]

宣公六年，郑公子曼满与王子伯廖语，欲为卿。伯廖告人曰：“无德而贪，其在《周易》丰䷶之离䷝（注：丰上六变为纯离也。《周易》论变[2]，故虽不筮，必以变言其义。丰上六曰：‘丰其屋，蔀其家，窥其户，阒其无人，三岁不觌，凶[3]。’义取无德而大其屋，不过三岁必灭亡也），弗过之矣（不过三年）。”间一岁，郑人杀之。

按：此亦即事取义，非筮得之卦而亦无不验。盖易学之发达，无过春秋。

注释：

①此例引自《左传·宣公六年》。

②《周易》论变：《周易》尚变，有变易、不易、简易之三义。《周易·系辞》曰“易穷则变，变则通，通则久”，其变通原则对中国文化有极其深刻的影响，并使中国文化具有极强之包容力和融聚力。

③丰其屋，蔀其家，窥其户，阒其无人，三岁不觌，凶：是说贵族的房屋非常宽大，阴影遮蔽了家宅，窥视其门户，静悄悄空无人迹，三年之间什么也没看到，非常凶险。丰，有丰厚宽大之义；蔀，遮光物，遮蔽；窥，窥视、窥探；阒，有静、空之意；觌，见。

译文：

宣公六年，郑公子曼满同王子伯廖说，自己想做卿相。王子伯廖私下跟别人说：“曼满没有德行而贪婪，在《周易》为雷火丰䷶变离为火䷝（注：丰卦上六爻动而变为纯离之卦。《周易》全书尚变，筮法亦然，所以虽然不是占筮，但仍以动爻之辞来发挥其义。丰卦上六爻辞说：‘贵族的房屋非常宽大，阴影遮蔽了家宅，窥视其门户，静悄悄无人迹，三年之间什么也没看到，非常凶险’。其义认为没有德政而其房屋虽然宽大，不过三年必然灭亡），并不为过（不会超过三年）。”过了一年郑公子曼满被郑国人杀害。

按：此例亦是根据当时之事来取其卦义，并不是根据筮得之卦来分析，但仍然灵验如神。恐怕千古以来易学之发达，难有超过春秋筮法之神奇的。

晋知庄子以师卦筮彘子违命出师[1]

宣公十二年，楚伐郑，晋救郑及河，闻郑及楚平，中军师荀林父欲还。彘子曰：“成师以出，闻敌强而退，非夫[2]也。命为军师，而卒[3]以非夫。唯群子能，我弗为也。”以中军佐济[4]。知庄子曰：“此师殆哉。《周易》有之，在师䷆之临䷒（师初六变），曰：‘师出以律，否臧凶[5]（师初六爻辞。律，法；否，不也）。执事顺成为臧，逆为否（今彘子逆命不顺成，故应否臧之凶），众散为弱[6]（坎为众，今变为兑，兑柔弱），川壅为泽[7]（坎为川，今变为兑，兑为泽，是川见壅）。有律以如己[8]也（如，从也。法行则人从法，法散则法从人。坎为法象，今为众则散，为川则壅，是失法用、从人之象），故曰律否臧。且律竭[9]也（竭，败也。坎变为兑，是法败。孔疏：竭是水涸之名。坎为水为法，水之竭似法之败，故云竭败也），盈而以竭，夭且不整[10]，所以凶也（水遇夭塞，不得整流，则竭故也）。不行之谓临[11]（水变为泽仍成临卦，泽不行之物）。有帅而不从，临孰甚焉，此之谓矣（譬彘子之违命，亦不可行）。果遇必败（遇敌），彘子尸之（尸主也），虽免而归，必有大咎（为明年晋杀先谷传）。"后果如庄子言。

按：此因彘子出师，即以师为卦，而有取于初爻变临之辞以推决后事，而无不神验，与前两则因事取卦之义正同，神乎技矣！自春秋后不复有此。

又按：《说卦》坎为律（同法），坎变为兑，兑毁折，应彘子违法也。坤众也。注云坎为众，不知其本。

注释：

①此例取自《左传·宣公十二年》

②夫：古时成年男子的通称，此处引申为武士、勇士。

③卒：最终、终究。

④佐济：帮助、救助。佐为辅助，济为救助。

⑤师出以律，否臧凶：此为师卦初六爻爻辞。是说出兵作战当依军律而进退，否则出师虽顺亦有凶。律，古时军队赖以号令进退的乐律，以后引申为纪律。否，恶，此引申为不。臧，有善之意，此指执事顺成。

⑥众散为弱：师卦初爻动变为临卦，则师之下卦坎变为兑，坎为众，兑为柔弱，是众多分散而变为柔弱之象。此外，众多则必强大，分散之则削其力，所以说"众散为弱"。

⑦川壅为泽：师卦下卦坎变为兑卦，坎为水，亦可训为川，兑为泽，

大川变为大泽，所以有大川阻塞而变为大泽之象。壅，有阻塞、阻滞之意。

⑧律以如己：律，指音律、乐律，此引处申为法、法律。如，从、遵从。律以如己，是指人可以随意地曲解、应用行律，而不是人遵循法律去行事。

⑨律竭：师下卦坎变为兑，坎为水为法，坎变为兑，则坎不完整，有损变之象，故曰败，所以有法败而法不能行之象。竭，干涸，此处引申为败。

⑩盈而以竭，夭且不整：大川的水是满的，变为泽，就将枯竭；大川的流是整的，被壅塞，就将散漫，所以说“盈而以竭，夭且不整”。

⑪不行之谓临：师卦初爻动变为临，临下卦为兑，兑为泽，泽与水流相较为不行之物，所以说“不行之谓临”。此外，临卦上坤下兑，坤为土为地，兑为泽，泽在地下，其水难流，所以也说“不行之谓临”。

译文：

宣公十二年，楚军攻打郑国，晋国救郑的援军已到河边，听说郑已与楚讲和，中军师荀林父欲班师回晋。彘子却说：“军队已经出动，听说敌人强大就要后退，这不是勇士所为。您以中军之师行令，却不如一介武士。若要撤退，你们可以撤，我不能撤。”彘子遂以中军之兵士去辅助渡河。知庄子评论说：“这支军队将要完了。在《周易》，为地水师䷆变地泽临䷒卦（由师卦初爻动变来）。师卦初六爻辞说：‘行兵作战要依法而进退，否则虽顺成而亦有凶’（此为师卦初六爻爻辞。律，音律、乐律，引申为法；否，恶，引申为不）。行事顺意有成为臧，逆心背意为否（现在彘子违反命令为不顺成，所以应否臧之凶），大军分散则必弱小（坎为水为众，今变为兑，兑为柔弱），大川阻塞而变成大泽（坎为水为川，今变为兑，兑为泽，表示大川被壅塞而终成泽国）。不以军队的命令、纪律而行，而是自行其事（如，即依从、遵从。人依从法而行事则法律能行，法失去效用则法依人意而难行。坎卦有法之象。今大军散开，山川壅塞，是法律失去效用而依人之象），所以是律否臧。况且军队的纪律已遭破坏

(竭，败坏。坎卦变为兑卦，坎为水为法，兑为毁折，所以是军队的纪律遭到破坏。孔颖达疏注曰：竭是河水干涸之意。坎为水为法，河水的干涸就好比法律受破坏，所以说是竭败)，就像大川的水很满，变为泽后逐渐会枯竭；就像大川的流水壅塞之后逐渐会散漫，所以最终结果凶险（流水被壅塞，不能整流，就会逐渐干涸)。临的卦象就是行不通（师之下卦坎变为兑泽即成临卦，泽为不能流动之物)。有主帅而不听从，说的就是这(譬如彘子违抗命令不执行，也是不可行)。如果遇到敌人必败（遇为遇敌)，彘子将载尸而归（载其主帅之尸)，自己虽能暂时脱免而归，以后必有大灾难（第二年为晋国所杀)。”以后的结果果如知庄子所言。

按：此例因彘子出师作战，即以师卦来分析推断，并取初爻动变临卦之辞来推测以后之事，而奇验如神，与前述因事而取卦的筮例之义相同，真是神乎其神。自春秋以后这种占法已不复存在。

又按：《说卦》说坎为律（同法)，坎变为兑，兑为毁折，毁折必败，与彘子违抗军令之事对应。坤为众。前人所注之坎为众，不知其根据何在。

鲁庄叔筮叔孙穆初生[①]

昭五年初，穆子之生也，穆庄叔以《周易》筮之，遇明夷䷣之谦䷎(初爻变)，以示卜楚丘。曰：“是将行（出行，走也)，而归为子祀（奉祭祀)，以谗人入，其名曰牛，卒以馁死，明夷日[②]也（离为日，夷伤也，曰明伤)。日之数十[③]（甲至癸)，故有十时[④]，亦当十位[⑤]，自王已下，其二为公，其三为卿[⑥]（日中当王，食时当公，平旦为卿[⑦]，鸡鸣为士，夜半为皂，人定为舆，黄昏为隶，日入为僚，晡时为仆，日昳为台。隅中日出，阙不在第。尊王公，旷其位)，日上其中（日中盛明，故以当王)，食日为二（公位)，旦日为三（卿位)。明夷之谦，明而未融，其当旦乎[⑧](融，明也。离在坤下，日在地中之象。又变为谦，谦道卑退，故曰‘明而未融’。日明未融，故曰其当旦乎)？故曰为子祀[9]（庄叔卿也，卜豹为卿，故知为子祀)。日之谦当鸟，故曰‘明夷于飞’[10]（离为日为鸟。离变为谦，日光不足，故当鸟。鸟飞行，故曰‘于飞’。初爻辞)。明而未融，故曰‘垂其翼’[11]（于日为未融，于鸟为垂翼)。象日之动，故曰‘君子于行’[12]（明夷初九得位，有应君子象也。在明伤之，世居谦下之位，故将避难而行)。当三在旦，故曰‘三日不食’[13]（旦日在三，又非食时，故曰‘三日不食’)。离火也，艮山也，离为火，火焚山，山败[14]（离艮合体故)。于人为言（艮为言。孔疏：《说卦》云‘成言乎艮’，故艮为言也)，败言为谗[15]（为离所焚，故言败)，故曰‘有攸往，主人有言’[16]，言必谗也（离变为艮，故言有所往，往而见烧，故‘主人有言’。言而见败，故必谗言也)。纯离为牛[17]（《易》：离上离下，离，‘畜牝牛，吉’，故言纯离为牛)，世乱谗胜，胜将适离，故曰‘其名曰牛’[18]（离焚山则离胜，譬世乱则谗胜，山焚则离独存，故知名牛也。竖牛非牝牛，故不吉)。谦不足，飞不翔[19]（谦道冲退，故飞不远翔)，垂不峻，翼不广[20]（峻高也，翼垂下，故不能广远)，故曰其为子后（不远翔，故知不远去)。吾子，亚卿也，抑少不终（旦日正卿之位。庄叔父子世为亚卿，位不足以终尽卦体，盖引而致之)。”其后叔孙穆子避侨如之难，及庚宗遇妇人宿焉，及召归立为卿，庚宗妇人携其子，献雉问所生，曰：“能奉雉矣”，召见，号曰“牛”，宠之使为政，乃以谗杀长子孟，又谮而逐仲，后穆子疾，不食之，死。

按：此取本卦动爻辞，兼取之卦动爻意。曰“明夷于飞”，曰“垂其翼”，曰“三日不食”，明夷初爻辞也。曰“谦不足”，谦初爻“卑以自牧也”。

艮为言不见于经。孔疏引《说卦》“成言乎艮”，以此为“艮为言”之证，诂甚不协。此言字与言“阴阳相薄”，言“万物之齐洁”义同，乃指点之字，非实字，故注疏不可尽信也。《仲氏易》以两卦皆互震，震有言[21]，义较胜（取善鸣意)。

后世如李淳风等能推得未来姓名，或以为伪，观此何足为奇哉！

毛西河曰：于行避难而奔也，之谦有终[22]（谦：亨，君子有终)，则归嗣也。夫庚宗之妇，固下离之中女也。离者别也，而初变为艮，而少男生焉。彼竖牛者，继孟仲之嫡而非庶子，非少男乎？顾变艮而犹本乎离。则将奉离雉，号离牛焉，乃离上为震（三至五互震），震有言也，变艮而艮亦有震[23]，阍寺之为言，则谗言也[24]（艮为阍寺）。夫离为腹，腹下败则馁[25]矣（谓下一爻变阴）。去离日而就鬼门，则馁死矣。

注释：

①此例取自《左传·昭公五年》。

②明夷日：明夷卦上坤下离，坤为地，离为日，有日入于地下之象，则光明损伤。明夷，今人又有训为日蚀者。明，光、光明，此从离卦引申而来。夷，通痍，为伤、创伤。

③日之数十：古代纪日法，十日为一旬，用甲、乙、丙、丁、戊、己、庚、辛、壬、癸十天干来标记，所以有“日之数十”之说。

④十时：先秦时人们把一日分为十时，所以此处说：“故有十时”。《淮南子·天文篇》分一日为十五个阶段：“晨明，朏明，旦明，蚤食，晏食，隅中，正中，小还，铺时，大还，高舂，下舂，县车，黄昏，定昏。”以后通行的作法是分一日为十二时辰，即：子、丑、寅、卯、辰、巳、午、未、申、酉、戌、亥。

⑤十位：先秦时代，人被分成十个等级，称“十位”，即王、公、大夫、士、皂、舆、隶、僚、仆、台（见《左传·昭公七年》）。

⑥自王以下，其二为公，其三为卿：在十位中，王为最高级，公是第二级，大夫（即卿）是第三级，所以可以说“自王以下，其二为公，其三为卿”。

⑦日中当王，食时当公，平旦为卿：依据十时、十位之说，“日中”是太阳最高的时候，因此以最高级的王配“日中”。“食日”（吃早饭时）的太阳比“日中”稍低，居第二位，因而以第二级的公配“食日”。“旦日”（日初出时）的太阳又比“食日”稍低，居第三位，因而以第三级的大夫配“旦日”。所以下文说“日上其中，食日为二，旦日为三”。至于第四级的士当与东方发亮时相配。因为上午的太阳逐步上升，故以王、公、

大夫、士相配，象征统治阶阶兴旺发达。其他皂、舆、隶、僚、仆、台则配以下午和夜中的各时。

⑧明而未融，其当旦乎：明夷之谦，明夷的下卦离日变为谦的下卦艮山，而其上卦坤土未变，象征太阳初被大地遮住转被大山遮住还未大放光明，是“旦日”的现象。此外，从卦名来讲，明夷为太阳之光明受损，而变为谦卦，谦为谦让、卑退之卦，亦有光明未大放之象，亦是“旦日”的形象。

⑨为子祀：“旦日”与大夫相配，大夫即卿，从而认为穆子将继承庄叔的爵位，做大夫，奉叔孙氏的祭祀，所以说“故曰为子祀”。

⑩日之谦当鸟，故曰“明夷于飞”：明夷之上卦坤不变，下卦离日变为艮山成谦卦，故为“日之谦”。离为日为鸟（古有日鸟月兔之说，认为太阳中有三足鸟，月亮中有玉兔），离日变为艮山，艮为止，则光明不足，故训鸟为胜，故有“当鸟”一说。离为雉为鸟，由离之艮，有雉、鸟向山间飞之象，所以说“明夷于飞”。

⑪明而未融，故曰“垂其翼”：明夷的日是未大放光明之象，类推之，明夷之鸟也未能大展翅翼，而是因为疲劳而垂其翅翼，所以说“明而未融，故曰‘垂其翼’”。

⑫象日之动，故曰“君子于行”：离为日为君子光明正大之象，把日的运行比做君子之行路。明夷之日光明受损，又退居谦卑之位，象征光明磊落的君子避难而行。

⑬当三在旦，故曰“三日不食”：三为大夫为卿，属旦日之时，没有升到“食日”之时，有不食之象，所以说是“三日不食”。

⑭火焚山，山败：明夷下卦之离变为谦下卦之艮，离为火，艮为山，有火焚山之象，山被焚则草木皆毁，故曰“山败”。

⑮于人为言，败言为谗：明夷下卦之离变为谦下卦之艮，艮为言（《说卦》云“成言乎艮”，古人据此训艮有言象），艮为火所焚则败，有言败之象，败言为谗。另一方面，对人而言，火似谗言，火焚山似谗言破坏家国。

⑯有攸往，主人有言：此与前文之“明夷于飞”，“垂其翼”，“君子

于行”，“三日不食”皆为明夷卦初九爻爻辞。明夷初九爻是说：明夷神鸟飞时垂下了左翼，君子路上行时，三日竟吃不到饭，虽然有所往，但受到主人责备。比喻君子遭难退隐而出走，力倦神疲，在行程中竟三日吃不到饭，亦曾往投人家，而主人有谴责之言，故忍饥而不食。

⑰纯离为牛：依《说卦》，坤为牛，而离不为牛。“纯离为牛”或为离卦卦辞引申而来。离卦卦辞说“畜牝牛，吉”。牝牛，母牛。

⑱世乱谗胜，胜将适离，故曰“其名曰牛”：当此乱世，君子遭殃，谗人胜利，所以胜利将归于谗人。明夷之下离火变为谦之下艮言，火焚言而言败，则火为进谗言者。离有牛象，故进谗言者“其名曰牛”。

⑲谦不足，飞不翔：谦有谦让、卑退之意，故为“不足”；明夷之飞而垂其翼，不能尽展双翼，所以是飞不远翔。

⑳垂不峻，翼不广：明夷之翼垂则飞不高远，翼不展故不广大。峻，高。

㉑两卦皆互震，震有言：明夷卦三爻至五爻互体为震卦，谦卦三爻至五爻互体亦为震卦。震为雷为善鸣，故此处训震为有言。

㉒之谦有终：明夷卦变为谦，谦卦卦辞说“亨，君子有终”，有终则必有好的结局，故为“归嗣”、“奉子祀”。

㉓变艮而艮亦有震：明夷之下卦离变为艮，艮之倒体为震，所以说“艮亦有震”。

㉔阍寺之为言，则谗言也：艮为阍寺，为掌管王宫门禁之人，变为震为言，则有掌门之人误传、乱传言语之象，故为谗言。

㉕离为腹，腹下败则馁：《说卦》云离为大腹，离中空亦有腹之象。离变为艮为下败，腹下败则馁死无疑。

译文：

昭公五年初，鲁国叔孙庄叔（名得臣）在他的次子叔孙穆子（名豹）初生的时候，用《周易》占了一卦，遇地火明夷卦䷣，初爻由阳变阴，便成地山谦卦䷎，拿给卜楚丘看。卜楚丘占断说：“这是将要出走（出行，出走），而回来为子祀（奉持祭祀）。因为谗人而入朝廷，这个谗人的名字叫牛。穆子最终会饿死，死在明夷之日（离为日为明，夷为伤，有太阳光明损伤之象）。日之数每旬以十记（甲、乙、丙、丁、戊、己、庚、辛、壬、癸），所以与之对应也有十时，也对应着十位，自王以下，第二级为公，第三级为卿（日中之时当王，食时当公，平旦为卿，鸡叫为士，夜半为皂，人定为舆，黄昏为隶，日入为僚，晡时为仆，日昳为台。隅中、日出，不在等级之列。王、公为尊位，旷其位）。日中之时当王（日中太阳最为光明，故当之以王），食时之日时为第二位（公之位），平旦之日时为第三位（卿之位）。明夷卦变为谦卦，阳光微明而未大放光明，正当旦日之时（融，为明。离日在坤土之下，有日在地中之象。明夷又变为谦，谦之道谦让、卑退，所以说是‘明而未融’，故为旦日之时），所以说当奉子祀（叔孙庄叔为卿，其子叔孙穆子亦为卿，故知子承父业、承继子祀）。明夷下离之初爻动而变为谦卦，离日当为鸟，有鸟飞向山间之象，所以说‘明夷于飞’（离为日为鸟。明夷之初爻变而变为谦卦，离日变为山，日光不足，故以离为鸟。鸟必飞行，所以说‘于飞’。此取自明夷卦初九爻辞）。光明微露而未大放，所以说‘垂其翼’（对日来讲，明夷有日光受伤之象；对鸟来讲，为鸟垂其翅翼之象）。君子之动像太阳运行一样光明磊落，所以说‘君子于行’（明夷初九爻阳爻居阳位为得位，有应君子之象。君子在明而受伤，世代居谦卑之位，所以是将要避难而行之象）。卿为第三等，在旦日之时有三之数，所以说‘三日不食’（旦日在第三位，又非就餐之时，所以说‘三日不食’）。离为火，艮为山，离变为艮，有火焚山之象，山被焚则山上之草木俱毁坏，故山败（离与艮合体的缘故）。艮卦对人事为言（艮为言。孔颖达疏注《说卦》云‘成言乎艮’，故艮可引申为言），败言则为谗言（艮为言，艮为离所焚，所以是言败），所以说‘虽然可以前往，但主人会有责备之言’，这一定是谗言（离卦变为艮卦，艮为径路，所以说有所往。前往而被烧，所以说‘主人有言’。言而被搅乱，必是谗言）。纯离之卦有牛之象（《周易》离卦卦辞曰：‘畜牝牛，吉’，所以说纯离为牛），乱世谗言流行，谗人当道，胜利归于谗言之人，所以说进谗言之人‘其名曰牛’（离火焚艮山则离胜。譬如乱世谗言流行，艮山被焚而离独存，离为牛，所以说谗人当名牛。是公牛而不是母牛，离卦是‘畜养母牛吉’，养公牛则不吉，故有不吉之象)。谦道退让，谦卑为不足，明夷之鸟飞不远翔（谦道退让谦卑，所以飞不高远），翼垂则不高峻，翅羽则不广展（峻为高，翅羽下垂，则望不高飞不远），所以说为先生您的继承者（不能远翔，则不能出邑国，故知不能远去）。您是亚卿，穆子亦为亚卿，或许穆子不能终尽其位（旦日为正卿之位。叔孙庄叔父子世代为亚卿，不能进为正卿，其职位不足与卦体之意相合。此大概是引申而来）。”后来，叔孙穆子为避侨如之难而出走，在庚宗遇到妇人宿焉，以后奉召归来而被立为卿。庚宗妇人携其子献雉，问其所生，回答说“能承奉子祀”，王召见之，名之为“牛”，宠爱他并使他参政，他谗杀长子孟，亦诬陷而驱逐仲。之后穆子得疾，患不食之症而亡。

按：此例依据本卦动爻辞来推断，并兼取之卦动爻辞之意。文中所引之“明夷于飞”、“垂其翼”、“三日不食”，皆为明夷卦初九爻辞。之所以说“谦不足”，是因为谦卦初六爻有“卑以自牧”之意。

艮为言一说不见于《周易》本经。孔颖达疏注引《说卦》传“成言乎艮”，以此来作为“艮为言”之证，其考证不足以令人信服。这好像是说字与言“阴阳相薄”，言“万物之齐洁”之义同，乃是虚字，非为实字。所以说古之注疏不可尽信。《仲氏易》认为两卦都有互体之震卦，震有言之象，此解为佳（取震有善鸣之意）。

后世之李淳风等能依卦而推得未来之人的姓氏，有人以为是伪造而无中生有之事。从此例来看，此并不足为奇。

毛西河说：对于出行避难逃奔而言，明夷卦变为谦卦，谦有好的结局（谦：亨通，君子有很好的结局），则可推知必归为子嗣。庚宗之妇，从卦中推断，必为明夷之下卦离之中女。离卦有别离之意，而其初爻动变而为艮，则离动而少男生。彼必为少男，是继孟仲之嫡出而非庶子，则一定为少男。此是从变艮推而兼看本卦离。以后将事奉离雉，号其为牛，乃是离上有震之故（明夷卦三爻至五爻互体为震卦），震有微辞，变之艮而艮之倒体亦为震，是从阍寺所出之言，必为谗言（《说卦》云艮为阍寺）。离为大腹，离下动而变为艮，则象征腹下变坏，则必然饿死（是说离之下爻由阳变阴）。去离之日而就鬼门，则必至饿死。

卫孔成子筮立公子元①

昭公七年，卫襄公生孟縶，足不良于行。又生子，名之曰元。初，孔成子梦康叔谓己："立元"。史朝亦梦，协，故名之也。孔成子以《周易》筮之："元尚享②卫国，主其社稷（命筮辞）"。遇屯䷂，又曰："余尚立縶，尚克嘉③之！"遇屯䷂之比䷇（屯初九变），以示史朝。史朝曰："元亨，又何疑焉？"（《周易》曰：屯，元亨）成子曰："非长之谓乎？"（言屯之元亨谓年长，非谓名元）对曰："康叔名之，可谓长矣（元者，善之长也④）。孟非人也，将不列于宗，不可谓长（足跛非全人，不可列为宗主）。且其繇曰：'利建侯'⑤（繇，卦辞也）。嗣⑥吉何建，建非嗣也（嗣子有常位，故无所卜，又无建。今以位不定，卜嗣得吉，则当从吉而建之也）。二卦皆云（谓再得屯卦，皆有建侯之文。初卦屯彖辞曰'利建侯'，次卜屯初九爻辞亦曰'利建侯'），子其建之！康叔命之，二卦告之，筮袭于梦，武王所用也，弗从何为？弱足者居（跛则偏弱居其家，不能行。屯初九爻辞：'磐桓，利居贞'⑦）。侯主社稷，临祭祀，奉民人，事鬼神，从会朝，又焉得居（言元不可居）？各以所利，不亦可乎？"（孟跛利居，元吉利建）

按：此以动爻辞推，亦推彖辞。

李刚主曰：此与毕万之筮遇卦同，而断辞不同，各随其事也。此筮法也。

注释：

①此例取自《左传·昭公七年》。卫襄公死后，卫大夫孔成子对立元还是立縶一事不能自决，因而用《周易》决之，此即其筮例。

②尚享：能够享有。尚，能。享，享有、占有。

③克嘉：能赞美。克，能。嘉，赞美、嘉美。

④元者，善之长也：此取自《乾·文言》。意思是说，“元”是众善之首长，此处引申为长子。

⑤利建侯：此引自屯卦卦辞。屯卦辞说：“无亨，利贞。勿用有攸往，利建侯”，意谓开始即通顺而宜于占问，不要有所往，宜于建立侯国。此取建侯国之意。

⑥嗣：继承，接续。

⑦磐桓，利居贞：此为屯初九爻辞。因屯卦之比卦为初九爻动，故以初九爻占。屯初九爻是说，徘徊难进，利于守正而居，利于建立侯国。

译文：

昭公七年，卫襄公之子孟縶出生，其足跛。此后，卫襄公又得一子，名元。卫襄公死后不久，卫大夫孔成子梦到康叔对自己说：“立元为卫国国君。”史朝也做了一梦，其梦与孔成子之梦相符，所以准备立国君之事。孔成子不能决断，遂用《周易》占筮，说：“元能够享有卫国，主宰卫之社稷（此为所得之筮辞）。”起得水雷屯卦䷂，孔成子说：“我欲立孟縶为卫国之君，并能赞美辅助他！”再起卦，又占得水雷屯䷂变水地比䷇卦（屯卦初爻动变而来）。拿给史朝看，史朝说：“元享有卫国，又有什么可疑的呢？”（《周易》屯卦卦辞说：“屯，元亨”，此处亨读为享，为享有）孔成子说：“难道说的不是长子吗？”（是说屯之元亨谓年长者享有，不是说名字叫“元”的享有。元有长、大之意）。史朝回答说：“康叔给子起名为元，亦可说元为长（‘元’是众善之首长），元即长。孟縶不是健全之人，将不能列于宗主之列，不能说是司祭器之长子（孟縶足跛不能说是健全之人，不能被列为宗主）。况且屯卦繇辞说：‘利于建立侯国’（繇辞即卦辞），嗣子吉祥不必自建侯国，建侯国则不是承嗣之子（嗣子为主祭器之子，恒有常位，所以不用卜建侯国，也不用建侯国。今因为君位未定，占卜承嗣之子而得吉卦，则当从吉而建之）。二卦都说利于建立侯国（是说两次占得之卦都有建立侯国之义。第一卦屯卦彖辞说‘利建侯国’，第二次占得屯之比初爻动，遂以屯初爻辞占，亦为‘利于建立侯国’），是说其子建立侯国！康叔已经命令我们，二卦已明告，占筮的结果与梦相同，这是武王的意思，怎么能不遵从呢？足弱者安居（足跛则足之力偏弱，弱则居家而不能远行。屯卦初九爻辞说：‘徘徊难进，利于守正而居’）。侯主持社稷之事，亲临祭祀，事奉人民，敬拜鬼神，顺从朝会，又怎么能安居（说‘元’不能安居）？各以其所利，不也是很好吗？”（孟絷利于安居于家中，元吉祥而宜于建立侯国）。

按：此例以动爻辞来推断，兼看彖辞。

李刚主说：此例与毕万筮仕于晋之例所遇之卦相同，但占断之辞不同，这是因为各随其事而断的缘故。这属于筮法应用的细微差别。

鲁南蒯筮叛季氏[1]

昭十二年，南蒯将叛季氏，枚筮之（枚，筹也），遇坤䷁之比䷇（坤六五变）。曰：“黄裳，元吉”[2]（坤六五爻辞），以为大吉也。示子服惠伯，曰：“即欲有事，何如？”惠伯曰：“吾尝学此矣。忠信之事则可，不然必败。外强内温，忠也；和以率贞，信也。故曰：‘黄裳，元吉’。黄，中之色也[3]；裳，下之饰也；元，善之长也。中不忠，不得其色[4]（言非黄）；下不共，不得其饰[5]（不为裳）；事不善，不得其极[6]（失中德）。外内倡和为中（不相违也），率事以信为共（率行也），供养三德为善，非此三者弗当（非忠、信、善，不当此卦）。且夫易不可以占险。将何事也？且可饰乎（问南蒯占此卦将欲举何事也，欲令从下之饰为恭）？中美能黄，上美为元，下美则裳。参成可筮，犹有阙[7]也。筮虽吉，未也（有阙谓不参成）。”后蒯果败。

按：此专取本卦动爻辞。

注释：

①此例取自《左传·昭公十年》。南蒯为鲁大夫季平子的费邑宰，欲以费邑背叛鲁国而投向齐国，遂用《周易》占断如何。此即其筮案。

②黄裳，元吉：此为坤卦六五爻爻辞。元为大，裳为裙、裤。周人认为黄裳是尊贵吉祥之服，代表吉祥之征，故筮遇此爻大吉。所以南蒯遇之以为大吉，此处以黄裳黄裙为内服之美，比喻人内德之美，所以为大吉，故子服惠伯据此断行险事则不吉。

③黄，中之色也：传统易学认为：东方属木，主青色；南方属火，主赤色；西方属金，主白色；北方属水，主黑色；中央属土，主黄色。所以此处认为黄为中之色。

④中不忠，不得其色：如果占者心中没有忠信之美德，就当不起黄之尊贵之色。

⑤下不共，不得其饰：如果占者为人臣吏，而没有恭正的美行，就当不起下裳之美饰。

⑥事不善，不得其极：如果占者作事不善，失去忠信、恭正之中德，就不会符合元的含义。

⑦阙：过失。

译文：

昭公十二年，南蒯欲背叛季平子，用枚筹占了一卦，遇坤为地☷变水地比卦☵☷（坤卦六五爻变）。坤卦六五爻辞曰："黄裳，元吉"，南蒯认为大吉。拿给子服惠伯看，说："想干一件大事，怎么样呢？"子服惠伯说："吾曾经研究过《周易》：占问忠信之事则能成功，否则必然失败。此卦外坎内坤，坎为刚强，坤为温顺，外刚强而内温顺为忠；谦和行事而贞正，是为信。所以说'黄裳，元吉'。黄，是中央土之正色；裳，为人下体之衣饰；元，为众善之首长。如果占者心中没有忠信之美德，就当不起黄之尊贵之色（言未得黄之正色）；如果作为臣下而没有恭正之美行，则当不起下裳之美饰（下不为饰）；如果行事不善，失去忠信、恭正之中德，就不会符合元之大义（失其中德）。内外同倡和顺为中（上下不相违背），行事忠信为恭正（率即行），恭养善行三德为善。如果没有忠、信、善之三德则不能承当此卦此爻之美义（不具备忠、信、善之三者，则不能当其卦）。况且《周易》不能用来占断险恶之事。您要举何种大事？何必要掩饰呢（问南蒯占此卦将要举何事，并从下之饰引申为恭正之义）？中之美则能黄，上之美则为元，下之美则成裳饰。三德全俱则可筮，但仍有阙失之处。占筮虽然吉利，但结果未必吉利（有阙失则谓三德不全备）。”以后南蒯反叛果然失败。

按：此例专取本卦动爻之辞来推断，而未参看其他。

晋赵鞅筮救郑伐宋[1]

哀九年，晋赵鞅谋救郑伐宋。阳虎以《周易》筮之，遇泰䷊之需䷄（泰六五变）。曰：“宋方吉，不可与也（言不可与战。泰六五爻辞曰：‘帝乙归妹，以祉，元吉[2]。宋，帝乙之后，故吉在宋，不可与战也）。微子启，帝乙之元子也；宋，郑甥舅也；祉，禄也。若帝乙之元子归妹而有吉禄，我安得吉焉。”乃止（吉在彼，则我伐之为不吉）。

按：此亦专取本卦动爻辞。

注释：

①此例取自《左传·哀公九年》。

②帝乙归妹，以祉，元吉：帝乙嫁女于人，以此得福，开始即吉利。祉，福。

译文：

哀公九年，晋国赵鞅谋划伐宋救郑。阳虎用《周易》占了一卦，起得地天泰䷊变为水天需䷄（泰卦六五爻变）。阳虎断曰：“宋国吉利，不能与宋交战（泰卦六五爻说：‘帝乙嫁女于人，以此得福，开始即吉利’。宋国为帝乙之后，帝乙得福，所以吉在宋，不可与宋交战）。微子启是帝乙的元子，宋是郑之甥舅，祉即福禄。如果帝乙之元子嫁女而有吉禄，则宋吉，我怎么能够吉利。”于是不再伐宋（吉在彼方，则我伐之为不吉）。

按：此例也是专依本卦动爻辞来占断。

卷四　一爻动下

汉武帝筮伐匈奴

汉武帝伐匈奴，筮之，得大过䷛之九五。太卜谓匈奴不久当破，占用“何可久也”[①]一语（*九五爻辞*）。乃遣贰师伐匈奴。后巫蛊事发，贰师降匈奴。武帝咎卦兆反谬。

按：此亦专推动爻辞。

《仲氏易》曰：当时既失周史之占，如《春秋传》所记。而后儒笼统论理，则又谓占者有德则吉在我，无德则吉在彼。如此则但修德而已，用五、用二，筮人、太卜，一切可废。今按春秋传占法，则象辞观玩，休咎了然。大过为大坎[②]，而五当重乾之未进[③]，承坤上龙战玄黄[④]，正在此际。幸乾、坎二位皆居北方[⑤]，我以南向北，则我南为凯，彼北为败。所以能破匈奴兵，乘胜追北至范夫人城者，此也。奈身在坎中[⑥]，尚未出险。而兑为口舌，又为毁折，非因令误，当以间败。乃咀咒事发，而脱身降矣。兑者，脱也。夫“枯杨之华”，不入寒地[⑦]；身为士夫，敌丑非偶[⑧]。乃既降单于，则身已为人所得，而单于又妻之以女，此正匹配反常，一若老妇之得士夫者。亦可谓奇验矣。

李刚主曰：乾与大坎皆北方，乾为健，坎为弓轮，北伐之象。乾为君居中，为中国之帝，四阳中实，故北伐而胜。但终之以兑缺，则收局败耳。

注释：

①何可久也：此引自大过卦九五爻之象辞。其辞曰："'枯杨生华'，何可久也；'老妇士夫'，亦可丑也"，是说枯杨生花，其花不能久开；老妇嫁得少男，其夫易弃。此处引其"不可久"之意，故汉太史卜断匈奴不久当破。

②大过为大坎：大过卦只有初爻、上爻为阴爻，其余四爻皆为阳爻，有两阴包阳之象，亦有大坎之象，故曰大过有大坎之象。

③五当重乾之未进：五为第五爻，为天子爻，此指汉武帝。重乾系由大过卦二爻至四爻、三爻至五爻互乾而成，乾有刚健之德，而上爻为阴，故重乾未进。所以说五处于重乾之中，但未进入极上之地。

④龙战玄黄：此取自坤卦上六爻辞"龙战于野，其血玄黄"。

⑤乾、坎二位皆居北方：按后天八卦方位，乾为西北，坎为正北，所以说乾、坎皆北方。

⑥身在坎中：身指汉军，为第五爻，居四阳之上，而为二阴所包，则居于大坎之中。坎为险，故下文说身尚未出险。

⑦"枯杨之华"，不入寒地：枯杨之华取自大过卦九五爻辞"枯杨生华"，枯杨之华遇春则发，遇寒则败，故为"不入寒地"。

⑧身为士夫，敌丑非偶：在汉人看来，汉将像年轻的士夫，匈奴之女与之相配不能算真正的配偶，就像老妇人嫁少男一样。此有诬蔑意。

译文：

汉武帝欲攻打匈奴，用《周易》占了一卦，占得泽风大过卦䷛，九五爻动。汉太史据此说匈奴不久当破，依据的主要是大过卦九五爻象辞"何可久也"一语。汉武帝于是派贰师将军攻打匈奴。以后发生了巫蛊之事，贰师将军投降匈奴。汉武帝于是责备卦兆反而错谬。

按：此例亦是专依卦之动爻爻辞推断。

《仲氏易》说：当时周太史之占法已失传，比如春秋传记中所记载的占法失传一样。以后的儒士只会笼统地谈论义理，并且还说占者品行好则吉兆在我，占者无德则吉兆在彼。如果这样，人人只要修德行善即可得吉，用五、用二、筮人、太卜等占筮皆可全废。今按照春秋之古占法，观玩象辞吉凶，则休咎自会了然于目。大过卦有大坎之象，而身五正当重乾未进之时，上承坤之上六“龙战于野，其血玄黄”之兆。幸而乾、坎二位皆居北方，我军从南而北，则我在南为凯旋，彼在北为败北。所以说能破匈奴兵，可乘胜追击到范夫人城，说的就是这。奈何身在坎之大险之中，尚未脱离其险地。而大过卦上兑为口舌，又为毁折，不是因为命令错误，而是因为反间而败。于是咀咒之事发生，贰师将军降匈奴。兑通脱。“枯杨之华”，不能进入寒地；贰师将军身为士夫，匈奴之女非其配偶。等到已降单于，其身已为单于所获，而单于又为他娶妻，这不能称为正配，就好像老妇嫁得士夫不能久长一样。这也可以说是奇验。

李刚主说：乾与大坎皆为北方，乾为刚健，坎为弓轮，故有北伐之象。乾为君，互之重乾居于大过之中，象征汉武帝，四阳在中间充实饱满，所以说北伐必胜。但大过之上为兑缺之卦，所以说结局惨败。

王莽以筮造符命

王莽时造符命，谓张邯筮得同人☰九三爻词，解之云：“伏戎于莽”[①]者，谓阴起兵以讨皇帝，莽也。“升于高陵”，升者刘伯升，高陵者高陵侯子翟义也。“三岁不兴”者，言皆败绝，不得起也。其说虽诬妄，然据此解断，犹得古遗法。

按：此全以爻辞推。

注释：

①伏戎于莽：及下文“升于高陵”、“三岁不兴”皆取自同人卦九三爻

爻辞。其辞曰："伏戎于莽，升其高陵，三岁不兴"，是说作战时设伏兵于草莽中，意在不使敌人见之，但有人竟登于其高陵之上，敌人正可见之，自泄戎机，将致大败而三年不能振作。

译文：

王莽时为篡汉而制造天之符命，说张邯曾筮得天火同人䷌，九三爻动。其解九三爻辞曰："设伏兵于草莽中"，是说王莽暗中起兵以讨皇帝。"升入高陵之上"，升是说刘伯升，高陵是指高陵侯子翟义。"三年不兴"，是说都将败绝，不能振作。其解说虽然诬妄，然据此来断解，犹得春秋古筮法之妙。

按：此例全按卦爻辞来占断。

汉太史筮梁皇后

后汉梁皇后，大将军商之女也。永进三年，与姑俱选入掖庭时，年十二。太史筮之，得坤䷁之比䷇（坤五爻变），遂以为贵人。阳嘉元年立为皇后。

按：坤者，国也，母也，有国母之象。五爻动，"黄裳元吉"[①]，辞尤协也。

毛西河曰：此卦当时解之者，但曰"元吉"（坤五爻词），"位正中"[②]而已（比五爻词）。其后进为后，顺帝崩，进为皇太后。以无子，立他妃子临朝，即冲帝也。冲帝崩，质帝立，又临朝。及兄冀杀质帝，然后迎桓帝立之，而于是有兄冀擅权、宦官乱政之祸。今推之，则坤五后[③]也，之比而变刚君[④]也，临朝也，所谓"显比"[⑤]（比九五词）者者也。"三驱"者（九五语），立三帝也。"失前禽"者（九五语），无子也，犹无前禽也。"舍逆取顺"[⑥]（九五语）者，信宦官、杀忠良也。其最可异者，一推自复䷗，以震初之刚而易比五[⑦]；一推自剥䷖，以艮上之刚而易比五，震为长子为兄，艮为门阙为阍寺，合兄冀与宦官[⑧]而皆与九五有参易之迹[⑨]，因之有杀帝乱政之祸。何推易之神，一至是也。向使汉之太史能不失周史推解之法，则必唾而置之矣。而宋人言易，率以先后天方圆两图造占变诸法，而不识周史三易之秘，宜相去益河汉耳。

注释：

①黄裳元吉：黄裳为尊贵吉祥之服，筮之大吉。至汉代，黄色为皇家之专用色，况且六五爻处极尊之位，故有国母象。

②位正中：此取自比卦九五爻象辞。辞曰："'显比'之'吉'，位正中也"，是说九五阳爻居阳位为得位，又据上卦之中，所以是"位正中"。象征以光明而立于正中之道，所以为吉。

③坤五后：坤为国为母，故有国母象。坤卦五爻动，五为极尊之位，故贵为皇后。

④之比而变刚君：坤卦六五爻动而变为比卦，坤为柔为顺，其六五爻变为阳爻则变刚，刚而处于极尊之位，则为君。贵为皇后而进为君，处上之正中之位，则临朝。

⑤显比：此与"三驱"、"失前禽"皆取自比卦九五爻辞。其辞曰："显比，王用三驱，失前禽，邑人不诫，吉"，是说显明之亲辅，王用三驱之礼狩猎，失去前面的禽兽，邑人都不害怕，吉祥。显比，显明无比，即光明正大的亲辅。三驱，天子狩猎，三面驱兽，前开一面。失前禽，天子狩猎前开一面，禽向己则舍之，背己射之，因而往往失前禽。

⑥舍逆取顺：此取自比卦九五爻象辞。是说王狩猎时舍兽之逆者而不射，取兽之顺者而逐之。此处引申为舍弃忠良、重用谄媚之徒。

⑦以震之初刚而易比五：此为古人卦变之法。依据宋李之才《卦变图》，比、剥等卦，皆自复演变而来。其具体变法，将复下卦震之初爻与复卦第五阴爻相换，从而形成比卦，并依此来解卦。下文之"以艮之刚而易比五"亦是依此法而来。

⑧宦官：艮为门阙为阍寺，为掌管王宫门禁之人，故艮有宦官之象。

⑨皆与九五有参易之迹：复卦下震之长兄，剥卦上艮之宦官，皆从比

卦九五爻移易而来（比卦九五爻与初六爻相易为复卦，比卦九五爻与上六爻相易为剥卦）。

译文：

后汉时的梁皇后，是汉大将军梁商之女。永进三年，梁皇后与其姑俱放选入宫庭，时年仅十二岁。汉太史为其占筮，起得坤为地卦䷁变为水地比卦䷇（坤卦五爻动变而来），遂认为梁皇后以后会成为贵人。阳嘉元年，梁被立为皇后。

按：坤为国为母，故有国母之象。坤卦五爻动，其辞曰“黄裳元吉”，爻辞与其成为国母之事尤合。

毛西河说：当时解此卦的人，只说“大吉”（坤卦六五爻爻辞）、“位于正中之位”（比卦五爻爻辞）而已。以后梁被进为皇后，顺帝驾崩后，又被封为皇太后。因为梁皇后无子，立他妃之子为太子，梁皇后临朝政，即为冲帝。冲帝驾崩后，立质帝，梁皇后又亲临朝政。以后其兄梁冀杀质帝，然后再立桓帝，于是后汉便有其兄梁冀擅权、宦官乱政之祸。今依古法推之，则坤卦五爻贵为皇后，变为比卦则为刚强有为之君主，故梁皇后临朝，这就是所说的“显比”。“三驱”，说的是先后立三帝。“失前禽”，是说梁皇后无子，好象狩猎无前禽一样。“舍逆取顺”，是梁皇后信任宦官、杀害忠良。其中最为可异之处，一是推自地雷复卦䷗，以复下震初爻之刚易复五爻之柔而成比卦；再是推自山地剥卦䷖，以剥上艮之刚而易剥五爻之柔自成比卦。震为长子为兄，艮为门阙为阍寺，两卦合则为其兄梁冀与宦官，而皆与位比卦九五之尊的梁皇后有参易之联，因而便有杀帝乱政之祸害。推易如此之神，当为极妙。假使汉代太史不失周太史推解易卦之法，则必将梁皇后唾弃而安置，不会有此大祸。而宋代人谈论占易，总以先天后天方圆两图妄造变占诸法，竟未全识周太史三易之奥秘，则相去真正的筮法太远了。

虞翻为孙权筮关壮缪首落

孙权闻关羽败，使虞翻[1]筮之，遇节䷻之临䷒。占曰："不出二日断头。"节自泰卦䷊中来[2]。乾为首，九三之五，凡迁二位，故有是象。

按：此为第五爻动，故专即五爻推。

节九五有项象[3]，变为拆 - -，项断矣，故应断头。

注释：

①虞翻：三国吴会稽余姚（今浙江余姚）人，字仲翔，解易不尽依孟氏之说，注重发明互体、逸象、半象、旁通诸说，亦采用月体纳甲说，属汉象数学系统。易著有《周易注》九卷，清人有辑本。另有《易律历》、《周易集林》、《周易日月变例》，皆佚。

②节自泰卦中来：依宋李之才《卦变图》，节卦是从泰卦中卦变而来。泰卦九三爻与泰之六五爻互易，迁两位，则成节卦。

③节九五有项象：从卦位来看，人之项对应五位，故节卦九五爻有脖颈象。节卦九五爻由阳变阴，由奇变偶，故有项断象。

译文：

吴国孙权听说关羽战败，使虞翻占了一卦，遇到水泽节卦䷻变为地泽临卦䷒。虞翻占断说："关羽不出两日必断头。"节卦是从地天泰卦䷊中卦变而来。泰之下乾为首，泰卦的九三爻与泰之六五爻互换，九三之阳上迁两位，故有两日断头之象。

按：此例是第五爻动，故专门就第五爻来推断。

节卦九五爻有脖颈之象，九五之阳变为阴，由整一变为断二，则脖颈断，故应断头之说。

秦符坚筮取长安

苻坚未入秦，京兆杜洪窃据长安。苻坚战胜，犹修笺于洪，并送名马珍宝，请至长安上尊号。洪曰："币重言甘，诱我也"，乃尽召关中之众来拒坚。坚筮之，遇泰䷊之临䷒（泰三爻变）。坚曰："'小往大来，吉亨'[①]，昔往东而小，今还东而大，吉孰大焉。"是时众星夹河西流[②]，占者以为百姓还西之象。坚遂进军，略定三辅[③]，引兵至长安。洪奔司竹，坚入而都之。

按："小往大来"，泰繇辞也。不取动爻辞。然动爻九三"无平不陂，无往不复"[④]，亦与事相应也。

注释：

①小往大来，吉亨：此为泰卦卦辞，是说失去的小，得到的大，所以吉利亨通。

②众星夹河西流：天上的星星夹着银河向西流去。此为错觉。河为银河。古人认为，天上一颗星，地上一个丁，众星西流，则预示百姓归西，故占者以为百姓还西。

③三辅：指今日西安周围地区。古又称为三秦。

④无平不陂，无往不复：此引自泰卦九三爻爻辞，是说没有只平而不坡的，没有只往而不返的。陂，倾斜。

译文：

苻坚未进入秦地时，京兆杜洪占据长安。苻坚打了胜仗，还给杜洪修书，并送了许多名马和珍宝，要到长安去给杜洪上尊号。杜洪说："送了贵重东西又说好话，这是诱骗我"，于是召集关中兵众来抗击苻坚。苻坚用《周易》占了一卦，遇地天泰卦䷊变为地泽临䷒卦（泰卦三爻动变而来）。苻坚说："'小往大来，吉亨'，过去往东是小，现在还东是大，没有比这更吉利的了。”当时天上星星围着银河往西流去，占筮的人认为是百姓还西之象。苻坚于是向长安进军，平定了三秦，带兵进入长安。杜洪逃奔到司竹，苻坚进入长安并以长安为国都。

按：“小往大来”，是泰卦卦辞。此例未用动爻之辞占断。但是动爻九三爻所说“无平不陂，无往不复”，也与所占之事相应。

晋郭璞为仍叔宝筮伤寒疾

义兴郡丞仍叔宝得伤寒疾，积日危困，令郭璞卦之，得遯䷠之姤䷫。其林曰：“卦象出墓气家囚（艮为乾墓世主丑，故卜时五月，申金在囚[①]），变身见绝鬼潜游（身在丙午，夏入辛亥在五月）。爻墓冲刑鬼煞愁（主戌为鬼墓[②]，而初六为戌刑，刑在占故言冲刑。盖五月白虎在卯，又与月煞并也），卜病得此归蒿丘。谁能救之坤上牛（以卜爻见丑为牛[③]，丑为子能扶身克鬼之厌虎煞，上令伏不动），若以子色吉之尤（巽主辛丑，丑为白虎，金色复征，以和解鬼及虎煞，皆相制也）。”案林即令求白牛，而庐江荒僻卒索不得。即日有大牛从西南来诣，途中仍留一宿，主人乃知，过将去。去之后复寻，挽断纲来临叔宝，叔宝惊愕起，病得愈也。此即救御潜应，感而遂通（上注皆郭璞《洞林》原注。而传抄日久，不能无讹。遯世主午而云主丑，疑讹。余亦多不协）。

按：此以纳甲法推。

“变身见绝”者言二爻世值午鬼，变为之卦之身亥，火绝于亥，亥又克火，况午又与鬼临，其凶甚矣（化回头克最为大凶）。而初爻身值辰，复为上爻戌所冲。夫戌既为午火墓，而又冲身之辰，鬼爻迭见，占病遇此其凶亦甚矣，故曰“归蒿丘”。然遇丑牛能救者，以土能制水，使不克世，而生应爻休囚之申金（申金休囚见原注）故也。又月煞在申，土能生之，故得救。

五月筮得：

父母	壬戌——		父母壬	壬戌——	
兄弟	壬申——	应	兄弟壬	壬申——	
官鬼	壬午——		官鬼壬	壬午——	应
兄弟	丙申——		兄弟辛	辛酉——	
官鬼	丙午－－	世	子孙辛	辛亥——	身
父母	丙辰－－	身	父母辛	辛丑－－	世
	遯			姤	

注释：

①卜时五月，申金在囚：五月午火司令行时，火克申金，申金被制则休囚。

②戌为鬼墓：遯卦为乾宫二世卦，午火为官鬼，午火墓在戌，所以说戌为午火官鬼之墓。

③丑为牛：传统易学认为，十二地支可与十二生肖相连，即子为鼠、丑为牛、寅为虎、卯为兔、辰为龙、巳为蛇、午为马、未为羊、申为猴、酉为鸡、戌为狗、亥为猪。

译文：

义兴郡丞仍叔宝得伤寒病。很长时间一直很危险，令郭璞占了一卦，起得天山遯卦䷠变为天风姤卦䷫。郭璞所断之林辞说："卦象出墓气家囚［艮为乾墓世主丑（此不能解，疑为传抄错讹），在五月占卜，则申金休囚］，变身见绝鬼潜游（遯卦之世在丙午爻，变辛亥回头克）。爻墓冲刑鬼煞愁（戌为午火官鬼之墓，而初六辰为戌所冲动。五月白虎在卯，并与月煞同），卜病得此归蒿丘（言病重而难愈）。谁能救之坤上牛（以卜爻见丑为牛，丑为子之扶身克鬼之功），若以子色吉之尤［巽主辛丑，丑为白虎，并有金色，可和解、克制鬼、虎之煞（此不知何据）］。"按照其林辞则让找白牛，而在庐江的荒野偏僻之处总是找不到。当天有大牛从西南方来，途中住了一宿，仍叔宝才知道，将要过去。去之后又去找寻，挽着挣断的缰绳来见仍叔宝，仍叔宝见之大惊而起，病于是痊愈。这就是其救治之法，有《周易》“感而遂通”之妙（上之所注皆为郭璞《洞林》的原注。因为传抄流传日久，不能没有错讹，所以很难通解。遯卦世主应在午却说在丑，疑为错讹。其余也多有解不通之处）。

按：此例是按纳甲法来推断。

“变身见绝”是说二爻临世，世值午火官鬼，午火变为之卦的亥水，火绝于亥，亥又克火，况且午火又临官鬼，则更见其凶（化回头克为大凶）。初爻身临辰，又为上六之所冲。戌为午火官鬼之墓，又冲身在之辰，官鬼之爻迭迭相见，占病遇此最为凶险，所以说“归蒿丘”。然而又遇丑牛可以救助，是因为土能克制水，使亥水不能克制世爻，并生应爻休囚之申金（申金休囚见原注）。又月煞在申，丑土能生之，所以得救。

五月筮得：

父母	壬戌——			父母	壬戌——	
兄弟	壬申——	应		兄弟	壬申——	
官鬼	壬午——			官鬼	壬午——	应
兄弟	丙申——			兄弟	辛酉——	
官鬼	丙午－－	世		子孙	辛亥——	身
父母	丙辰－－	身		父母	辛丑－－	世
	遯				姤	

晋郭璞为宏泰筮藻盘鸣

扬州从事宏泰，言家时坐有众客，曰：“家适有祥，试为卦。”郭璞为卜，遇豫☳☷之解☳☵（豫二爻动）。其林曰：“有釜之象无火形[①]（不见离也），变见夜光连月精[②]（坎为月）。潜龙在中不游行[③]（言蟠者），案卦卜之藻盘鸣[④]。‘金妖所凭无咎庆，藻盘非鸣或有鸣’者，其家至今无他。”宏泰乃大骇，云：“前夜月出，盥盘忽鸣，中有盘龙象也。”

按：此纯以象推，去易尚不远。釜象者，豫卦形也。变见夜光连月精者，言坤变为坎。连月者，解三至五又互一坎也。“潜龙在中不游行”者，言豫九四潜龙在阴之中不动也。藻盘鸣者，震象盘，震善鸣。知为藻者，以解坎水在内也。

注释：

①有釜之象无火形：豫之下卦为坤，坤为釜（见《说卦》），豫之中无离，离为火，所以说豫卦“有釜之象无火形”。釜，古代的一种锅。

②变见夜光连月精：豫之下坤二爻变为坎为月，有月光之意，并与所变解卦三爻至五爻互体之坎卦相连，故曰“变见夜光连月精”。夜光即月光。

③潜龙在中不游行：豫卦一阳而五阴，阳有龙象，而居卦体之中而变动，所以有“潜龙在中不游行”象。

④藻盘鸣：豫卦之上震有盘之象，震为善鸣，震与解之下卦坎相连，坎为水，藻为水中所出，故为“藻盘鸣”。

译文：

扬州从事宏泰，家中常常坐有客人，有一次对客人说：“我家里恰好有瑞祥之征，请大家试起卦断为何物。”郭璞占了一卦，遇雷地豫䷏卦变为雷水解卦䷧（豫卦六二爻动）。郭璞依其林辞而断曰：“有釜之象而无火之形（豫卦之中未有离象），变之中见到月光并与月精相连（变卦解下卦坎为月）。龙在其中潜伏而不动（言龙蟠曲），按卦占断应当是藻盘鸣。金妖所凭藉的没有灾咎也无吉庆，藻盘有时鸣有时不鸣。家中除此而无其他瑞祥。”宏泰听了大吃一惊，说：“前天晚上月出之时，洗手之水盘忽然鸣响，中间有蟠龙之象。”

按：此例亦是纯以卦象来推断，去《周易》之本旨尚不为远。釜之象，是由豫之卦形而来。变见夜光连夜精，是说豫之下坤变为坎。与月相连，是指解卦三爻至五爻互体卦仍为坎。“潜龙在中不游行”，是说豫卦九四爻有潜龙游于阴中而不动之象。藻盘鸣响，豫之上震有盘之象，震有善鸣之义。之所以为藻，因为震之下有坎水在内。

晋干宝为弦超筮神女

晋弦超为神女所降，论者以为神仙，或以为鬼魅。著作郎干宝[1]以《周易》筮之，遇颐䷚之益䷩，以示同僚。郭璞曰："颐，'贞吉'，正以养身[2]。雷动山下[3]，气性惟心。变而之益，延寿永年。龙乘御风[4]，乃升于天，此仙人之卦也。"

按：此亦专以象推。"正以养身"者，颐象意也。"龙乘御风"者，震为龙、巽为风也。

注释：

①干宝：东晋新蔡（今河南新蔡）人，字令升。干宝性好阴阳术数，留思京房、夏侯胜等传，为《春秋左氏易外传》，注《周易》、《周官》凡数十篇，又撰集古今神祇灵异人物变化，名为《搜神记》，凡三十卷，皆行于世。除《易注》十卷外，尚撰有《周易爻义》、《周易宗涂》、《周易问难》、《周易玄品》等，皆佚。其易学用京君明占候之法以为象，而援文、武、周公遭遇一一比附，排遣玄言而专明象数，独异于众。

②正以养身：此引自颐卦彖辞。《颐·彖》曰："颐'贞吉'，养正则吉也。'观颐'，观其所养也。'自求口实'，观其自养也"，颐卦有正德行以养自身之意。

③雷动山下：颐卦上艮下震，艮为山，震为雷，故有雷动于山下之意。

④龙乘御风：之卦益上巽下震，巽为风，震为龙，风行于龙上，故有龙御风而行之象。

译文：

晋代弦超为神女降身，谈论的人或以为神仙附体，或以为鬼怪所缠。著作郎干宝用《周易》占了一卦，起得山雷颐䷚卦变为风雷益卦䷩，给同僚占断。郭璞占断说："颐卦占问则吉，修正德以养身。雷动于山之下，气性唯心能平。颐卦变为益卦，益有益寿延年之意。龙御风而行，必升于天，此乃仙人之卦。"

按：此例亦专门以卦象来推断。"正以养身"，取自颐象辞之意。"龙乘御风"，是说之卦益上巽下震，巽为风，震为龙，风行于龙之上，有龙御风而行之象。

晋郭璞避难筮诣河北吉凶

郭璞《洞林》云：余偕姻友避难，欲从蒲坂之河北。时草贼刘石又招集群贼为掠害，势不能过。同行皆欲假道取便，未审所之，令吾决去留。卦遇同人☰之革☱，其林曰："朱雀西北，白虎东起（原注：离为朱雀，兑为白虎[①]，言火能销金之义）。奸猾衔璧，敌人束手（原注：兑为口，乾为玉，玉在口中，故曰衔璧）。占行得此，是为无咎。"余初为占，尚未能取定，众不见从，却退猗氏而贼遂至。余独约十余家，从焦丘间径至河北，轻步极险，不通车乘。然依卦行之，卒未遇贼。其留猗氏者，后皆覆没，靡有遗余。

按：此不以爻辞推。

其原注全讹作正文。盖璞自为注，传抄久而错乱也。兹特更正，并加"原注"二字以存其真。

乾兑皆属金，而下皆离火，故曰火销金。乾化兑，故曰玉在口。

注释：

①离为朱雀，兑为白虎：依后天八卦方位，离为南，兑为西，震为东，坎为北。依星宿而论，南为朱雀，西为白虎，北为玄武，东为青龙。两者合，则离为朱雀，兑为白虎。

译文：

郭璞《洞林》说：郭璞曾经携带姻友避难，想从蒲坂到河北。当时草贼刘石又招集群贼四处劫掠为害，看其情势难以通过。同行之人皆想假他道而取便利之路，未确定到哪里去，令我决定去还是留。我起卦得天火同人卦䷌变为泽火革卦䷰，其林辞说："朱雀在西北，白虎从东起（原注：离为朱雀，兑为白虎，有火能销金之义）。奸猾之人口中衔璧，敌人束手（原注：兑为口，乾为玉，有口中涵玉之象，故曰'衔璧'）。占出行得如此之卦，是为无咎无难。"我当时刚开始习易占，还不能最终确定，众人没有听从，却退到猗氏，而草贼随后赶来。我独自约了十余家，从焦丘间取道到河北，轻步而历经艰险，路途不能通车。然而依卦而行，终于未遇上贼寇。那些留在猗氏的，以后都被劫掠，没有能逃脱的。

按：此例不按照动爻之辞来推断。

《洞林》原注都讹误作正文。大概是郭璞自己作注，日后他人长期传抄而至错乱。兹特加以更正，并加"原注"两字以存其原貌。

乾、兑都属金，而其下卦皆为离火，有离火在下煎金之象，故曰"火销金"。乾卦化为兑卦，乾为金玉，兑为口，故曰涵玉在口。

晋郭璞筮许迈升仙

晋许迈，字叔元，少恬静，不慕仕进。未弱冠，尝造郭璞。璞为之筮，遇泰䷊之上六爻发，谓曰："君元吉自天，宜学升遐之道。"

按：此亦不用辞。

《乾凿度》以上爻为宗庙爻[1]。此爻发有升遐之象，谓迈宜学飞升导引之术而仙去也。

注释：

①上爻为宗庙爻：此为爻位之象。上爻为宗庙，为祖宗之所在，动则有升遐之义，所以说许迈宜学飞升导引之术而去修仙。

译文：

晋代许迈，字叔元，少时恬静而少动，不慕仕途进取。未及成年，曾去拜访郭璞。郭璞为其占筮，筮得地天泰卦☷☰，上六爻动，于是对许迈说："你的大吉自天而来，宜于学习升仙之道。"

按：此例亦未用卦爻辞。

《乾凿度》以上爻为宗庙爻。此爻发则有飞升之象，所以说许迈宜于学习飞升导引之术而修道。

晋郭璞筮东海世子母病

东海世子母病，郭璞为筮，得明夷䷣之既济䷾。曰："不宜封国，坤为国，坎折之。"

按：此亦以象推，不用辞，且只就外卦推。坤变坎，坤为众、为土、为国，坎险折。

译文：

东海世子母病，郭璞为其占筮，起得地火明夷卦䷣变为水火既济卦䷾。郭璞说："不宜于封国。明夷之上坤动变为既济之上坎，坤为国为母，坎为险为折，则有封国险折而母受损之象。"

按：此例亦以卦象来推，不用卦爻辞，且只以外卦之变而推断。坤变为坎，坤为众、为土、为国，坎为险、为折。

晋关朗筮晋百年大运

关氏《易传》[①]：同州刺史王彦问于关子曰："夫治乱损益，各以数至，苟推其道，百世可知。彦不佞[②]，愿假先生之筮，一以决之。"关子曰：

"占算幽微，至诚一虑，多则有惑。请命筮，卦以百年为断。"

既而揲蓍布卦，得夬䷪之革䷰（夬二爻动），舍蓍而叹曰："当今大运，不过二再传尔。从今甲申，二十四年戊申，天下当大乱。而祸始宫掖，有蕃臣柄政[③]，而世伏其强。若用之以道，则桓文之业也；如不以道，臣主俱屠地也。"彦曰："其人安出？"子曰："叁代之墟[④]，有异气焉。若出，其在并之郊乎？"彦曰："此人不振，苍生何属？"子曰："当有二雄举，而中原分。"彦曰："各能成乎？"子曰："我隙彼动，能无成乎！若无大贤扶之，恐皆不能成名。"

彦曰："请刻[⑤]其岁。"子曰："始于甲寅，卒于庚子，天之数也。"彦曰："何国先亡？"子曰："不战德而诈权，则旧者先亡。"彦曰："其后何如？"子曰："辛丑之岁，当有恭俭之主起布衣而并六合[⑥]。"彦曰："其东南乎？"子曰："必在西北。夫平大乱，未可以文治，必须以武定。且北用武之国也。且东南之俗，其弊也剽[⑦]；西北之俗，其兴也勃。况东南，中国之旧主也。中国之废久矣。天之所废，孰能兴之！"

彦曰："东南之岁可刻乎？"子曰："东南不出，运历三百，大贤大圣不可卒遇，能终其运，所幸多矣。且辛丑之岁，明王当兴。定天下者，不出九载。己酉江东其危乎？"彦曰："明王既兴，其道若何？"子曰："设斯人有始有卒，五帝三王之化复矣。若无三五之道，则必终之以骄，加之以亢，晚节末路，有桀纣之主出焉，天下复乱。夫先王之道坠地久矣，改张易调，其兴实难。苛化虐政，其穷必酷。故曰'大兵之后必有凶年，积乱之后必有雄主'，理当然也。"彦曰："先王之道竟亡乎？"子曰："何谓能亡也？夫明主久旷，必有达者兴焉。而能兴其典礼，此三才五常[⑧]所由系也。孔子曰'文不在兹乎'，此王道不能亡也。"

彦曰："请推其数。"子曰："乾坤之策[⑨]，阴阳之数，推而行之，不过三百六十六，引而申之，不过三百八十四[⑩]。终则有始，天之道也。噫！朗闻之，先圣与卦象相契。自魏以降，天下无真主，故黄初元年庚子至今八十四载，更八十二年丙午，三百六十六矣，当有达者生焉。更十八年甲子，当有王者合焉。用之则王道振，不用则洙泗之教修矣。"

彦曰："其人安出?"子曰："唐晋之郊乎? 昔殷后不王[11]，而仲尼生周；周后不王，斯人生晋。生周者，周公之余烈也。生晋者，陶唐之遗风乎? 天地之数，宜契自然。"彦曰："此后何如?"子曰："始于甲申，止于甲子，正百年矣。过此，未之或知也。"

按：此亦以纳甲法推。或疑其妄。岂知近代如著《黄金策》之胡宏，著《易冒》之程良玉，著《增删卜易》之野鹤，皆能以一卦定人平生之吉凶，而推得数十年之事。况深明易筮如关朗，刻百年之事，有何不能。特未详著其事与卦相应之理，后人阅之，但见其神奇耳，而不知晦明否塞皆由卦象之五行推得，事甚平易也。

按：朗布卦之年为晋惠帝永宁元年，其曰"当今大运不过二再传"，寓怀帝、愍帝而西晋亡也。曰"从今甲申二十四年戊申，天下当大乱"者，言自永宁辛酉，二十四年至东晋太宁二年甲申，又二十四年至永和四年戊申，天下大乱也。曰"蕃臣柄政"者，寓桓温也。曰"臣主俱屠"者，寓桓氏篡晋，桓氏灭而晋亦随亡也。曰"二雄举而中原分"者，寓刘裕与北魏也。曰"始于甲寅，卒于庚子"者，寓刘宋始盛之年，及杨坚为隋王之年也。坚既为隋王，天下将统一，而南北之局终，故曰卒也。曰"辛丑之岁，当有恭俭之主并六合"者，考杨坚篡周之岁为周大象辛丑，三年由是灭陈而一统也。隋起西北，故曰"必在西北"。其曰"辛丑之岁明王当兴，不出九载定天下"者，应杨坚辛丑篡周，又九年为开皇，九年己酉灭陈也，故曰"己酉江东其危也"。曰"晚节末路，有桀纣之王"者，应炀帝也。其曰"丙午三百六十六"者，言自黄初元年至陈后主四年丙午，足三百六十六年。其曰"达者生"，不知所指（观下曰"不用则洙泗之教修矣"，言大人在下也。疑应文仲子王通，凡房杜皆通弟子）。其曰"更十八年甲子，当有王者合焉"者，自陈后主四年丙午，又十八年至隋文帝仁寿四年甲子，而唐太宗生也。

注释：

①关氏《易传》：关氏，即关朗，北朝北魏河东解（今山西永济）人，

字子明。朗有经济大器，或以占算示人而不求宦达。魏孝文帝曾问以《老》、《易》，朗寄言玄象，实陈王道，帝赞有管仲、乐毅之才，使与王虬著成《疑筮论》数十篇，即本书所引之《易传》。关朗属占算家，《宋史·艺文志》著录其《易传》一卷，今存，有《唐宋丛书》本、《说郛》本、《范氏奇书》本、《学津讨原》本等。分为十一篇，是对《系辞传》的注疏，实为象数派著作。此书不见录于《隋志》及新旧《唐书志》。后人疑宋人阮逸伪作。《四库全书》未见著录。本书所引多荒诞不经，读者阅读时需用批判的眼光来分析之。

②不佞：旧日谦称，谓自己没有才智。佞，有才智。

③蕃臣柄政：异族大臣执掌大权。蕃，通番，指外国的或外来的。

④叁代之墟：夏、商、周三代的废墟。

⑤刻：通克，严格限定。

⑥六合：指天下。古以东、西、南、北、上、下为六合，后引申为天下、国家。

⑦剽：轻捷、轻浮。

⑧三才五常：三才，指天、地、人三才之道。五常，指仁、义、礼、智、信五伦。此皆为封建社会的纲常伦理规则。

⑨乾坤之策：古人称蓍草为“策”，一根蓍草为一策。乾卦六爻，每爻经十八变之后，皆得三十六策，总为二百一十六策。同样，坤每爻经十八变为二十四策，总为一百四十四策。乾、坤两卦策数相加，计三百六十，所以下文说“不过三百六十六”。

⑩不过三百八十四：《易经》经文共有三百八十四条爻辞。古人认为，天下所有大事、天下所涵之理都包涵于这三百八十四条爻辞中，所以本文说天之道、阴阳之数“不过三百八十四”。

⑪王：昌盛、旺盛。

译文：

关朗《易传》载：同州刺史王彦向关朗问道：“国家治乱损益之道，各有自己的运数，如果推测其中的奥妙，历代之事皆可推知。王彦虽然没有高才，愿意假借先生之神筮，以决百代之事。”关朗回答说：“占算幽细微妙之事，需要诚静思虑，思虑过多则必有疑惑。请您命筮，卦以百年为期。”

立即揲蓍布卦，占得泽天夬卦䷪变为泽火革䷰卦（夬卦二爻变动）。关朗弃蓍草而叹息说：“当今的大运，不过再传二世而已。从今年甲申，过二十四年到戊申，天下当发生大乱，灾祸初始于宫廷，有外臣执掌国之大权，而世代累积其强。如果用之以王业之大道，则会成就桓文之伟业；如果无道而治，君臣皆会一败涂地而亡。”王彦问道：“什么人会出来安定局面呢?”关朗说：“夏、商、周三代的废墟，当有奇异之气而出。若奇异之气出，它会在并州之郊野吧?”王彦问：“假设此人不能振兴国家，老百姓会怎么样呢?”关朗说：“应当有两个英雄出，而中原分为两半。”王彦问：“他们都能成功吗?”关朗说：“我静彼动，能不成功吗！如果没有大贤之人扶助，恐怕都不能各成功业。”

王彦问：“请问其发展演变之期限。”关朗说：“始于甲寅年，终于庚子年，这是天之大数。”王彦问：“哪一国先灭亡呢?”关朗答道：“不修国之政德而谋用诡诈之权，则原先那个政权先灭亡。”王彦问：“之后又会怎么样呢?”关朗答道：“辛丑之年，当有恭顺勤俭之明主起于百姓之家，而统一国家。”王彦问：“明主在东南吗?”关朗答道：“一定是在西北。平定大乱，不能以文来治，必须以武力来平定。况且西北为善于用武之地。东南的风俗，其流弊在于轻浮；西北之风俗，其兴旺常常快捷。而且东南方是旧君主坐镇之地。中原之衰亡已经很久了。天数欲它衰亡，谁又能挽救它呢!”

王彦问：“东南方的兴衰之期可以确定吗?”关朗答道：“东南之运不会过三百年，不能遇到大贤哲大圣人而能终其运，其间之幸运多矣。况且辛丑之年，贤明之君主应当兴盛。平定天下，不会超过九年。己酉年江东大概危险了。”王彦问：“贤明的君王既已出现，他的治国之道怎么样呢?”关朗答道：“假设这个人治国有始有终，三皇五帝时的治化又恢复了。如果没有三皇五帝的治国安邦之道，最终必然是骄横跋扈，穷奢极欲。在最后的时候会穷途末路，有像桀纣一样的暴虐之君出现，天下又会陷入大乱。先王之圣道逐渐废止，先圣之功德改弦更张，要再度振兴实在难乎其难。苛刻的刑法，暴虐的政治，其最终结束时必然惨烈。所以说，‘大兵之后必有凶年，积乱之后必有雄主’，这是理势之必然。”王彦问：“先王之圣道难道会灭亡了吗?”关朗答道：“怎么能说是会灭亡呢? 贤明的君王很久未出现，以后肯定会有达人振兴。并能够振兴其久失之典章和礼仪，这才是天地人三才和仁义礼智信五常所赖以维继的根本。孔子说‘文不在兹乎’，就是说圣王之道不能消亡。”

王彦说：“请推王道兴衰之数。”关朗答曰：“乾坤之策，阴阳之数，推其道而行之，不过三百六十六之数，引而申之，也不过三百八十四爻所包容之广。终则有始，这是天道运行之常规。噫！我听说，先圣之王道与卦象相符合。自魏以来，天下未出现真正贤明的君主，从黄初元年庚子到今已八十四年，再过八十二年到丙午年，已经够三百六十六之数，应当有贤明的君主出现。再过十八年到甲子年，应当有君主统一国家。用先王之道则王道振兴，不用先王之道则孔子之教化逐渐废矣。”

王彦又问：“这个君王会从何处而出现呢?”关朗答曰：“大概在唐、晋之郊野吧。过去殷商的后代不盛，而仲尼（孔子）生于周国；周的后代不旺，这个人就会产生于晋国。生于周国，是继周公之余烈；生于晋国，是续陶唐之遗风。天地之数的运化，也于大自然的变迁契合。”王彦问：“此后会怎么样呢?”关朗说：“从甲申年始，至甲子年止，刚好一百年。过此期限，就没有人能知道了。”

按：此也是依照纳甲法来推断。有人怀疑这是伪造，其实不然，岂知像近代著《黄金策》的胡宏，著《易冒》的程良玉，著《增删卜易》的野鹤老人，都能以一卦而定人平生之吉凶，并能推断数十年之事势运行。况且像关朗这样深明易筮之人，预测百年之事，怎么会不可能呢。只是书中没有详细著明所占之事与卦相应的道理，让后人看了，只见其神奇，而不知其晦明否塞之断都是从卦象及五行详细推断而来，其事本来很正常简单而已。

按：关朗布卦之年是晋惠帝永宁元年，他说“当今大运不过二再传”，是寓指再过怀帝、愍帝二世而西晋灭亡。“从今甲申二十四年戊申，天下当大乱”，是说从永宁辛酉年，过二十四年至东晋太宁二年甲申，再过二十四年到永和四年戊申，天下大乱。“蕃臣柄政”，是寓指桓温擅权。“臣主俱屠”，是说桓温篡夺晋政权，桓温亡后东晋亦随之灭亡。“二雄举而中原分”，是说刘裕和北魏划地而治。“始于甲寅，卒于庚子”，是说刘宋王朝始盛之时，也是杨坚立为隋王之年。杨坚既已成为隋王，天下必然要统一，南北分治的局面将要终结，所以说分裂的局面要结束。“辛丑之岁，当有恭俭之主并六合”，是说杨坚篡周之年为辛丑，过三年消灭陈国而统一中国。隋朝兴起于西北，所以说贤明之君“必在西北”。“辛丑之岁明王当兴，不出九载定天下”，是说杨坚辛丑年篡夺周之政权，过九年立为开国皇帝，再过九年到己酉年而灭亡陈国，所以说“己酉江东其危也”。“晚节末路，有桀纣之主”，是说隋炀帝暴虐成性。“丙午三百六十六”，是说自黄初元年到陈后主四年丙午，正好三百六十六年。其所说“达者生”，不知其指何（观下文所说“不用则洙泗之教修矣”，是说贤人在下，疑应文仲子王通，凡房、杜皆通弟子）。“更十八年甲子，当有王者合焉”，是说自陈后主四年丙午，再过十八年到隋文帝仁寿四年甲子，而唐太宗出生。

北齐吴遵世筮孝武帝为帝

北齐吴遵世少学易，精卜筮。魏孝武帝之将即位，使之筮，遇否䷋之萃䷬（否上九变）。曰：“先否后喜。”帝曰：“喜在何时?”遵世曰：“刚决柔，则春末夏初也。”[①]又筮遇明夷䷣之贲䷕，曰：“‘初登于天’，当作天子；‘后入于地’，不得久也。”后皆如其言。

按：此皆以动爻辞推。“先否后喜”，否上九爻辞也。乾健，故曰刚；变为兑，兑悦，故曰柔。“初登于天，后入于地”，明夷上六爻辞也。象曰："初登于天'，照四国也"，故曰"作天子"。"'后入于地'，失则也"，故曰"不得久"。

注释：

①刚决柔，则春末夏初也：按十二消息卦，三月为夬，五阳息阴；四月为乾，六阳息阴；五月为姤，一阴消阳，阳为刚，阴为柔，上三卦为刚决柔，而三、四、五月为春末夏初，所以说"刚决柔"当应在"春末夏初"。

译文：

北齐吴遵世少年学易，精于卜筮。魏孝武帝将要即位时，让吴遵世用《周易》占筮，起得天地否䷋卦变为泽地萃卦䷬（否卦上九爻动变而来）。吴遵世断曰："先不吉，而后吉利。"孝武帝问道："喜在何时?"吴遵世说："阳刚战胜柔顺，将应在春末夏初。"又占了一卦，遇地火明夷卦䷣变为山火贲卦䷕。吴遵世又占断说："'初升于天'"是说应当做天子，'后入于地'，是说做皇帝不会长久。"以后果如吴遵世所言。

按：此例皆以动爻爻辞来推断。"先否后喜"，是否卦上九爻爻辞。乾为健，故为刚；变为兑卦，兑为悦，为少女，故曰柔。否之上乾刚变为萃之上兑柔，故曰刚决柔。"初登于天，后入于地"，是明夷卦上六爻辞。明夷上六象辞说"初登于天"，是说王侯贵族之光明照于四周"，所以说孝武帝可以"做天子"；"后入于地"，是说王侯贵族失去法度，故没落，所以做天子"不得久"。

北齐清河王岳母筮高祖赤光知为帝

北齐清河王岳，太祖从父[①]弟也，家于洛阳，高祖每奉使入洛，每止于岳舍。岳母山氏尝夜见高祖室中有光，密往觇[②]之，乃无灯。即移高祖于别室，如前所见，怪其神异。诣卜者筮之，遇乾䷀之大有䷍。占曰：

“吉!《易》称‘飞龙在天’，大人造也。‘飞龙’九五，大人之卦，贵不可言。”山氏归报高祖。后高祖起兵信都，山氏闻之大喜，谓岳曰：“赤光之瑞，今当验矣。汝可间行从之，共图大计。”岳遂往信都，高祖见之大悦。

按：此亦以爻辞占。乾九五动，九五爻辞“飞龙在天”，故曰“贵不可言”。

注释：

①从父：叔父、伯父。从，堂房亲属。

②觇：看，窥视。

译文：

北齐清河王岳，是太祖从父之弟，家居洛阳，高祖每次奉使命来洛阳，都住在王岳的房舍中。王岳的母亲晚上曾经看到高祖的室中有光，于是偷偷去察看，发现屋中并无灯烛。于是将高祖移到别的房子中，还是像先前见到的一样，王岳之母对这种神奇怪异之事遂感到奇怪。于是就请卜者占了一卦，起得乾为天卦☰变为火天大有卦☲。卜者占断说：“吉。《周易》说‘飞龙在天’，这是说有所大作为的人到了。‘飞龙’是乾卦九五爻动，这是大人之卦，尊贵不可言。”王岳之母回来后告诉了高祖。以后高祖在信阳起兵，山氏听说后大喜，对王岳说：“当时赤光之兆瑞，今日应当应验。你可暗中行动而随从高祖，共同图谋大计。”王岳于是投奔信都，高祖见之大喜。

按：此例亦是以动爻爻辞占断。乾卦九五爻动，九五爻说“飞龙在天”，所以说“贵不可言”。

北齐颜恶头为人筮父死

北齐颜恶头善易筮，有人以三月十三日诣恶头，求卜，遇兑☱之履䷉。恶头占曰：“君卜父，父已亡。当上天闻哭声，忽复苏而有言。”其人曰：“父卧疾三年矣。昨日鸡鸣时气尽，举家大哭。父忽惊寤[①]，云：‘我死，有三尺人来迎，欲升天，闻哭声，遂坠地。’”恶头曰：“更三日，当永去。”果如言。

人问其故，恶头曰：“兑上天下土，是今日庚辛（当作申字讹也），本宫火（当作金，谓兑宫），故知卜父。今三月土入墓[②]，又见宗庙爻[③]发（发，动也），故知死。变见生气（土生于申[④]），故知苏。兑为口主音声，故知哭。兑变为乾，乾天也，故升天。兑为言，故父言，故知有言。未化入戌为土[⑤]（兑上六主未，化乾为履卦，履上九主戌），三月土墓，戌又是本宫鬼墓[⑥]（火为本宫金鬼，而墓于戌，入墓则不生土），未后三日至戌，故知三日复死（土恃火生值戌，火入墓则不能生土，土为世，故知必死）。”

按：此全以纳甲法取卦中所藏干支及筮时时日推，而兼取卦象。

纳甲法兑初爻主巳，二爻主卯，三爻主丑，四爻主亥，五爻主酉，上爻主未，未为世，故全以土推（世应说详后）。土生金，卜日金，本宫金，故知卜父（金为土子）。土生于申，旺于子，墓于辰，三月属辰，故曰土入墓。上爻为宗庙爻，人死神入宗庙，二者皆死征，故曰知死。然值申日，土遇生气，故知又苏。

未化入戌者，兑上爻主未，履上爻主戌，故曰未化戌。戌仍是土，值三月仍须入墓（生而复死之一因），况戌又为火鬼之墓（生而复死之二因）。又况自本日申，历三日复遇戌（复死之三因）。重重鬼墓，故知复死。

“兑上天下土”者，兑变乾，故曰“上天”；兑上爻主未，故曰“下土”，土于六亲当父母。

辰月申日占：

父母	丁未 - -	世	父母	壬戌——	
兄弟	丁酉——		兄弟	工申——	世
子孙	丁亥——		官鬼	壬午——	
父母	丁丑 - -	应	父母	丁丑 - -	

妻财	丁卯——		妻财	丁卯——	应
官鬼	丁巳——		官鬼	丁巳——	
	兑			履	

注释：

①惊寤：惊醒。寤，睡醒。

②三月土入墓：三月为辰月，土墓于辰，所以说三月土入墓。

③宗庙爻：指卦之上爻，即第六爻。依爻位之象，上爻为宗庙。

④土生于申：依纳甲法，水、土长生于申，旺于子，墓在辰，绝在巳，故知土长生于申，故此处说土生于申。

⑤未化入戌为土：依纳甲法，兑卦上六爻未动当变为戌，所以说“未化入戌”。未、戌五行为土，故又说“未化入戌为土”。

⑥戌又是本官鬼墓：兑属金官，火为金之官鬼，而戌又为火之墓库，所以说戌又是本宫兑金之官鬼火的墓库。

译文：

北齐颜恶头善于《周易》占筮之法，有人在三月十三日去拜访颜恶头，并求占一卦，起得兑为泽卦☱变为天泽履卦☰。颜恶头占断说：“你是为你的父亲占卜，你父亲已经去世，要升天的时候忽然听到哭声，死而复苏并又开口说话。”占者说：“我的父亲卧病三年未起，昨日鸡叫时气数已尽，全家大哭。父亲忽然惊醒，并说：‘我死之后，有三尺高的人来迎我，即欲升天，忽然听到哭声，于是又坠到地上。’”颜恶头答道：“再过三天，必永逝而不归。”后果如颜恶头所言。

有人问是何缘故，颜恶头回答道：“兑卦之上兑变为乾，乾为天，故为上天，兑卦上六爻为未土，所以说下土，况今日为庚辛日（当为申字所讹），本宫火（本宫当作金，因为兑宫属金），土生金，土为金父，故知卜父。现在是三月土入于辰之墓库，又见宗庙爻发动，人死而升入宗庙，故知必死。变又见生之气（土长生于申），故知死而复苏。兑为口，主声音、言语，故知必哭。兑变为乾，乾为天，故知升天。兑又为言，故父必言，父言故知父必有言。未化为戌俱为土（兑卦上六爻为未土，兑之上卦兑变为乾成天泽履卦，履上九爻亦为戌土）。三月辰为土之墓库，戌又是本宫金之火鬼的墓库（火为本宫兑金之官鬼，而火墓于戌，火入于墓则不能生土），未后三天到戌日，故知再过三日必死（土恃火生，火值戌为入墓，火入墓则不能生土，土为世爻，故知三日必死）。”

按：此例全依纳甲法排取卦中之干支，并结合占时之时日来推断，兼结合卦象。

依纳甲法，兑卦初爻为巳，二爻为卯，三爻为丑，四爻为亥，五爻为酉，上爻为未，世在上之未爻，所以此例全以未土来推断（世应说详后）。土能生金，占卜之日为金，本宫亦属金，故知必为父而占（金为土之子）。土长生于申，旺于子，墓于辰，三月属辰，所以说土入于辰之月墓。上爻为宗庙爻，人死为神而升入宗庙，二者皆有死之征兆，所以说故知必死。然而值于申日，土又遇生气，故知死而复苏。

未化为戌，是说兑卦上爻为未化出履卦上爻之戌，所以说未化戌。戌五行属土，值三月辰土之月仍为入月墓（此为生而复死之第一因），况戌又为火鬼之墓库（此为生而复死之第二因），又况自本日申算起，过三天又遇戌日（此为复死之第三因），卦中见重重鬼墓，故知苏而复死。

“兑上天下土”，是说兑变为乾，乾为天，故曰“上天”；兑上爻为未，所以说“下土”，土于六亲中当为父母。

辰月庚申日占得：

兑			履		
父母	丁未－－	世	父母	壬戌——	
兄弟	丁酉——		兄弟	壬申——	世
子孙	丁亥——		官鬼	壬午——	
父母	丁丑－－	应	父母	丁丑－－	
妻财	丁卯——		妻财	丁卯——	应
官鬼	丁巳——		官鬼	丁巳——	

说明：

上之卦图与今通行之纳甲卦图排法有异，当以今通行排法为佳，兹为保持原作风貌而未动之。此外，上之断法与今之占断亦稍异。断其父之死宜依据六冲之卦与月破之戌为佳，兹请读者阅读时注意。

隋炀帝筮江都寺

隋炀帝来江都，筮易，遇离☲之贲☶（四爻变）。乃以离宫为寺名，曰山火，取卦象也。后改曰山光，在扬州北十五里，地名湾头。其辞曰："突如其来如，焚如，死如，弃如"[①]（离四爻辞）。王观赋诗曰："不须谈贲卦，兴废古今同。"

按：此取动爻辞。

注释：

①突如其来如，焚如，死如，弃如：此为离卦九四爻爻辞。是说古人对于不孝之子、不忠之臣、不顺之民，则流放之；如其归来，则或焚之，或死之，或弃之。焚、死、弃，是家人施于不孝之子的刑罚。

译文：

隋炀帝到江都，用《周易》占了一卦，起得离为火卦☲变为山火贲卦☶（离卦第四爻动变而来）。于是以离宫取寺名，叫山火寺，是由离之卦象而来。以后又改寺名为山光，在扬州北十五里处，地名叫湾头的地方。离卦九四爻爻辞说："对于不孝之子、不忠之臣、不顺之民，则流放之；如其归来，则或焚之，或死之，或弃之。"王观赋诗说："不须论及贲卦之义，古今兴盛衰败都相同。"

按：此例按照动爻辞来推占。

唐路晏筮遇刺客

唐明宗时路宴夜适[①]厕，有盗伏焉，宴心动，取烛照之。盗即告宴：

“请勿惊。某禀命，有自察公正直，不敢动剑”，匣剑而去。由是昼夜惊惧，以备不虞。召董贺筮，遇夬䷪，二爻用事。曰：“察象征辞，大有害公之心。然难已过，但守其中正，请释忧心。”宴亦终无患。

按：此亦以爻辞占。夬二爻云：“惕号，莫夜有戎，勿恤”[②]，故曰“难已过也”。

注释：

①适：往、到。

②惕号，莫夜有戎，勿恤：因恐惧而大呼，黑夜里有敌情，但不必忧虑。惕，恐惧。莫，通暮，黑夜。戎，兵戎。此为夬卦九二爻爻辞。

译文：

唐明宗时，路宴晚上到厕所，有强盗潜伏，路宴心中惊动，取蜡烛照看。强盗随即告诉路宴：“请不要害怕。我受命而来，但我自己暗中观察，发现您公正耿直，不敢刺杀您”，于是藏剑而归。路宴从此昼夜惊惧，以备意外事情发生。乃召董贺用《周易》占了一卦，得泽天夬卦䷪二爻动，二爻用事。董贺占断说：“仔细观察卦象，细征爻辞之义，确实有伤害您之心。然而大难已过，只要保持中正，请尽释疑心。”路宴最终无祸患。

按：此例也是纯以动爻之辞占断。夬卦九二爻辞说：“因恐惧而大呼，晚上有敌情，但不必忧虑”，所以说“大难已过”。

唐葫芦生筮刘辟必被戮

唐刘辟始登第[①]，诣卜者葫芦生，筮得一卦以定官禄。葫芦生双瞽[②]，卜成，谓辟曰：“自此二十年，禄在西南，不得善终。”辟留束素与之。其后脱褐[③]，从韦令公于西川，官至御史大夫，为行军司马。既二十年，韦病薨[④]，使辟入奏，请益东川，诏未允。辟乃微服单骑，复诣葫芦生筮之。揲筮成卦，谓辟曰：“吾二十年前曾卜得无妄䷘之随䷐，今复得此卦，非曩昔[5]贤乎?”辟即依阿唯诺。葫芦生曰:“若审，其人祸将至矣。”辟不甚信，乃归蜀，果叛。宪宗皇帝擒之，戮于藁街。

按:此似以卦辞、爻辞意占。正则“元亨利贞”[6];非正则“有眚，不利有攸往”，卦辞意也。“行有眚，无攸利”[7]，爻辞意也。故卜者戒其勿往，云祸将至也。

乾为金玉，震为车，有车载金玉之象，故曰禄。变为兑，兑西方，一至四互大离，离南方，故曰“禄在西南”也。乃乾变为兑，兑为毁折，故曰“不得善终”。又随自否来[8]，有首落象[9]，与“戮于藁街”相应也。“二十年”者，无妄世在四爻，古人以一爻值五年[10]，过此则入兑，毁折至矣，故曰“祸将至”。

注释:

①登第:科举时代称考中叫及第，又称登第。

②双瞽:双目失明。瞽，瞎。

③脱褐:取得功名，而脱离平民行列。褐，粗布或粗布衣服，代指平民百姓。

④薨:古代称诸侯或有爵位的大官死去。

⑤曩昔:从前，过去。曩，从前的、过去的。

⑥元亨利贞:此与下文之“有眚，不利有攸往”，皆取自无妄卦卦辞。其辞曰:“元亨利贞。其匪正有眚，不利有攸往”，是说开始即亨通宜于守正;如果不守正道则有灾害，不宜有所往。匪，非。匪正，不守正道。眚，灾异。

⑦行有眚，无攸利:此取自无妄卦上九爻爻辞，是说无所冀望而行则有灾眚，不会有什么好处。

⑧随自否来:依李之才的《卦变图》，如随等三阴三阳之卦皆自泰、否而来，故此处说“随自否来”。

⑨首落象:否卦下坤上乾，坤为地，乾为首，故有首落于地之象。

⑩以一爻值五年:依纳甲法，占断寿限时，一爻主五年，合之卦十二

爻共计六十年。此为无稽之谈。

译文：

唐代刘辟刚及第，就去拜访卜者葫芦生，占一卦以定仕途官禄如何。葫芦生双目失明，卦成，对刘辟说："自此过二十年，官禄在西南方，恐二十年以后不得善终。"刘辟留束素（即卦金）而去。之后，刘辟功成名就，随从韦令公在西川，官至御史大夫，为行军司马。二十年之后，韦令公病逝，派刘辟进京上奏，请增加东川，皇帝下诏未允。刘辟于是微服单骑，又去拜访葫芦生，请再占一卦。葫芦生布蓍成卦后，对刘辟说："我二十年前曾占得天雷无妄卦☰变为泽雷随卦☱，今日又得到这一卦，大概是二十年前的那个贤人吧？"刘辟随即依诺应允。葫芦生答道："如果确实，这个人的大祸将降临了。"刘辟不太相信，回蜀地后果然反叛。宪宗皇帝最后将其擒获，杀于藁街。

按：此卦似用卦辞和爻辞之意来断占。如果守正，则"开始即亨通顺利"；如果不守正道，则"会有灾害，不利于有所前往"，这是无妄卦卦辞之意。"前行而有灾害，没有什么好处"，这是无妄卦上九爻辞之意。所以葫芦生告诫刘辟不要妄动，妄动则祸将至。

乾为金玉，震为车，无妄卦则有车载金玉之象，所以说有禄。无妄之上乾变为兑卦，兑为西方，之卦随初爻至四爻互体为大离卦，离为南方，所以说"禄在西南"。乾变为兑，兑为毁折，所以说"不得善终"。又随卦是从否卦卦变而来，否卦有头落之象，头落则与"戮于藁街"相应。"二十年"，古人以一爻值五年，无妄卦世爻在四爻，四五二十，故为二十年。过此则变为兑卦，兑为毁折，所以说"灾祸将至"。

唐朱邯为董元范筮愈母奇病

唐朱邯，豫章人，精《周易》，得京[①]、管遗法。建中初，游楚卖卜。楚青山董元范母患奇病，至夜即发。邯为筮之，得解☳之上六。曰："君今日昃[②]，具衫服于道侧，伺有执弓挟矢而过者，君向求之。”时邑人李楚宝喜猎，其时果至。元范邀之至家，设酒馔留宿。是夜月明如昼，楚宝出户徘徊，见一大鸟飞集舍上，引喙啄屋，即闻堂内叫痛苦声。楚宝引弓射之，两发皆中，其鸟飞去，痛声亦止。明日与元范四索，于败屋中得碓程古址，两箭着其上，皆有血光，遂取焚之，母患果平。

按：此用动爻辞占。

解上六云：“公用射隼于高墉之上，获之，无不利”[③]，故郜令伺执弓挟箭者治之。

注释：

①京：即京房，西汉东郡顿丘（今河南清丰西南）人，字君明，本姓李，推律自定为京氏。早年受《易》于焦延寿，占验之术颇精，延寿尝曰：“得我术以亡身者，京生也。”京房是汉代易学的代表人物，视《周易》为卜筮之书，并创纳甲占筮体例，以讲占侯之术而闻名，其说有八宫卦说、纳甲说、五行说、卦气说等。《汉书·京房传》说，焦延寿“其说长于灾变，分六十四卦，更直日用事，以风雷寒温为侯，各有占验，房用之尤精”。据《汉志》、《序录》、《隋志》、《宋志》著录，京房《易》著颇丰，现存有《京氏易传》三卷、《易传积算法杂占条例》一卷，余皆亡佚。此外，《隋志》著录京氏易著达二十余种，多为术数占验之书，不必全出京房，或为后人伪托。清王保训辑有《京氏易》八卷，内有《易占》、《飞侯》、《五星》、《风角》、《灾异》等篇。

②日昃：太阳偏西，即黄昏之时。昃，太阳偏西。

③公用射隼于高墉之上，获之，无不利：王公立在高高的城墙之上，射鹰而中，并得到它，无所不利。公，职称，古代分公、侯、伯、子、男五等。隼，鹞鸟，又说为鹞（苍鹰之属）。墉，城墙。

译文：

唐代的朱郜，是豫章人，精于《周易》，深得京房、管辂筮占之遗法。建中初年，朱郜在楚地游历卖卜。楚青山董元范的母亲患有一种奇异之病，每到夜晚就发作。朱邯为其占了一卦，筮得雷水解卦䷧，其上六爻动。朱邯占断说："你今天黄昏时候，衣服齐整地立于道旁，等着有执弓挟箭的人来，就把他带到家中来。"当时乡人李楚宝喜欢猎狩，黄昏时果然来了。董元范将其邀到家中，设酒馔款待，并留宿家中。这天晚上月明如昼，李楚宝出门在外边来回走，看见一支大鸟飞到房舍之上，用嘴啄屋，屋中逐传出叫苦之声。李楚宝引弓放箭射之，两箭皆中，大鸟遂飞而去，痛苦之声就停止了。第二天李楚宝与董元范四处寻找，在破屋旧址中找到一个碓臼，两箭都射在上面，带有血光，于是将碓臼取来焚烧，董元范母亲的病果然好了，

按：此例是用动爻之爻辞来推断。

解卦上六爻辞说："王公在高高的城墙上射大鹰，获之，没有什么坏处"，所以朱邯令找执弓挟箭的人来治病。

宋平江人解者预筮徽钦北狩

宋政和末，平江人解者筮之，得噬嗑䷔之二爻。曰："离为戈兵，艮为门阙，又艮东北之卦，而介乎南离，必东北敌人南寇犯阙，且将不利乎君矣。"鼻者，君祖也。后徽宗果北狩，如所占。

按：此只以象推。二至四互艮，故曰艮为门阙，曰东北。三至五互坎险，故曰"不利"。离为日，君象，与坎连，故曰"不利乎君"。荀《九家》[①]：艮为鼻，而内卦为震，是我有震惊之象。

注释：

①《九家》：指《九家易》。九家，一说为淮南九师，一说为习荀氏者九家。有清黄奭辑佚之《九家易集注》本，还有清纪磊辑撰之《九家易象辨证》本。此外，还有《荀爽九家集注》本。本文所引，当出自《荀爽九家集注》本。

译文：

宋政和末年，平江人有个姓解的用《周易》占了一卦，筮得火雷噬嗑䷔，二爻动。其占断说：“离为戈兵，噬嗑之二爻至四爻互体之艮为门阙，又艮为东北之卦，而介于南方之离之间，一定是东北方的敌人向南侵犯，并且不利于君王。”噬嗑二爻至四爻互体之艮又为鼻，则像君祖。以后宋徽宗果然被金国俘获，皆如所占。

按：此例只以卦象来推断。噬嗑卦二爻至四爻互体为艮卦，所以说艮为门阙，艮为东北。噬嗑三爻至五爻互体为坎卦，坎为险难，所以说是“不利”。噬嗑之上离为日，日有君象，与互体之坎相连，坎水克制离火，所以说“不利乎君”。荀爽《九家易》说：艮为鼻，鼻有祖象，而噬嗑内卦为震，震为动，内卦为我，所以说我有震惊之象。

宋王子献筮得洪帅

宋王子献占，遇夬䷪九二。占者曰：“必夜有惊恐，后有兵权[①]。”未几，果夜遇寇，旋得洪帅。

按：此以爻辞推。九二云：“莫夜有戎，勿恤”，故遇寇而无害。“后有兵权”者，乾、兑于五行皆属金，金主兵，故得兵权。

注释：

①后有兵权：夬卦上兑下乾，乾、兑皆属金，金主兵器；又夬卦九二爻曰“莫夜有戎”，戎为军情、军机，所以说“后有兵权”。

译文：

宋代王子献用《周易》占了一卦，筮得泽天夬卦䷪，九二爻动。占者断曰：“你晚上一定会有惊恐之事，以后会掌兵权。”过了不长时间，夜晚果然遇至贼寇，不久升为洪帅。

按：此例是以动爻之辞来推断。夬卦九二爻辞说：“夜晚有敌情，但不必忧虑”，所以说遇到贼寇而不会有损害。“后有兵权”，是因为夬之上兑下乾五行皆属金，金有兵器之义，故主得兵权。

明胡奫袁杞山筮失金杯

明胡奫善筮，多奇中，与同邑袁杞山游金陵，寓神乐观。提点姚一山偶失金杯，酷责其徒，二人怜之，占得剥䷖之颐䷚（初爻变）。曰："金在土中，未亡也。汝第从居西南隅，掘下五寸，则得矣。"如其言，果得杯。

按：此以象推。剥上艮，艮有覆杯象，下坤，坤土，而艮为止，故知杯止于地中也。又坤位西南，故曰向西南隅掘之。九宫坤数五，故掘五寸。

又掘得五寸者，言坤变震，震有杯象，而变在初爻为颐。颐二至四、三至五皆互坤，而自颐六五往下，数当坤爻之第五位，故知五寸也。

译文：

明朝胡奫善于易筮，多有奇中，曾与同乡袁杞山同游金陵（今之南京），住在神乐观中。提点姚一山偶然将金杯丢失，严厉地责罚他的随从，二人可怜他，遂占了一卦，筮得山地剥卦䷖变为山雷颐卦䷚（剥卦初六爻动）。他占断说："金杯在土中，并没有丢失。你们从所居房屋的西南角往下挖五寸，则会找到金杯。"按照所说的去挖，果然找到了金杯。

按：此例以卦象推断。剥卦上卦为艮，艮覆碗，有覆金杯之象，剥下卦为坤，坤为土，又艮为止，故可以推知金杯止于地中而未失。又坤卦位在西南，所以说向西南方之墙角挖。在八卦位九宫中，坤数居五，所以说挖地五寸。

又挖地五寸，是说剥之下坤初爻动变为震，震有杯象，而变在初爻则成颐卦。颐卦二爻至四爻、三爻至五爻互体皆为坤卦，而自颐卦之六五往下，其数当坤爻之第五位，所以说是挖地五寸。

明胡奫筮赐名及殿焚

胡奫初名浚，既与袁杞山为姚一山卜得杯，一山感之。至永乐八年，一山荐二人于上。袁称病不行，胡至京卜，无不神验，赐今名，授钦天监刻漏博士。上新作殿，命之卜，布算讫，跪曰："某月某日午时当毁。"上怒，囚之以待。至期，倩[①]狱卒觇视，返报曰："午过矣，无火。"胡服毒。至午时正三刻，殿果焚，上急召，胡死矣。甚惜之，赐驰驿归葬。

初，召命之初下也，袁杞山为奫卜之，得乾☰之五爻。袁曰："五为君[②]，升阳在四[③]，子命又午也，其有锡命[④]之庆乎?"奫曰："吾值壬午，壬为水，而午者子之冲[⑤]也。果赐名，必不离水。"袁曰："非徒然也。四为渊（乾九四：或跃在渊），又值升阳，而五居渊上，渊而大者乎? 以草莽之臣践五位[⑥]，终非吉兆。五为火，丁者壬之合也，遇火则危矣!"后闻赐名"奫"，袁大笑曰："验矣! 死不远矣!"果因殿焚而卒。

按：此亦以爻辞推，而兼用五行。后人动以古人能推得来人姓名为妄，苦不知其理耳。观此，何妄之有哉!

注释：

①倩：请人代做。

②五为君：依爻位之象，五爻为天子，所以说五为君。

③升阳在四：依纳甲法，乾卦之九四爻为午，午为阳气最盛之时，故为升阳在四。

④锡命：赏赐名字。锡，赏赐。命，通名，古人认为名字非常重要，犹如人之性命一样。

⑤午者子之冲：依纳甲筮法，子午相冲，故曰"午者子之冲"。详见后。

⑥以草莽之臣践五位：依爻位之象，五为天子，为极尊之位，天子居之吉，他人居之不吉。胡奫为草莽之臣，居之故不吉。

译文：

胡奫原来名为胡浚，与袁杞山为姚一山卜得金杯之后。姚一山非常感激他们。到永乐八年，姚一山向皇帝推荐了他们二人。袁杞山称自己有病而未应诏至京，胡奫到京后占卜，无不神验，皇上于是赐名为“奫”，授钦天监刻漏博士。皇帝新建一处宫殿，命胡奫占，布卦演算后，胡跪奏曰：“某月某日午时，此殿当毁。”皇帝大怒，于是将胡奫囚禁以待应验。到时，胡奫请狱卒去察看，狱卒回来告诉他：“午时已过，并未起火。”胡奫于是服毒而亡。到午时正三刻，新殿果被焚毁，黄帝急忙召见胡奫，而胡奫已死。皇上甚为惋惜，遂赐驰驿归葬。

当初，皇帝之诏命初下，袁杞山为胡奫卜了一卦，起得乾为天卦☰，五爻动。袁杞山说：“五为君位，升阳在四爻，你的命又为午，难道将有赐名的吉庆吗?”胡奫说：“我值壬午，壬为水，而子午相冲，如果皇上果赐名，一定离不开水。”袁杞山说：“并不仅仅是这样。九四为大渊（乾卦九四爻辞曰：或跃在渊），又临上升之阳，而五爻居大渊之上，大概是大渊吧？以草莽之臣而践居极尊之五位，最终将不是吉兆。五为火，丁壬相合，遇火合则很危险！”以后听说果赐名为“奫”，袁杞山大笑说：“果然应验！胡奫死期不远了！”以后果然因为殿被焚而死。

按：此例亦以爻辞来推断，并兼用五行。后人动辄以古人能推后来人之姓名为妄造，只是苦于不知其中的道理而已。从此卦观之，何妄造之有！

明仝寅为石亨筮英宗还期

明仝寅，安邑人，生十二岁而瞽，乃从师学京房术，为人占祸福多奇中。父清游大同，携之行。塞上石亨为参将，酷信之，每事咨焉。英宗北狩，遣使问还期，筮得乾☰之初。寅曰：“大吉！四为初之应，初潜四跃[①]，明年岁在午，其干庚。午跃候[②]也，庚更新也。龙岁一跃，春潜秋跃，明年仲秋驾必复。但繇‘勿用’，应‘在渊’，还而复，必失位。然象龙[③]也，数九[④]也，四近五，跃近飞，龙在丑，丑日赤奋。若复在午，午色赤[⑤]，午奋于丑，若顺也，天顺之也。其于丁象大明[⑥]也，位于南方，火也。寅其生，午其王，王其合[⑦]也，至岁丁丑，月寅日午，合于壬，帝其复辟乎?”已而悉验。

按：此占得一爻，竟以全卦推。任启运所谓：占虽不及飞跃，而飞跃有必至也。

英宗返国，在景泰元年庚午八月，所谓庚午仲秋驾必复也。又八年，岁丁丑正月复辟，所谓“午奋于丑”、“丁象大明”也。尤奇者，英宗复辟，改元天顺，亦能预言。其数之神，真不让京、管乎！

注释：

①初潜四跃：乾卦初九爻辞曰“潜龙勿用”，九四爻辞曰“或跃在渊，无咎”，故有初潜四跃之意。

②午跃候：午为马，马有刚健、跃进之意，故称跃候。

③象龙：据乾卦卦爻辞，乾之大象为龙。

④数九：按后天八卦之数，乾之数为九。

⑤午色赤：午为火，火色赤，故曰“午色赤”。

⑥丁象大明：丁为南方之火，火有光明之象，所以说“丁象大明”。

⑦寅其生，午其王，王其合：依古筮法，火长生于寅，旺于午，所以说“寅其生，午其王”。寅午戌为三合，寅午为半合，午为火之旺相之时，故曰“王其合”。

译文：

明代仝寅是安邑人，十二岁时就双目失明，于是拜师学习京房筮占之术，为人占断祸福往往奇中。他的父亲仝清到大同游玩，携之同行。塞上石亨为参将，对仝寅非常迷信，每事必向他咨询。明英宗被瓦剌俘虏，派使者询问回朝之期，占得乾为天卦☰，初爻动。仝寅占断说："非常吉利！四爻为初爻之应，初潜伏而四腾跃，明年岁在午，其天干为庚。午为跃候，庚为更新。龙每年一跃，春潜伏而秋跳跃，明年仲秋大驾必复。但爻辞'潜龙勿用'与'或跃在渊'相应，还而复之后，必失皇位。然而，乾之象为龙，乾之数为九，四爻靠近五爻，跃近于飞龙，龙在丑，丑日赤奋。若复位在午，午之色为赤，午奋在丑。如果顺利，则必是上天保佑。午于丁为大明之象，位于南方，属火。火长生于寅，旺在午，寅与旺午相合。至丁丑年寅月午日，与王帝之象相合，大概会复辟吧。"此后其占断全部应验。

按：此例占得一爻，竟以全卦来推断。任启运说：所占虽没有飞跃之意，而飞跃之时必至。

明英宗在景泰元年庚午八月回朝，即所谓庚午仲秋御驾必复。又过八年，到丁丑年正月英宗复辟，所谓"午奋于丑"、"丁象大明"。尤为令人惊奇的是，英宗复辟之后，改元为天顺，亦能预言出。其推数之神奇，并不亚于京房、管辂！

明胡宏筮太守陆阜遇冯刘得祸

宁波胡宏善易筮，天顺间太守陆阜邀至官舍，翌日为阜筮，得丰☳之明夷☷。断曰："逢刘则滞，逢冯则止。"顷之，同知刘文显至，与阜大忤[①]，屡欲攘臂奋击。明年，海道副使冯靖，劾阜仓粮不给军饷，谪[②]戍广西。其神验类如此。著筮书曰《黄金策》。

按：此亦以爻辞推。丰三爻云（三不动）"丰其沛"[③]，丰沛者刘氏所生之地也，故曰"逢刘"。曰"日中见沫"，"曰中"者午[④]也，午马，"见沫"者马旁之两点，冯也，故曰"遇冯"。曰"折其右肱"凶，故知遇刘、冯不吉，且与"攘臂奋击"应也。

此筮初观不知刘、冯所自来，叹为神奇，及一经解释，悉本易辞，仍平易也。

注释：

①忤：逆，不顺从。

②谪：封建时代指贬官。

③丰其沛：此与下文之“日中见沬”、“折其右肱”，皆为丰卦九三爻爻辞。其辞是说：天空越来越暗，中午变得昏暗无光，黑暗中折断了右臂。沛，暗而无光。沬，昧、昏暗。肱，臂。

④日中者午：古时一日分为十二时辰，即子丑寅卯辰巳午未申酉戌亥，一个时辰两个小时，午主今通行之十一时至十三时，正为日在中天时候，所以说日中为午。

译文：

宁波胡宏善于用《周易》占筮，天顺年间太守陆阜将其邀至官舍，第二天给陆阜卜了一卦，起得雷火丰卦䷶变为地火明夷卦䷣。胡宏占断说：“逢刘则滞，逢冯则止。”过了不一会，同知刘文显来访，与陆阜意见相左，屡次想动手搏击。第二年，海道副使冯靖弹劾陆阜存粮不给军饷，陆阜遂被贬守广西。胡宏断占其神验如此。后著有筮书名曰《黄金策》。

按：此例亦是以爻辞来推断。丰卦九三爻辞说：“丰其沛”，丰沛是刘氏起家的地方，所以说“逢刘”。说“日中见沬”，“日中”为午，午为马，“见沬”是说马旁有两点则为冯，所以说为“遇冯”。说“折其右肱”凶，故可以推知遇刘、冯为不吉，且至与其挽臂击打。

此筮案初观不知刘、冯二字从何而来，叹为神奇。一经解释之后，都是从《周易》卦爻辞而来，仍为平常之事而已。

明王奇筮刑部逸囚

台州王奇善易筮，成化中刑部逸重囚，主者请奇筮之，遇恒䷟之大过䷛（恒五爻变）。奇曰：“五为囹圄，贼入矣，其焉逃之。”计其获日与时，皆不爽。

按：此不以动爻辞推。贼入者，内卦巽入故也。

译文：

台州王奇善于用《周易》占筮，成化年间刑部的重囚逃跑，主管者请王奇占筮，起得雷风恒䷟卦变为泽风大过卦䷛（恒卦五爻动变）。王奇占断说："五为囹圄，贼既已进入，怎么能逃跑呢！"审擒获重囚之日时，与王奇所占丝毫不差。

按：此例不以动爻辞来推断。恒卦内卦为巽，巽为入，所以说贼既入则不得出。

明张仑筮太监毕真谋逆

仁和张仑五岁丧明，十三受易，遂善卜筮，有奇验，凡缙绅[①]道杭者必访焉。宸濠构逆浙，镇守太监毕真谋内应，人情汹汹。方伯何天衢稽疑于仑，筮得解䷧之象。仑敛楱贺曰："无虞也，渠魁将授首[②]矣，何内应之有？"不旬日，江西捷音。至武宗南巡，将及浙，有司急敛诸供。方伯徐公蕃命筮焉，得同人䷌之离䷝。徐曰："同人亲也，应南面急当只迎。"仑曰："不然。卦体属乾，西北其位也。兹应反矣（乾先天位南入，后天返西北，应武宗南来将返西北）。君至尊也，岂夫人可同。且爻曰：'先号咷，后笑'"[③]，兆之也。其在纯乾之日乎？"后悉如其言（宋人以《易林》卜金主亮入寇，得解云灭身，与此可参断）。

按：此以象占，兼用辞。解象云"动而免乎险"[④]，故曰"无虞。""将授首"者，解自升来[⑤]，五为囹圄，九三之四，一阳孤进[⑥]，将变坎而入狱矣。又象为甲坼[⑦]（故曰授首）。

注释：

①缙绅：旧指官僚或做过官的人。

②授首：掉头。授，给、与。

③先号咷，后笑：此取自同人卦九五爻辞。其辞是说，齐心协力，先哭而后笑，大军攻克会师。本文取其先哭后笑意。

④动而免乎险：此为解卦彖辞。解卦外震内坎，坎为险，震为动，“险以动”，动于险之外，则为动而解除危险之意。

⑤解自升来：解、升为二阳之卦。依李之才《卦变图》，升、解皆从临卦卦变而来。解、升皆为二阳四阴之卦，升卦之九三阳爻与六四之阴爻互易，是变为解卦。

⑥一阳孤进：解卦之九四爻由升卦之九三爻升位而来，而处于二阴之中，故曰“一阳孤进”。变之后解卦三爻至五爻互为坎卦，坎为险，故下文说“将变坎。”

⑦甲坼：此象取自解卦彖辞。《解·彖》说“雷雨作，而百果草木皆甲坼”，是说雷雨大作，百果草木皆发芽生根。甲为皮壳，此处引申为脑壳。坼，原义为宅，取扎根意，此处取裂开意。脑壳迸裂，故“甲坼”有落首意。

译文：

仁和张仑五岁失明，十三岁开始学习《周易》，遂善易之卜筮，并屡屡有奇验，大凡取道杭州的官僚大都去拜访他。朱宸濠于浙江反叛，镇守太监毕真阴谋为其内应，一时人心惶惶。方伯何天衢于是就此事向张仑请教，筮得雷水解卦䷧，无动爻，取其彖辞解断。张仑收椟匣而祝贺说：“没有忧虞。渠魁将掉头，怎么会成为内应呢?”过了不过一旬，江西遂传来平息叛乱的捷报。到武宗南巡时，快要到浙江，浙江官员急忙聚敛诸方供品以待皇帝到来。方伯徐蕃令张仑占筮，起得天火同人卦䷌变为离卦䷝。徐蕃说：“同人为与人和同、亲辅之卦，应当速到浙南去迎接皇上。”张仑说：“不然。同人之卦体为乾，西北为其正位，现在皇上应该回去了(乾卦先天方位为南方，在后天方位中返归西北，应武宗从南来而将返归西北)。君主为至尊，岂能与一般人和同。况且同人卦九五爻辞说‘先号咷而后笑’，已经兆示了。大概是在纯乾之日吧?”以后果然如张仑所言

（宋人以《焦氏易林》之辞占卜金主亮南侵，占得解卦断其灭身，与此例可以参断）。

按：此例主要以卦象占断，兼用卦爻辞。解卦象辞说“动而免乎险”，所以说是“无虞”。“将授首”，是指解卦从升卦卦变而来，五为囹圄，升卦之九三爻升入四位，一阳孤进而变为坎卦，则必入狱。又解卦之象有甲坼意（故曰掉头）。

明御史张嵿蛊筮巡抚保定

明正德间，都御史张嵿奉敕巡抚保定，兼提督紫荆诸关，筮之，得屯䷂之六三。曰：“行‘无虞’官，何以‘即鹿’[①]，吾入林而已（屯六三：即鹿无虞，惟入于林中）。”时提学李梦阳在座，曰：“不然。三关，古巨鹿地也。急即之无虞者，不疑也。惟入林中，恐为彬所中耳。”后武宗西狩，江彬索璧、马、妇女，不应，驾临三关，迎驾军不至，罢职。

按：此专以动爻辞推。

注释：

①即鹿：与前之“无虞”皆取自屯卦六三爻辞。其辞曰：“即鹿无虞，惟入于林中，君子几不如舍，往吝”，是说君子逐鹿而无虞官作向导，结果进入山林中，逐鹿则不如舍之，再往前而有吝。即，追逐。虞，古时贵族入山林时作向导之人。

译文：

明朝正德年间，都御史张嵿奉敕巡抚保定，兼提督紫荆诸关，占了一卦，筮得水雷屯卦䷂，六三爻动。张嵿说：“前行而无虞官做向导，何以去逐鹿，我只是误入林而已（此取自屯卦九三爻辞‘即鹿无虞，惟入于林中’）。”当时提学李梦阳在座，李梦阳说：“不然。三关为古巨鹿之地。急逐鹿而无虞官，是说无须疑虑。惟迷入林中，恐为江彬所中。”之后明武宗西猎狩，江彬搜罗璧玉、宝马、美女而不给，驾临三关，大军不去保驾，遂被皇上罢职。

按：此专门以动爻爻辞推断。

明冢宰魏骥筮土木之变

明土木之变，南冢宰魏骥集同官上监国疏，会钱塘客陆时至善易，请筮之，得恒䷟之解䷧（恒三爻变）。骥曰："帝出之，不恒而承之羞[①]，固也（恒三爻辞）。乃变而负乘，寇将复至[②]，如之何（解三爻辞）？"客曰："既已负，帝乘矣，再至何害。所虑者，贞之则吝，徒守反咎耳（贞吝亦解三爻辞）！"骥曰："善！"乃易疏去。

次日客过，骥曰："昨筮，无大咎乎？"曰："大吉！"曰："何谓也？"曰："夫恒为大坎[③]（上下阴中阳，故曰大坎），而正当坎中[④]，所以陷也。然而恒互为乾（二至四），以一乾而巍然居三乾之间[⑤]，若无往而不为。君者，乃一变为解，则已解矣。且解之辞（彖辞）曰：'利西南'[⑥]。西南者，所狩地也；'其来复'，则还复也。夫恒者久也，日月得天而久照[⑦]（恒彖辞）。今解之互体则正当两坎互离之间，坎月离日，非日月幽而复明乎？'大明'，吾国号，非返国乎？只解有两坎两离，而上离未全，尚有待耳！"后寇果再至，以战得胜，英宗返国，如所占。

按：此用两卦辞，兼用两卦互卦。

注释：

①不恒而承之羞：此取自恒卦九三爻辞。其辞曰："不恒其德，或承之羞，贞吝"，是说不能恒守其德，因而有时会蒙受羞辱，则占问有咎。承，蒙受。

②负乘，寇将复至：此取自解卦六三爻辞。其辞曰："负且乘，至寇至，贞吝"，是说负物而乘车，必其物珍贵，不肯置之车上，此无意中

以物之珍贵告人，将招致贼寇来而劫夺之，艰难即在目前，故占问则有吝。

③恒为大坎：恒卦下爻和上两爻为阴，中间三爻为阳，有两阴包阳之象，故恒为大坎。

④正当坎中：恒卦变为解卦是恒之三爻动，恒为大坎，三居其中，所以说“正当坎中”。

⑤以一乾而巍然居三乾之间：恒之三爻动，三爻为阳，三爻之上、下两爻皆为阳，所以说一阳而巍然居于三阳之间。此处之乾为阳之意。

⑥利西南：此与下文之“其来复”皆取自解卦卦辞或彖辞。解卦辞说：“利西南。无所往，其来复吉。有攸往，夙吉”，是说利于往西南（无所往而返归则吉，如有所往，早行乃吉。

⑦日月得天而久照：此取自恒卦彖辞“日月得天而能久照”，是说日月运行有其永恒的规律，日月在天才能长久照耀万物。

译文：

明朝土木之变后，南冢宰魏骥召集同官联合给监国上疏，恰遇钱塘客人陆时至善于易筮，遂请陆时至占了一卦，筮得雷风恒卦变雷水解卦（恒卦三爻动爻）。魏骥说：“帝已出朝，不能恒守其帝王之政德而难免蒙受羞辱，这是本来的道理（此取自恒卦九三爻辞之意）。恒卦三爻动而变为解卦，解卦是说负物而乘车，寇贼将再次召至，怎么办呢（解卦六三爻辞之意）？”陆时至说：“既然已经负贵重物品，帝已乘车，再至又有何害？值得忧虑的是，守正则有小吝，徒然自守反而会有咎害（贞吝也是解卦三爻辞之意）！”魏骥说：“好！”于是换疏而去。

第二天陆时至经过，魏骥问：“昨日所占之卦，没有大过吗？”陆时至回答说：“非常吉利！”魏骥问：“怎么说呢？”陆时至答曰：“恒卦有大坎之象（恒卦上下为阴，中间涵阳，所以说恒为大坎），动爻正在大坎之中，坎为险、陷，所以说是险陷。然而恒卦二爻至四爻互体为乾卦，所动之爻以一阳而巍然居于三阳之间，好像是无往而不为。恒之互乾为君，三爻一变而成解卦，则已解矣。况且解卦彖辞说‘利西南’。西南为皇上被俘之地；‘其来复’，则皇上必还而复。恒卦有恒久之意，日月在天而能久照万物（此取自恒卦彖辞之意）。今解之互体离正在两坎和互离之间，坎为月，离为日，这不是说日月开始幽暗而会复明吗？‘大明’为我国之国号，日月久照而来复，这不是说要返国吗？解卦有两坎两离之象，而上之离未全，还要等待！”以后盗寇果然再次侵犯，战而胜之，英宗于是回朝。正如所占。

按：此例用两卦之卦辞来推断，兼用两卦互体之卦象来助断。

清毛西河筮出亡

毛西河少年出亡，筮之，遇节䷻之需䷄（节三爻变）。节者止[①]也，需者有待[②]也。节与需皆坎险在前[③]。然节三爻当互震（二至四互震），之柔而变为乾刚[④]，震则动，动而得刚，可以出险，经云“刚健而不陷”[⑤]是也（需彖辞）。顾亦惟刚健，故不陷，否则需矣，“致寇至”矣（需九三爻辞）。乃急行，而蹑[⑥]者果至，因匿海陵，越一月，曰“可出险矣”。经曰“利涉大川”（需彖辞），大川淮也，因过淮至山阳令朱君所，朱君集名士歌宴。先生念需象有饮食宴乐[⑦]语（大象语），憬然[⑧]会吾幸已出险，且宴乐矣。过此失位（需六爻语意），于是舍之去。

李刚主曰：按遇卦[⑨]之卦皆有水火既济之象（节二至五互大离，需三至五互离），是险可济也。兑缺[⑩]变乾，其身甚健，文明在体[⑪]（节三爻在大离中，需三爻在互离初），则后之举博学宏辞，与高年著述传世，皆见焉。

按：此偏重之卦，彖、象、爻辞并推，与朱子说相反。

注释：

①节者止：节为卦名。节之卦象似竹节，故卦中有蓍草竹杖之节义，又有节制、节省义，亦可以引申为止。

②需者有待：需从雨从而，而为天之隶变，故需与雨、天有关，有求雨、待雨之义，后引申为等待、需要之义。

③节与需皆坎险在前：节与需之外卦皆为坎，坎为险，有险于外、险于前之意，故节与需卦皆险难在前。

④之柔而变为乾刚：节之下卦为兑，兑为悦为少女为柔，节三爻动，其下卦兑变为乾，乾为刚，故曰节之下柔而变为乾刚。

⑤刚健而不陷：此为需卦彖辞。需卦上坎下乾，坎为险，乾为刚健，故虽有险于前，因为刚健而不去冒险，故不陷于险中。

⑥蹑：追随。

⑦饮食宴乐：需卦象辞说“君子以饮食宴乐”，故此处说需卦有饮食宴乐之义。

⑧憬然：忽然醒悟的样子。憬，觉悟。

⑨遇卦：即本卦。

⑩兑缺：兑卦为毁折，其卦有上缺之象，故兑为缺。

⑪文明在体：离为光为文明。动爻在节卦二爻至四爻之大离和需卦三爻至五爻之离中，所以说文明在体。

译文：

毛西河少年时出外逃亡，占了一卦，遇水泽节卦䷻变为水天需卦䷄（节卦三爻动变）。节有节止之义，需有待时之意。节卦与需卦皆是坎险在前，然而节卦第三爻正在节二爻至四爻所互之震中，节之兑柔而变为乾刚，震为动，动而得乾健之刚，故可以出险，这就是《易经》需卦彖辞所说的“刚健而不陷”。因为是刚健，故不致陷于险中，否则需待时，从而招致盗寇。毛西河于是急行，而追逐的人果然不久即至。毛西河藏在海陵一个月，才说可以脱离危险。需卦彖辞说“利涉大川”，大川是指淮河，于是毛西河渡过淮河而到山阳令朱君之住所，朱君召集名士歌女而宴乐。毛西河想到需有饮食宴乐之义，恍然醒悟，庆幸自己已脱离危险，并有宴饮之乐。过此则失位（需卦六爻象辞之义），于是舍之而去。

李刚主说：按本卦节、之卦需都有水火既济之象（节卦二爻至五爻互体为大离，需卦三爻至五爻互体为离），所以说险难可以度过。节卦之下兑缺而动变为乾刚，其身甚为强健，并有文明在体中之象（节卦三爻在大离中，需卦三爻在互离初），那么以后毛西河之有博学宏论，在年长时著作传世，在卦中皆可以显现。

按：此例推断偏重之卦，卦象、象辞、彖辞一并推断，与朱熹之说相反。

清纪晓岚筮乡举

纪晓岚先生幼时乡举，其师为筮，得困䷮之六三。师曰：“不吉！”先生曰：“不然。困六三云：‘困于石，据于蒺藜，入于其宫，不见其妻，凶[①]。’见[②]吾尚未娶，何妻之可见？‘不见其妻’者，莫之与偶也，恐中解元耳。‘困于石’者，或第二名姓名有石字或石旁也。”榜发。果第一，亚元则石姓也，第三名姓米，米字形象蒺藜。其神验如此。

按：此专以动爻辞占。

注释：

①困于石，据于蒺藜，入于其宫，不见其妻，凶：行路而被石绊倒，手抓在蒺藜之上，则其妻将被骗劫，入于宫室，不见其妻，凶险。

②见：同现，现在、目前。

译文：

纪晓岚少时参加乡试，他的老师为他占了一卦，筮得泽水困卦䷮，六三爻动。他的老师说：“不吉！”纪晓岚则说：“不然。困卦六三爻辞说：‘行路而被石头绊倒，手抓在蒺藜之上，则其妻将被骗劫，入于宫室，不见其妻，凶’。现在我尚未娶妻，有何妻可见？‘不见其妻’，是说无人能与我匹敌，恐怕要中解元。‘困于石’，是说第二名姓名中有石字或石旁。”

发榜之后，纪晓岚果中第一，亚元则属石姓之人，第三名姓米，因为米字字形象蒺藜。其断神验如此。

按：此例专以动爻爻辞来推断。

卷五　二爻动

二爻动

朱子曰："二爻变，则以本卦二变爻辞占，仍以上爻为主。"经传无明文，以例推之，当如此。

按：二爻动，经无明文，传记则数见也。朱子未详考耳。其占法亦不如朱子所言也。

译文：

朱熹说："一卦若有二爻动变，则根据本卦二变爻之爻辞来占断，而以上爻爻辞为主。"《周易》经传中无此明确记载。若以筮例来推测，则应当如此。

按：一卦二爻动变，《周易》古经中无明文记载，《左传》、《国语》等传记却有一些筮例。只是朱熹没有详尽考证罢了。关于二爻动变的具体占法跟以上朱熹所讲的亦不尽相同。

晋郭璞为王导筮国事安危

郭璞《洞林》云：岁在甲子正月中，丞相扬州令余卦安危，诸事如何，遇咸䷞之井䷯（二爻四爻变）。璞曰："案卦东北郡县有以武名者当出铜铎[①]六枚，一枚有龙虎象，异祥。兑为金（咸外卦兑），金有口舌（兑为口舌），来达号令者铜铎也。山陵神气出此，则丞相创以令天下，见在丑地[②]（丑东北方），则金墓也。起之以卦为推立之，应晋陵武进县也。

又当犬与猪交者（井卦世在五爻，五爻主戌，应在二爻，二爻主亥，戌狗亥猪，又居世应[③]，有相交象），狗变入居中，鬼与相连[④]，其事审也（井五爻戌当坎卦之中，坎象为豕，下四爻申金于井六亲值官鬼，同在外卦，故曰相连。狗居坎中画，与犬豕交事相应，下又与鬼连，故曰其事审，言不讹也）。戌亥世应，土胜水（戌土亥水），二物相交，象吾和合为一体，此丞相雄有江东也。

民当以水妖相惊，岁在水位（甲子，子属水）。水爻复变成坎[⑤]（咸九四主亥变井六四为坎，故曰水爻复成坎），当出大水之象，以此知其灵应。巽木成言[⑥]（古有以艮为言者，咸内卦艮变为巽，井内卦巽亦可变为艮，故曰巽木成言），果又妖生（艮为果蓏，而二爻主午鬼，故曰妖生）。二月变为鬼，戌土所克，果无他。水乃金子（金生水，故对金为子），来扶其母（咸世在三爻申金，金本生水，而下二爻动午火变亥水，上四爻动亥水变成坎，重重水动，故曰来扶），是亦丞相将兴之象也。

西南郡县有阳名者，井水当自沸。卦变入井内（即午变亥，亥变坎，皆井水，故曰卦变入井），丙午变而犯升阳[⑦]，故知井涌也（咸二爻午火变井二爻亥水，水自火来，故曰升阳，故知井涌），于分野应在历阳。

虎来入州城市，兑者，虎出山而入门阙[⑧]（艮为虎、为门阙，而上为兑，兑者虎张口入门阙）。正月，戌为天煞（寅木克戌土），即刺史宅。虎属寅，与月（寅正月）并而来，此大人将兴之应（云从龙，风从虎[⑨]。又豹变虎变[10]，亦大人将兴之应）。

东方当有蟹、鼠为灾，食稻稼。有离体（井三至五互离），眼相连之象，艮为鼠，又煞阴在子，子亦鼠（此子似指井上爻），而岁子来寅卯，故知东方有灾。"

其年晋陵郡武进县民陈龙果于田中得铜铎六枚。言六者，用坎数也（后天卦配河图）。铜者，咸本家（即本宫）兑[11]故也。口有龙虎文，又得者名龙，益审。陈土性，金之用（土生金），进者乃生金也。丹徒县流民赵子康家有狗与吴人猪相交，其年六月天连雨，百姓相惊。妖言云："当有十丈水，翕然骇动。"其明年丑岁六月十五己未日未时，历阳县井水沸涌，经日乃止。阴阳相感，各以其类，亦金水之应也。六月，虎来州城浴井中。秋，吴诸郡皆有蟹、鼠为灾。鼠为子，子水，蟹亦水物，皆金之子，而晋主遂登祚[12]也。

此论一岁异事，略举一卦之意。惟不得（言未占得也）腊中行刑有血逆之变。将推之不精，亦自无征，不登于卦乎？死者，晋陵令淳于伯也（又狗变入居中者，艮为狗变巽，又值官鬼，故曰鬼与相连，义亦通）。

按：此以纳甲推，兼用互体。其可解者分注于下，其不能解而字句或有错误者仍之也。《仲氏易》曰："铜铎之出以贞，咸也。井之沸以悔，井也。"咸内为艮，艮东北之卦也。其名武者，以上兑在右，武位也（兑在西方）。其出铎者，兑为金，与互乾金合，而乾数六[13]（九宫西北六数[14]），故得六铎。且互乾为天，互巽为命[15]，此天命也，故曰此受命之符也。若井则二四互兑，三五互离，离兑为西南，郡县而南为阳方，故亦有阳名。乃以下巽与互兑为金木之交，上坎与互离为水火之际，木间金得火而上承以水，此非薪在釜下得火而水乃沸乎？且四正相躔[16]，乾丽坤域，非受命而何？

按：毛西河只引《晋书》所记，似未见《洞林》原文。六铎等义本文皆自释之，如毛释金属之器多矣，何以知其必出铎？又释武义尤穿凿。然解水沸义亦精，惟阳义仍未惬[17]。故备录之，以资参考。

甲子年寅月占：

咸			井		
父母	丁未 - -	应	父母	戊子 - -	
兄弟	丁酉——		妻财	戊戌——	世
子孙	丁亥——		官鬼	戊申 - -	
兄弟	丙申——	世	官鬼	辛酉——	
官鬼	丙午 - -		父母	辛亥——	应
父母	丙辰 - -		妻财	辛丑 - -	

注释：

①铜铎：古代宣布政教法令时或有战事时用的器具。咸外卦为兑，兑为金，故知其为金属之物；又兑为口舌，故知可发声响，可发声响的金属之物当为钟、锣、铎之类。又占者为丞相，则可推知为与传达号令有关之物，故知为铜铎。

②见在丑地：按纳甲筮法，金之墓在丑，丑为东北方，故知铜铎当藏于东北方，而发现于东北方。

③世应：依纳甲筮法，世与应之间有一定的应对关系。井卦世在戌，应在亥，戌为狗，亥为猪，故知犬与豕交。

④狗变入居中，鬼与相连：戌狗居变卦井上卦之中，下与戊申官鬼相连，故曰“狗变入居中，鬼与相连”。

⑤水爻复变成坎：咸卦九四丁亥爻动变而成井卦之上坎，亥为水，坎亦为水，故曰“水爻复变成坎”。

⑥巽木成言：咸内卦二爻动由艮变为巽，井内卦二爻动亦可由巽变为艮，艮为言（见“成言乎艮”），故曰巽木成言。

⑦丙午变而犯升阳：咸卦二爻阴爻动变为阳爻，况咸二爻之丙午变为井二爻之辛亥，午为阳，亥为阴，阴自阳来，故曰升阳。

⑧虎出山而入门阙：此当据咸卦而得。兑为虎，艮为山又为门阙，故曰“虎出山而入门阙”。但兑为虎、艮为虎之说不见于《说卦》，也未见于其他典籍，此不知据何而来。

⑨云从龙，风从虎：此引自《文言》。云为水气，龙为水中之物，云龙同类，感气而致，故为“云从龙”。风为震动之气，虎为威猛之兽，虎啸风生，故为“风从虎”。两者都有威猛之义，故引为大人将兴。

⑩豹变虎变：此引自革卦爻辞。革卦九五曰“大人虎变”，说大人象老虎一样威猛；革卦上六爻曰“君子豹变”，说君子像豹子一般迅疾。两者亦皆有大人威猛之义。

⑪咸本家兑：即咸本宫为兑。依纳甲筮法，咸卦为兑宫三世卦。

⑫登祚：登临帝位。祚，皇帝的职位。

⑬乾数六：在后天八卦数中，乾数为六。

⑭九宫西北六数：九宫，即以后天八卦方位为八宫，加中央一宫，是为九宫，九宫多与洛书之数相配。所谓“洛书盖取龟象”，即“载九履一，左三右七，二四为肩，六八为足”。在九宫中，乾居西北，其数为六，故此处称九宫西北六数。

巽四	离九	坤二
震三	中五	兑七
艮八	坎一	乾六

图一　九宫图

⑮巽为命：此不见录于《说卦》，不知何据。

⑯四正相躔：东南西北轮流运行。四正，即东、南、西、北。躔，践，日月星辰的运行。

⑰惬：恰当。

译文：

郭璞《洞林》载：甲子年正月中，丞相扬州王导令我用卦决断安危以及之后诸事如何，遇得泽山咸卦䷞变为水风井卦䷯（咸卦二爻、四爻动变而来）。郭璞占断说：“从卦上来判断，东北以‘武’命名的郡县中当出六枚铜铎，其中一枚有龙虎之纹饰，兆示异样的祥瑞。咸卦外卦兑为金，兑又为口舌，是金属又可传达号令的必定是铜铎。山陵之神气即从这里产生，丞相您可以此号令天下。铜铎当出现在东北方，因为金之墓库在丑，丑为东北方。从所起之卦来推断，应当在晋陵的武进县。

还会发生狗与猪相交之事（井卦世爻在五位，五爻为戌，应爻在二位，二爻为亥，戌为狗，亥为猪，各居世应，故有相交之象），戌狗变而居井上卦坎之中爻，下与戊申官鬼相连，亦知必有其事（井卦五爻戌狗居井之上卦坎之中，坎为豕，戌狗之下四爻申金在六亲中为官鬼，同居外卦，所以说与鬼相连。戌狗居坎之中爻，也与犬豕相交事相应，下又与官鬼相连，所以说确有其事，不是讹误）。世为戌，应为亥，戌土克制亥水，二物相交，象征和合为一体。这是丞相雄居江东之象。

百姓当受大水、妖言之惊惑，因为岁居水位（岁在甲子，子属水）。咸卦九四丁亥之水爻又变成坎水（咸卦九四爻亥水动而变成井卦上之坎水），有当出大水之象。据此知其灵妙、应验。巽木而成妖言（古有以艮为言之说，咸内卦艮变为巽，井内卦巽亦可变为艮，所以说巽木成言），果然又有妖怪产生（艮为果蓏，咸动爻丙午为官鬼，鬼为妖、邪，故曰妖生）。二月变为鬼，戌土受克，果无异事。水乃金之子（金可生水，故水对金为子），来扶其母（咸卦世爻居三位申金，金本生水，而世之下爻午火变为亥水，上四爻丁亥水动又变为坎水，重重水动，所以说来扶），也是丞相将兴之象。

西南方带‘阳’的郡县中，井水当自己沸腾。卦变为井水（即丙午变为亥水，亥动又变为坎水，皆属井水，所以说卦变入井），丙午变而为升阳，故知井水当自汹涌（咸卦二爻丙午之火变为井卦二爻辛亥之水，水从火中变来，故曰升阳，故可推知井水当自涌）。从其分野来看，当在历阳县。

老虎来进入州城。卦中有兑，有虎出深山而入城门之象（艮为虎，又为门阙，而艮之上又为兑，兑有老虎张口之象，故可推知老虎张口而人城门）。正月，戌为天煞（寅木克制戌土），虎则近刺史宅。寅为虎，正月亦为寅，虎与月并而来，此也是大人将兴之兆应（‘云从龙，风从虎’，又有豹变、虎变之威，也是大人将兴之象）。

东方当有螃蟹、老鼠为害，吞食稻米、庄稼。卦中有离（井卦三爻至五爻，互体为离卦），离为蟹，艮为鼠，两者相连，又阴煞在子，子亦为鼠（此子鼠似是指井卦上六之子），而太岁又为甲子，子之后为寅卯，寅卯居东方，故知东方有灾。”

这一年晋陵郡武进县民陈龙果然在田中掘得六枚铜铎。之所以说是六枚，是用坎卦之数六（后天卦配河图）。之所以说铜铎，因为咸卦属兑宫三世卦，兑为金。铜铎口中有龙虎之纹，又掘得之人名陈龙，则更加确证此事。陈属土性，有生金之功用（土能生金），进献铜铎亦即生金之义。丹徒县流民赵子康家之狗与吴人之猪相交，这一年六月雨水不断，百姓大惊。并有妖言惑众，说“当有十丈之大水”，众人翕然骇动。第二年乙丑岁六月十五己未日未时，历阳县井水沸腾汹涌，经日乃止。阴阳相互感应，各以其类而感之，亦有金水之应。六月，老虎入州城浴井水之中。秋天，吴诸郡县都有螃蟹、老鼠为害。鼠为子，子为水，螃蟹亦为水中之物，皆属金所生之子水，而晋主遂登临帝位。

这是举一卦而论一年中之奇异之事。只是没有占得腊月中行刑时有血逆之灾。说推断不精确，卦中本无征兆，大概是卦中没有显示吧？被杀死的是晋陵令淳于伯（又戌狗动变而居坎水之中，艮为狗变巽，又值官鬼，鬼与死魂通，故曰与鬼相连，此与淳于伯之死亦通）。

按：此例以纳甲法推断，兼用卦中之互体。其中可解的在后面已做了分注，其中不可解的或字句有错讹的仍依其旧。《仲氏易》说：“铜铎之出是以本卦咸来推断，井水之沸是以之卦井而得来。”咸内卦为艮，艮为东北之卦。县名有“武”字，是因为咸之上兑在右，右为武位（兑在西方）。其可出铜铎，是因咸之上兑为金，下与互体乾金相合，而乾金为六数（在九宫方位中乾居西北为六数），所以说得六铎。况且互体之乾为天，咸二爻至四爻所互之巽为命，此亦为天命之征，所以说这是授受天命的符瑞。至于井卦，则二爻至四爻互体为兑卦，三爻至五爻互体为离卦，离为南，兑为西，离兑为西南，南边的郡县为阳，故亦有“阳”字之名。再以井之下巽与井之互兑为金木之交，井之上坎与井之三至五所互之离为水火之际，木间金下有火烧之而上承以水，这不就是薪在釜下得火烧之而上之水沸腾吗？且四正相互轮转，乾日在坤域照耀，这不是君子授受天命又是什么呢？

按：毛西河此处只是引用《晋书》所记之事，似未见到《洞林》原文。六铎等义本文已自注释，如毛西河所释之金属很多，何以推知所出必为铜铎？又毛西河解释“武”之义已有附会之嫌。然而毛氏解井水沸腾之义非常精当，只是释“阳”之义似未妥当。因而全部著录，以供参考。

其纳甲卦图为：

甲子年寅月占：

父母	丁未 - -	应	父母	戊子 - -	
兄弟	丁酉——		妻财	戊戌——	世
子孙	丁亥——		官鬼	戊申 - -	
兄弟	丙申——	世	官鬼	辛酉——	
官鬼	丙午 - -		父母	辛亥——	应
父母	丙辰 - -		妻财	辛丑 - -	
	咸			井	

晋郭璞避乱筮诣阳泉

郭璞与戚朋避难至淮南安丰，卜住不吉，卜诣松滋、卜诣合肥皆不吉，卜诣阳泉，得小过䷽之坤䷁。其林曰：“小过之坤卦不奇，虽有旺气变阳离（原注：卜时立春，其气变入，坤中气废[1]）。初见勾陈被牵羁[2]，暂过则可羁不宜。将见劫追事几危，赖有龙德终无疵（原注：十二月龙德在艮，凡有月德终无患）。”于是诸计不可，伴人悉散，乃独往阳泉，而留安丰、松滋、合肥者皆不得全。未几，阳泉亦有事，登时惶虑，复往庐江，所谓暂过则可、羁不宜也（小过世主午火，立春入寅月，寅木生午火，故曰有旺气）。

按：此以纳甲法就筮时月日推。月丑日戊，故初值勾陈，四爻世临玄武，勾陈主羁累，故曰将被牵羁。玄武主盗贼，故曰见劫追。

小过	坤
父母　庚戌- -	兄弟　癸酉- -
兄弟　庚申- -	子孙　癸亥- -
官鬼　庚午——　世	父母　癸丑- -
兄弟　丙申——	妻财　乙卯- -
官鬼　丙午- -	官鬼　乙巳- -
父母　丙辰- -　应	父母　乙未- -

注释：

①坤中气废：占卜时立春则入寅月，寅月木旺，木旺则土衰，故坤中土气衰废。

②初见勾陈被牵羁：依纳甲筮法，若在戊日占筮，则初爻临勾陈，二爻临螣蛇，三爻临白虎，四爻临玄武，五爻临青龙，上爻临朱雀，所以此处说“初见勾陈”。勾陈主牵扯、羁绊，故此处说“被牵羁”。

译文：

郭璞与亲戚朋友一同到淮南安丰避难，占卜住安丰不吉利，占卜到松滋、合肥亦皆不吉，再占卜到阳泉情况如何，起得雷山小过䷽变为坤䷁。其林辞曰：“小过卦变为坤卦不为奇异，虽有木旺之气则坤卦土气已离（原注：卜时已入立春，其气变为木气主事，坤中土气衰竭）。初爻临勾陈主将有事牵羁，暂时过去则可而羁留不宜。将要见到劫掠追捕之事而非常危险，赖有龙德保佑而最终无灾疵（原注：十二月龙德在艮，凡有月德终无患害随身）。”于是诸计皆不能实行，追随之人都四散逃离，于是独自前往阳泉，而留住安丰、松滋、合肥的人皆未得全。没过多长时间，阳泉亦有事发，顿时惶惑忧虑，又到庐江，这就是所谓暂过则可、羁留不宜（小过卦世爻为午火，立春后入寅月，寅木生午火，午火旺相，故曰世有旺气）。

按：此例以纳甲筮法按筮时之月日来推断。在丑月戊日占断，故初爻临勾陈，四爻世主临玄武，勾陈主羁绊、牵累，所以说被牵羁。玄武主盗贼等暗昧之事，所以说将见劫掠追捕之事。

其纳甲卦图为：

父母	庚戌- -		兄弟	癸酉- -
兄弟	庚申- -		子孙	癸亥- -
官鬼	庚午——	世	父母	癸丑- -
兄弟	丙申——		妻财	乙卯- -
官鬼	丙午- -		官鬼	乙巳- -
父母	丙辰- -	应	父母	乙未- -
	小过			坤

晋郭璞为顾士群筮母病

顾士群筮母病，得归妹䷵之随䷐。郭景纯谓秋必亡。盖母主仁，木也[①]。卦内兑变震，外震变兑，木皆克于金（兑金震木，金克木），生气尽矣。后果死。

按：震木变兑金，是木往被克也。兑金变震木，是金往克木也。至秋而金王，木益衰矣，故曰至秋必亡。

按：此专以五行推。

注释：

①母主仁，木也：古有母亲仁厚、慈爱之说，故曰“母主仁”。古人又把五行与五常相配，即木主仁、金主义、火主礼、水主智、土主信。木之性为仁，故此例以震木代指其母。

译文：

顾士群占筮母亲之病情，起得雷泽归妹䷵变为泽雷随䷐。郭景纯占断说，到秋天其母必死。因为母主仁慈，木主仁，故以震木代指其母。本卦归妹内之兑变为震，外之震变为兑，木皆被金克制（兑为金，震为木，金克木），木被克则生气耗尽。以后其母果然死去。

按：归妹之震木变为兑金，是木往而被金克制。归妹之兑金变为震木，是兑金前去克制震木。至秋而兑金旺相，金克木，木气更加衰微，所以说其母至秋必亡。

按：此例专以五行来推断。

晋郭璞为顾球筮姊病

晋扬州别驾顾球姊生十年便病，至年五十余令郭璞筮，得大过䷛之升䷭。其辞曰："大过卦者义不嘉[①]，冢墓枯杨无英华。振动游魂[②]见龙车，身被重累婴妖邪。法由斩祀杀灵蛇，非己之咎先人瑕。案卦论之可奈何。"球乃迹访其家事，先世曾伐大树，得大蛇杀之，女便病。病后有群鸟数千回翔屋上，人皆怪之，不知何故。有县农行过舍边，仰视，见龙牵车，五色光烂，其大非常，有顷遂灭。

按：此亦以纳甲推，兼易义。"冢墓枯杨无英华"者，言世亥变为丑，丑为亥墓[③]，土克水，无水何能生本宫之木，故曰"枯杨无英华"。"振动游魂见龙车"者，言世居游魂之位，从震卦变至五爻，又从五爻退后变至四爻，则上卦仍为震，故曰"振动游魂"。又震为龙为车，故曰"见龙车"。"身被重累婴妖邪"者，言身未变升酉鬼，而未土生酉金，故鬼不去身也。"法由斩祀杀灵蛇"者，言世值亥，亥冲巳，巳为蛇[④]，故决其曾斩蛇。但龙车系已往卦象，故又决其先人所为，而曰非己之咎也。

妻财	丁未- -	身		官鬼	癸酉- -	
官鬼	丁酉——			父母	癸亥- -	变
父母	丁亥——	世		妻财	癸丑- -	变
官鬼	辛酉——			官鬼	辛酉——	

父母　辛亥——　　　　　　父母　辛亥——
妻财　辛丑－－　应　　　　妻财　辛丑－－
　　　大过　　　　　　　　　　　升

注释：

①大过卦者义不嘉：大过意味大的过失，所以说大过卦卦义不嘉美。

②游魂：指八宫卦所属第六卦。由卦变看，八宫卦所属各卦皆发生爻变，由初爻变至五爻变，称作一世卦至五世卦。第六卦时，五世卦中的第四爻变回本宫卦中的第四爻象，是为游魂卦。

③丑为亥墓：此似有误。依纳甲筮法，亥水之墓当为辰。

④巳为蛇：依地支配十二生肖，巳为蛇。

译文：

晋扬州别驾顾球的姐姐长到十岁时突然大病，至五十多岁时令郭璞用《周易》占筮，起得泽风大过䷛变为地风升䷭。郭璞占断说："大过卦的卦义并不嘉美，坟墓旁的枯杨失去英华。游魂卦振动看见龙车，身受重累，孩童时便被妖邪缠身。原因是先祀杀过灵蛇，这不是个人的过错，而是先人的缺失。从卦上来看，没有什么好办法。"顾球于是仔细搜访其家事，遂知自己的先人曾伐过大树，得到一条大蛇并将其杀死，其姐于是得病。得病之后曾有几千只鸟在其屋上盘旋飞翔，人们都很奇怪，不知是什么缘故。曾有本县的农夫从其房屋边走过，抬头观看，发现天空中有龙牵引灵车，色彩斑斓，非常巨大，过了好一会才消失。

按：此例亦是按纳甲筮法来推断，并兼取《周易》卦辞之义。"冢墓枯杨无英华"，是说世爻亥水变为丑土，丑为亥墓，丑土克制亥水，水难旺，无水则不能生本宫之木，所以说"枯杨无英华"。"振动游魂见龙车"，是说世爻居游魂之位，下卦变为震后卦变到五爻，再从五爻退回再变四爻，则上卦仍为震卦，震为动，所以说，"振动游魂"。震为龙，又为车，所以说"见龙车"。"身被重累婴妖邪"，是说身爻之未变为升卦之酉金官鬼，而未土生酉金，所以说酉金官鬼不离身。"法由斩祀杀灵蛇"，是说世爻值亥水，巳亥相冲，巳为蛇所以说曾斩过灵蛇。但震之龙车系已变过之卦象，所以断为其先人所为，并不是自己的咎过。

其纳甲图为：

大过				升		
妻财	丁未- -	身		官鬼	癸酉- -	
官鬼	丁酉——			父母	癸亥- -	变
父母	丁亥——	世		妻财	癸丑- -	变
官鬼	辛酉——			官鬼	辛酉——	
父母	辛亥——			父母	辛亥——	
妻财	辛丑- -	应		妻财	辛丑- -	

齐文宣筮位

齐文宣筮位，得乾☰之离☲。宋景业曰：“乾，君也，天也，变得离，五月受命[①]也。”

按：此亦不以辞推。

注释：

①五月受命：乾变为离，乾为天为君，有国君受天命之象。离为南方主夏季，夏五月火最旺，故多以离主五月，所以说“五月受命”。

译文：

齐文宣筮官位，起得乾☰变为离☲。宋景业占断说：“乾为君为天，变为离卦，离主五月，当在五月授受天命。”

按：此例也未用卦爻辞来推断。

唐崔群筮寇乱

唐相国崔群之镇徐，尝以《焦氏易林》自筮，遇乾☰之大畜☶。其繇曰："典册法书，藏在兰台。虽遭乱溃，独不遇灾。"[①]及经王智兴之变，果除秘书监（大畜疑大过之误。大过繇辞云："栋桡，利有攸往，亨"[②]，与辞相应。若大畜则无涉也）。

按：繇辞皆与易辞无涉。

注释：

①典册法书，藏在兰台。虽遭乱溃，独不遇灾：此林辞乃《焦氏易林》大过静卦之林辞，非乾之大畜之林辞。此处似有误。此林辞是说：国家的典籍和法律之书，收藏在兰台，虽遭溃乱，但终未受损害。

②栋桡，利有攸往，亨：房屋栋梁因负重过多而弯曲，宜于有所往，亨通。此意与《焦氏易林》大过之林辞似相通。

译文：

唐相国崔群镇守徐州，曾经用《焦氏易林》为自己占筮，起得乾为天☰变为山天大畜☶。其林辞说："国家的典籍和法律之书收藏在兰台，虽遭溃乱，却终未受损。"等到遇王智兴之事变，果授秘书监（此处之大畜疑为大过之误。大过卦繇辞说："房屋栋梁因负重过多而弯曲，宜于有所往，亨通"，与《焦氏易林》大过之林辞相应。若是大畜卦，则两者没有联系）。

按：《焦氏易林》之林辞皆与《周易》卦爻辞无关。

五代刘龚筮国祚长短

五代南汉刘氏传：初，刘龚时尝召司天监周杰筮之，遇复☷之丰☳。

龚问曰："享年几何?"杰曰："凡二卦皆土为应，土之数五，二五十也。上下各五，将五百五十五乎?"及刘长之亡，果五十五年。盖杰举成数以避一时之害尔。

按：此亦以纳甲法推。纳甲法复世在初爻属子，应在四爻属丑，丰世在五爻属申，应在二爻亦属丑，丑为土，故曰"两卦皆土为应"。土于九宫数五[①]，合上下共三五也。

复				丰			
子孙	癸酉	- -		兄弟	庚戌	- -	
妻财	癸亥	- -		子孙	庚申	- -	世
兄弟	癸丑	- -	应	父母	庚午	——	
兄弟	庚辰	- -		妻财	己亥	——	
官鬼	庚寅	- -		兄弟	己丑	- -	应
妻财	庚子	——	世	官鬼	己卯	——	

注释：

①土于九宫数五：九宫中间之数为五，土居于九宫之中，故此处说土于九宫数中为五。

译文：

《旧五代史》南汉刘氏传：初，刘龚曾召司天监周杰占了一卦，起得地雷复䷗变为雷火丰䷶。刘龚问道："刘氏能享有国家多少年呢?"周杰回答说："此两卦都以土为应爻，土之数为五，二五为十。上、下各有五，将要享国五百五十五年吧?"到刘长亡国，果正好五十五年。周杰大概举成数是为避免当时被害。

按：此例亦是依纳甲法来推断，依纳甲法，复卦世在初爻为庚子，复之应在四爻为丑，丰卦世在五爻为庚申，丰之应二爻亦为丑，丑为土，所以说两卦皆以土为应。土在九宫数之中为五，合上、下两土之五共计三五之数。

其纳甲卦图为：

子孙 癸酉－－　　兄弟 庚戌－－
妻财 癸亥－－　　子孙 庚申－－ 世
兄弟 癸丑－－应　　父母 庚午——
兄弟 庚辰－－　　妻财 己亥——
官鬼 庚寅－－　　兄弟 己丑－－ 应
妻财 庚子—— 世　　官鬼 己卯——
复　　丰

宋崔相公筮脱虎口

《易林纪验》云：宣和末，长庆崔相公任福州日，其时晏清无事，思此圣书，虔诚自卜，得大过☱卦。云："典册法书，藏在兰台。虽遭乱溃，独不遇灾。"之遯☰卦，辞曰："坐席未温，忧来扣门。逾墙北走，兵来我后，脱于虎口。"①其时卜后十日州乱，崔相公逾墙而出，家族不损。无事归京。乃知此书贤人所制，初虽难会，后无不中。

按：大过繇辞云："栋桡，利有攸往，亨。"故《易林》曰"不遇灾"云云，遯繇辞云："遯：亨小，利贞"②，故《易林》曰"逾墙北走"、"脱于虎口"云云。

注释：

①"坐席未温"句：此引自《易林》大过之遯的林辞，是说：刚刚坐下席尚未坐暖，就有忧患入门来，慌忙越墙北逃，兵卒就在后边追，最后终于脱离虎口。

②"遯：亨小，利贞"：遯，少有亨通，宜于占问。

译文：

《易林纪验》载：宣和末年，长庆崔相公在福州任职期间，天下清平无事，常思《周易》这部圣书之伟大，于是虔诚静虑，自己占了一卦，起得泽风大过卦䷛。其林辞说：“国家的典籍和法律之书，收藏在兰台，虽然遭受溃乱，但却独未受损。”动而变为天山遯卦䷠，其林辞说：“刚刚坐下席尚未坐暖，就有忧患入门来，慌忙越墙向北逃，兵卒就在后边追，最后终于脱离虎口。”卜后十天福州大乱，崔相公越墙而逃，家族未受损害，回京后也无灾事。于是始知《易林》一书为贤人所精制，开始虽然难以理会，熟炼之后则占无不中。

按：大过卦卦辞说：“房屋之栋梁因为负重过多而弯曲，利于有所前往，亨通”，所以《易林》说“不会遇到灾害”等辞。遯卦卦辞说“少有亨通，宜于守正”，所以《易林》说“越墙北逃”、“脱离虎口”等辞。

宋人筮金主亮入寇当死

绍兴末，金主亮入寇时，时有人以焦赣[①]《易林》筮，遇解䷧之大壮䷡。其辞曰：“骄胡火形，造恶作凶。无所能成，遂自灭身。”其亲切应验如此，虽天罡、淳风不能过也。开辟以来，惟亮可以当之。延寿著书，何以知后世有亮也。

按：《解·象》云“险以动”，《大壮·象》云“刚以动”。震动坎险，故曰“险以动”。震动乾刚，故曰“刚以动”。震为雷为电为火，而解又互火形，而解内卦坎，三至五互坎，重重险象，而变为大壮之互兑，兑毁折，故曰“无所能成，遂自灭身”。

注释：

①焦赣：即焦延寿，西汉梁（今河南商丘）人，其《易》说“长于灾变，分六十四卦更值日用事，以风雨寒温为候，各有占验”。焦氏在汉易中的地位，在于上承孟喜，下启京房，使以卦气说为中心的汉易象数学得以发展，并产生深远影响。著有《易林》十六卷，亦称《焦氏易林》。另有《易林变占》十六卷，已佚。

译文：

绍兴末年，金主完颜亮向南进犯，当时宋有人用焦延寿所著之《易林》占筮，起得雷水解䷧变为雷天大壮䷡。其林辞说："骄横的胡人有火一样的形貌，恶事作尽，却无所能成，最后还将自己毁灭。"此后诸事应验丝毫不爽，即使袁天罡、李淳风亦不能超过。自著书以来，只有金主完颜亮才能当此林辞。焦廷寿当时著书时怎么会知道后世有个完颜亮呢。

按：《解·象》说"险中以求动"，《大壮·象》说"刚强而动"。解卦之上震为动，下坎为险，所以说"险中求动"。大壮卦之上震为动，下乾为刚强，所以说"刚强而动"。震为雷为电为火，解卦二爻至四爻互体又为离卦，离有火形，而解之内卦为坎，三爻至五爻又互体为坎，双坎为重重险难之象，又变为大壮之互体兑卦，兑为毁折，所以说"无所能成，遂自灭身"。

清李刚主筮南行

李刚主曰：丁丑之岁，郭子坚招予南行。子固且为余谋南中置侧室生子，因筮之，遇大畜䷙之中孚䷼，当时亦意为吉卦。然未知占法，未了然也。后学《易》，拟为繇曰：是谓"不家食，吉，利涉大川"也（大畜繇辞）。兑之口舌（二至四互兑），食于宫阙（艮为宫阙），故曰"不家食"。乘木而风顺，以行泽上（巽为木为风，兑为泽），故曰："利涉大川"（中孚彖辞）。以此南往，有孚而吉焉。且是往也，所畜至大。老阳变动，遂之少女（乾变兑，兑少女），是置下妻乎？其属为豕（辞曰"豚鱼包鱼"者，置妻也）。长男生芽，我震而进，主艮而止。男之生也，遂以寅岁。

按：此同以辞占，而不必动爻。

译文：

李刚主说：丁丑年，郭子坚招我到南方去。他固执地坚持为我在南方置侧室以求生子，于是占了一卦，起得山天大畜☶☰变为风泽中孚☴☱，当时也认为是吉利之卦。然而未知具体的解占之法，对以后所发生的事情并不了然。以后学习《周易》，才知道繇辞所说“不在家吃饭，吉利，利于过大河”指的是什么。大畜卦二爻至四爻互体为兑卦，兑为口舌，口舌能食，大畜之外卦为艮，艮为门阙，即食于外之门阙，所以说“不家食”。中孚卦上卦为巽，巽为木为风，因而乘木而风顺；中孚下卦为兑，兑为泽，所以说顺风乘船而行于泽上，故“利涉大川”。况且这一次前行，所获甚大。大畜之下乾变为中孚之下兑，乾为老阳为老男，兑为少女，有老男而逐少女之象，这不是说要聚妻吗？其生肖为猪（辞说“豚鱼包鱼”，也是说娶妻）。大畜之乾为我，大畜之三至五互体为震卦，震为动为长男，所以说我进为震，又大畜之外卦为艮，艮为少男，所以说必生男，生男之时当在寅年。

按：此例只是以卦辞来占断，而不必用动爻之辞。

卷六　三爻动

三爻动

朱子曰："三爻变则占本卦及之卦彖辞，以本卦为贞，之卦为悔。"

按：晋文公筮得贞屯䷂悔豫䷏，取两卦彖辞曰"利建侯"，与朱子《启蒙》说合，而又兼取卦体，则不执于一也。此外，皆与朱子说不甚合，盖筮法不能执一，执一则捍格①不通，变而通之，神而明之，存乎其人。

注释：

①捍格：相抵触。

译文：

朱熹说："一卦若有三爻动变，则根据本卦及之卦的彖辞来占断，并以本卦为主，以之卦为次。"

按：晋文公筮得国占得水雷屯䷂变为雷地豫䷏，是依据两卦彖辞"利建立侯国"来断，与朱熹《易学启蒙》之说相合，而又兼取卦体，则不能执于朱熹之一说。此外，其他筮例皆与朱熹之说不甚切合。因为筮法本不能执于一端，执于一端则必相互矛盾而难圆其说，只有根据具体情况而变通之，才能如鬼神般明鉴，神妙之易道也才能具存吾心。

晋重耳筮得国[①]

晋重耳筮得国，曰："尚有晋国?"（注：命筮之辞也）得贞屯䷂悔豫䷏，皆八[②]也（注：震在屯为贞，在豫为悔，八谓震两阴爻在贞在悔皆不动，故曰皆八，谓爻无为也）。筮史占之，皆曰："不吉。闭而不通[③]，爻无为也（震为动，动遇坎，坎为陷阻，闭塞不通，无所为也）"。

司空季子曰："吉。是在《周易》，皆'利建侯'（屯初九曰'利建侯'，豫大象曰'利建侯行师'[④]），不有晋国，以辅王室，安能建侯？我命筮曰：'尚有晋国?'筮告我曰：'利建侯'，得国之务也。吉孰大焉！

震车也（《易》坤为大车[⑤]，震为雷。今云车，老车亦动，声象雷，其为小车也。案《左传》辛瘳曰'震为土车从马'，是亦以震为车。盖震之卦象类车，且车亦发动之物，与震为动义合也），坎水也，坤土也，屯厚[⑥]也，豫乐[⑦]也。车班内外，顺以训之[⑧]（车震也，班遍也，遍外内谓屯之内有震，豫之外亦有震。坤顺也，豫内为坤，屯二至四亦为坤），泉原以资之（资，财也，屯三至五、豫二至四皆有艮象，屯上坎，豫三至五亦坎，艮山坎水，水在山为泉原，流而不竭），土厚而乐其实，不有晋国，何以当之（屯、豫皆有坤象，重坤故厚。豫为乐）？

震，雷也，车也；坎，劳也[⑨]，水也，众也（《易》以坤为众，坎为水，水亦众之类）。主雷与车（内为主也），而尚水与众（坎象皆在上，故上水与众）。车有震武（震威也，车声轩隆，象有威武），众顺文也（坤为众为土为文，象有文德，为众所归也）。文武具，厚之至也，故曰屯（屯厚也）。

其繇曰：'元亨利贞，勿用有攸往，利建侯[⑩]（繇，卦辞也。亨通也，贞正也，攸所也，往之也。小人勿用有所之，君子则利建侯行师）。主震雷，长也，故曰'元'（内为主，震为长男为雷，雷为诸侯，故曰'元'。元者，善之长[⑪]）。众而顺，嘉也，故曰'亨'。内有震雷，故曰'利贞'

(屯内有震。贾侍中云：‘震以动之，利也；侯以正国，贞也。利，义之和也；贞，事之干也’)。车上水下，必伯[12]（车震也，坎水也，车动而上威也，水动而下顺也，故知‘必伯’)。小事不济，壅也，故曰‘勿用有攸往’（壅，震动而遇坎，坎为险阻，故曰‘勿用有攸往’)，一夫之行也(一夫，一人也，震一索得男)。众顺而有武威，故曰‘利建侯’。

坤母也，震长男也，母老子强，故曰豫。其繇曰‘行师’，居乐出威之谓也(居乐，母在内也；出威，震在外也。居乐，故利建侯；出威，故利行师)。是两者得国之卦也。”

按：此用两卦繇辞，兼推两卦互体。“元亨利贞，勿用有攸往，利建侯”，屯繇辞也。“利建侯行师”，豫繇辞也。而韦注于屯引初九之“利建侯”不合也。《沙随筮法》云：晋文筮贞屯悔豫，初、四、五三爻动，初九无位而得民[13]，重耳在外之象。至豫则九四为众阴所宗[14]，震为诸侯，坤为国土，重耳得国之象。辞曰“朋盍簪”[15]，簪整发以装首，率诸侯以宗周之象。象辞“利行师”，一战而霸之象。

注释：

①此例引自《国语·晋语》。

②皆八：古人解“皆八”之说甚多，似多有不通之处，今人亦难解之，兹可阙疑待考（详参刘大钧著《周易概论》)。

③闭而不通：屯卦是震在坎下，豫卦是震在坤上，震为车，坎为险，坤为地，由屯变为豫是车在地的上面、在险难的下面，有行不通之象，故筮史皆曰“闭而不通”。

④利建侯行师：此为豫卦卦辞，而非豫卦象辞，是说宜于封建候国及用兵作战。

⑤坤为大车：《说卦》曰坤“为大舆”，所以说坤为大车。

⑥屯厚：屯本义为草木初生，一般引申为盈塞、聚集之义，此由盈塞、聚集引申为厚。

⑦豫乐：豫卦有安乐、娱乐之义。

⑧顺以训之：豫内卦为坤，屯卦二爻至四爻互体亦为坤，坤为顺，所以说顺以训之。

⑨坎，劳也：坎为劳不见于《说卦》。坎为水，水常流不息，故似可引申为劳。

⑩元亨利贞，勿用有攸往，利建侯：开始即亨通，宜于守正，不要有所往，利于建立侯国。是说人处险难之境，不可有所往；王处险难之境，利于建立侯国。

⑪元者，善之长：与下引“嘉也，故曰亨”、“利，义之和也”、“贞，事之干也”系引自《乾·文言》。《乾·文言》曰：“‘元’者，善之长也；‘亨’者，嘉之会也；‘利’者，义之和也；‘贞’者，事之干也”，是说元是众善的首长，亨是嘉美的会合，利是事物得体而中和，贞是做事的根本，君子只有行此四德，才能贞正固守足以成就事业。此亦是论证重耳可得国之义。

⑫必伯：伯通泊，古“伯”、“泊”字通用。屯卦下震上坎，震为车，坎为水，有震车泊于坎水中之象，所以下文说“小事不济”，必有壅阻。

⑬初九无位而得民：初爻为“元士”之爻，居一卦之最下位，有平民之义，此有重耳在外失位之象。

⑭九四为众阴所宗：豫卦只有九四爻为阳爻，其余五爻皆为阴爻，故九四有众阴所宗、统领一卦之义。

⑮朋盍簪：朋，朋友；盍，即合；簪，古代用来绾头发的针形首饰，此引申为连合、聚集。“朋盍簪”，即是朋友合聚之义，此引申为连合诸侯以宗周朝。

译文：

晋文公重耳筮占能否据有晋国，问“还能据有晋国吗?”（注：是为占问之辞），起得本卦为水雷屯卦䷂，之卦为雷地豫卦䷏，皆为八（注：震在屯为内卦，在豫为外卦，震卦二阴爻在内在外都未变，所以说皆八，是两爻未变动）。筮史占断，都说：“不吉利。闭塞而未顺通，是无所作为之卦（屯卦之下震为车，上坎为险，震为动，车动而遇坎之险阻，闭塞不通，所以说无所做为）。”

司空季子说：“吉。在《周易》，都为‘利于建立侯国’（屯卦初九爻说‘利于建立侯国’，豫卦卦辞说‘利于建立侯国，也利于行军作战’），如果不是拥有晋国，来辅助周王室，怎么能建立侯国呢？且我筮问说：‘还能有晋国吗？’是关于能否占有晋国之事。还有什么比这更吉利的呢！

震为车（《周易·说卦》坤为大舆，震为雷。今说震为车，是因老车亦动，动则其声象雷般隆隆而鸣，故曰震为小车。案《左传·闵公元年》辛廖说‘震为驾马的载土之车’，也是以震为车。大概震之卦象类车之形，况车亦为发动之物，与震为动之义相合），坎为水。坤为土，屯为厚实，豫为安乐。内外皆有车，柔顺而驯从（车为震，班即遍，遍内外是说屯卦之内卦有震，豫之外卦亦有震。坤卦为柔顺，豫内卦为坤，屯二爻至四爻互体变为坤），泉源来资助它（资即财，屯卦三爻至五爻、豫卦二爻至四爻互体皆为艮卦，屯上卦为坎，豫卦三爻至五爻互体亦为坎，艮为山，坎为水，皆为山上有水之象，水在山上为泉源，长流而不竭），坤土敦厚而乐享其实，不据有晋国，还有什么能当此呢（屯卦二爻至四爻互体为坤卦，豫内卦为坤，重重坤土故厚；又豫卦有安乐之义）？

震为雷为车，坎为劳为水为众（《周易·说卦》以坤为众，坎为水，水常流而不竭故劳，水亦属众多之类，故引申坎为劳为众）。主震为雷为车（内卦为主），而尚水与众（屯之坎象在上卦，所以说上有水和众）。车有震动威武之形象（震为威武，车声隆隆，故车有威武），坤为众为文为有文德之象（坤为众为土为文，象有文德，为众人所归顺）。文韬武略兼具，福厚之至，所以说为屯（屯为厚）。

屯卦繇辞说：‘开始即亨通顺利，宜于守正，不要有所前往，利于建立侯国’（繇辞即卦辞。亨为亨通，贞为守正，攸为所，往为前往。处险难之时小人不要有所前往，君子则利于建立侯国及行兵打仗）。主为震雷，震为长男为长，故曰‘元’（屯内卦为主，震为长男为雷，雷为诸侯，所以为‘元’。‘元为众善之首长’）。坤为众为顺，顺则嘉美，故曰‘亨’。内有震雷，所以‘利于守正’（屯内卦有震。贾待中说：‘震以动之则为利，诸侯以正国家则为守正。利是事物得体而中和，贞为做事的根本’)。车在上水在下，车必泊于坎水之中（车即震，坎为水，车动而上有武威，水动而下流顺，故知必泊于水中)。做小事难以成功，因为壅阻不前，所以说‘不要有所前往’（壅阻不前，是因为震车动而遇坎水，坎又为险阻，所以说‘不要有所前往’)，这是说一人之行小事（一夫即一人，系由震一索而得男谓长男，长男为夫得来)。众人归顺而又威武，所以说‘利于建立侯国’。

坤为母，震为长男，母老而长男壮，则母能安乐，所以为豫乐。豫卦繇辞说‘行兵打仗’，是说内居于安乐之地，外出而逞武威（居乐是坤母在内卦；出威，是指震威在外卦。居乐，故利于建侯；出威，故利于行师作战)。这两卦都是说能据有晋国。”

按：此例占断主要用两卦卦辞，兼两卦互体之卦来推断。“元亨利贞，勿用有攸往，利建侯”，为屯卦辞。“利建侯行师”，为豫卦卦辞。而韦昭之注屯卦所引初九爻“利建侯”与其义不合。《沙随筮法》说：晋文公筮得贞屯悔豫，初爻、四爻、五爻三爻皆动，初九爻无位而为民，是重耳失位在野之象。屯变为豫则九四独阳为众阴所宗，震为诸侯，坤为国土，有晋文公重耳复得国之象。豫卦九四爻辞说“朋友合聚”，理簪束发妆饰首部，有率诸侯以辅助周王朝之象。豫卦彖辞“利于行兵作战”，是说晋文公一战而为霸主。

晋筮悼公归国[1]

晋孙谈之子周适周，事单襄公，有贤德（注：周，晋悼公之名也。其父谈，晋襄公之孙)。襄公有疾，召顷公而告之曰：“必善晋周。其行也文，天地所祚，将得晋国。且吾闻成公之归也（成公，晋文公之庶子，初居周。赵穿杀灵公迎于周而立之，名黑臀)，晋筮之，遇乾☰之否☷。曰：‘配而不终，君三出焉[2]（乾初九、九二、九三变而之否也。乾，天也，君也，故曰配，配先君也。‘不终’，子孙不终为君也。乾下变而为坤，坤地也臣也，天地不交曰否。变有臣象，三爻故三世而终。上有乾，乾天子也，国也。三爻有三变，故君三出于周也）。一既往矣，后之不知，其次必此（一谓成公已往为晋君。‘后之不知’，不知最后者在谁也。‘其次必此’，次成公而往者，必周子也）。且吾闻成公之生也，其母梦神曰：‘使有晋国，三而畀欢之孙’（欢，晋襄公名也）。今周子正襄公孙也，而令德孝恭，非此其谁。且其梦曰‘必欢之孙’，实有晋国。其卦曰‘必三取君于是’。其德又足以君三袭（合也）焉，必当之矣。”顷公许诺。及厉公之乱，周子果入为君，是为悼公。

按：此以象推，不用辞。乾，天也，君也；坤，土也，国也。内乾变坤，则是天命之有国也，亦君而之国也。而三变则三次也。“配而不终”者，谓坤与乾配，至三而止（韦注谓配为配先君，疑非）。而三为诸侯，五为天子，周天子国不动如故（上乾不变），而侯之往有国（指坤）者，咸出自九五之下，是出自周也。而三出者，因乾初爻变、二爻变、三爻变，故决其三出也。

简言之，乾之坤是君而之国也。而上九五之乾如故，是君而之国者，皆出自周天子国之下也。而乾德阳，阳为君。[③]《周易》于乾每爻以龙为喻，是一爻变即一君出之国而取自周，二爻、三爻变亦然也。“不终”者，谓变不及九五之乾。韦注谓为子孙不终为君，义无取。

注释：

①此例取自《国语·周语》。晋成公原客于周，晋赵穿杀晋灵公，迎成公为晋君，当成公由周归晋的时候，晋人曾为此占了一卦，得乾之否，此即为其筮例。

②配而不终，君三出焉：《说卦》乾为天为君，天在上，君在下，所以乾上卦的乾为天，下卦的乾为君，有国君配天之象。但乾卦变为否卦，乾之下卦由乾变为坤，坤为臣，即由君变为臣，所以说“配而不终”。乾下卦三爻都由阳变阴，阳为君，阴为臣，所以又说“君三出焉”。此外，

“配而不终，君三出焉”古人多解，然难周全，似以此为佳。

③乾德阳，阳为君：乾为老阳之卦，且乾主刚健有为，故其德为阳。阳有君的积极向上之德，故亦以为君。

译文：

晋国孙谈之子孙周到周国，事奉单襄公而有贤明之德（注：孙周即晋悼公，其父孙谈为晋襄公之孙）。单襄公有疾，将顷公召来，告诉他说：“一定要善待晋国的孙周。他的行为很有礼节，天地又辅助他，将来一定会得晋国。况且我听说晋成公将归国时（成公即晋文公之庶子，最初居于周国，赵穿杀晋灵公后把他从周国迎回而立为王，其名为黑臀），晋人占了一卦，起得乾卦☰变为天地否卦☷。这是说：‘晋君配天而不能长久，会有三位君王’（乾卦初九、九二、九三三爻变而变为否卦。乾为天为君，所以说是配，配为配先君。‘不终’，是说子孙不能永远为君。乾之下卦变为坤，坤为地为臣，有天地不交之象，故曰否，有否塞不通之义。变之坤卦有臣象，三爻变所以三世为君而后终。上为乾卦，乾为天子为国。三个爻变为三变，所以有三个君出于周国）。已经过去一个了，最后的一个也不知道，第二个一定是孙周（一是说成公已成为晋君。‘后之不知’是说不知道最后一个晋君为谁。‘其次必此’是说成公之后一定是孙周）。况且我听说成公刚出生时，其母梦神对她说：‘将使他据有晋国，三世之后必是欢之后’（欢为晋襄公之名）。今孙周正是晋襄公之孙，而其德行孝悌恭俭，不是他而是谁呢。况且其梦说‘必定是晋襄公之孙’，必实据有晋国。其卦说‘一定要三世为君’。对孙周而言，其德行又足以君王三袭，一定当此之言。”顷公允诺。等到厉公之乱后，孙周果然入晋国为晋君，即晋悼公。

按：此例以卦象来推断，而不用卦爻辞。乾为天为君，坤为土为国，内之乾卦变为坤，则是说受天命而享有晋国，也即为君而享有晋国。而三爻变则三世为君。‘配而不终’是说坤土与乾天相配，至三世而止（韦昭注说配是配先君，疑为不妥）。而三爻为诸侯，五爻为天子，五爻不动则周天子国如原先一样不动（上之乾卦不变），而诸侯前往则享有侯国，都出自九五之下，是说出自周天子之国。而三出其君，是因为乾卦初爻、二爻、三爻皆变，所以说三出其君。

简言之，乾变为坤即君王而到侯国。而上九五之阳爻未动如初，是周天子之国未动，皆出自周天子国之下。而乾德为阳，阳为君。在《周易》，乾卦每一爻都以龙为喻，故一爻变即一君出自周国，二爻、三爻变亦然。“不终”，是变爻未及九五乾尊之位。韦昭注释说子孙不会终为君王，义为不妥。

吴孙皓筮国运

吴孙皓之将亡也，筮得同人䷌之颐䷚，占者曰“不吉”，后果亡国。盖内日没于震（离为日，震东方，吴在东，内离变震，故曰“日没于震”），外天折于山（乾变为艮），君道亡[①]矣。且象君出郊野而求口食[②]，衔璧[③]兆也（颐有口食象）。

按：此专以卦变推吉凶。

注释：

①君道亡：同人之外卦为乾，内卦为离，乾为天为君，离为日，亦为君象，今同人变为颐卦，外乾天折于艮山之下，乾君之道落，内离日沉没于东方，离君之光辉亦散，所以说君之道将亡。

②君出郊野而求口食：同人变为颐，同人之上乾为君，下离为日亦为君，颐之上艮为山，下震为苍筤竹为萑苇，艮、震合为有郊野之象，故同人之颐有君出郊野之义。又颐卦卦辞曰“观颐自求口实”，是说观腮而知人能谋求口中之食，故颐有求口食之义。所以说，同人之颐有“君出郊野而求口食”之象。

③衔璧：颐卦初、上二爻为阳，其余四爻为阴，有口中含物之象，故曰“衔璧”。

译文：

三国东吴孙皓将要亡国时，用《周易》占了一卦，起得天火同人☰☲变为山雷颐☶☳，占者占断为不吉，之后孙皓果然亡国。大概是因为同人内卦之离日沉没于震之东方（离卦为日，震为东方，吴在东，同人之内离变为震，所以说“日没于东”），外卦之乾天殒折于艮山（同人之上乾变为颐之上艮），君王之道消亡矣。况且，同人之颐有君王出于郊野而自求口食之象，有口中衔璧之兆（颐卦有自求口食之象）。

按：此例专以卦变来推断吉凶。

晋郭璞为殷祐筮怪兽

晋渡江后，宣城太守殷祐以郭璞为参军，会有物如牛足，卑颜象，大力而迟，行到城下，祐将伏取之。命璞作卦，遇遯☰☶之蛊☶☴。其辞曰：“艮体连乾，其物壮巨。山潜之畜，匪兕[①]匪虎。身与鬼并，精见二牛。法当为禽，两翼不许。遂被一创，还其本墪。按卦名之，是为驴鼠。”卜竟，伏者以戟刺之，深尺余，遂去不见。郡纲纪上祠，巫云庙神不悦，曰：“此郏亭驴山君鼠也，偶诣荆山，暂来过我，何容触之。”

按：此以卦象推，兼用纳甲。毛西河、李刚主不知纳甲法，多误解也。

按：乾，天也，健也，艮体连之，故知壮巨[②]。以艮当所卜物者，世在艮二爻故也（遯世在二爻午，应在五爻申）。艮为山，止也潜也，故曰“山潜之畜”。“匪兕匪虎”者，因遯世在二爻，二爻值午，午为马，故曰匪兕虎。

“身与鬼并”者，世为身，世爻值午，午火克本宫乾金为鬼，故曰“身与鬼并”。而上四爻仍值午为鬼，故又曰“精见二午”，而知此物为鬼物为精魅[③]也。“法当为禽”者，艮止有禽获象，艮化巽，巽为鸡，鸡禽也。“两翼不许”者，遯二至四互巽，巽为鸡，是一翼也。蛊下体又巽，是又一翼也。而巽为风为动，艮在二卦皆与相连，有顺风而逝之象，故禽之不得也。

“遂被一创”者，因遯艮二爻世午化为亥，亥水克午火，故知“被一创”。“还其本墊”者，艮为门庭，一变而居上[④]，有跃出之象。又遯五爻申变子，四爻午变戌，皆来生艮爻，故决其逃还也。

“按卦名之，是为驴鼠”者，因乾为马，艮为鼠，可云马鼠。而云驴鼠者，因乾变艮，马为鼠。马为鼠，马斯小矣，小则驴矣，故曰“驴鼠”。又驴鼠者，遯世爻午马化亥猪，四爻午马化戌狗，马而猪、狗则不马矣。然不失马体，则小于马而驴矣。鼠者，因应爻申化子，子为鼠。世为驴，应为鼠，故曰“驴鼠”也。

毛西河曰：遯下艮上乾，故曰“连乾”。为兕虎，蛊二阳间之[⑤]，故曰非（*此解勉强*）。《乾凿度》以艮为鬼冥门，贞悔两见，故曰“与鬼并”（*此解错误，身、并二字皆无着*）。离五月卦建午，蛊三至上为大离，是倍午也（*解二午义尤穿凿*）。离为雉，巽为鸡，故为禽。遯四阳，伤其一为一创，然只伤乾一画[⑥]（*解被创尤无理*）。而艮山如故，蛊上之山可还遯本墊（*按：毛解无一可取者，特录而驳之，俾后学勿为所惑*）。

李刚主曰：按遯下体为山，二至四互体为巽，伏于山上，“山潜之畜”也。“为禽”而“两翼不许”者，遯之巽鸡，蛊之离雉，其身之外当为翼，而俱艮止，是无翼也（*不许者，不许物被禽也，有翼无翼何涉*）。乾为马，艮为鼠，今变卦艮鼠依然，而乾马初爻变为阴小，则似驴矣。今为一体，可名为驴鼠。

父母	壬戌——			妻财	丙寅——	
兄弟	壬申——	应		子孙	丙子 - -	变
官鬼	壬午——			父母	丙戌 - -	变
兄弟	丙申——			兄弟	辛酉——	
官鬼	丙午 - -	世		子孙	辛亥——	变
父母	丙辰 - -			父母	辛丑 - -	
	遯				蛊	

注释：

①兕：古书上指雌犀牛。

②壮巨：遯卦上乾下艮，乾为天，天甚广袤，艮为山，山体巨大，所以说其物壮巨。

③精魅：精灵鬼怪。魅即鬼怪。

④一变而居上：遯变为蛊，遯之下艮变为蛊之上艮，故艮有由下而居上之象，也即跃出之意。

⑤蛊二阳间之：蛊卦二爻、三爻为阳，其初爻、其上四五爻皆为阴，故曰二阳间之。

⑥只伤乾一画：毛西河认为，遯变蛊，蛊是由遯上、下卦体互移而上乾之下爻变动而来，只有一爻变，所以说只伤一爻。

译文：

东晋时宣城太守殷祐以郭璞为参军，适逢有一物其足如牛足，有低头卑颜之象，力大无穷而行动迟缓，来到城下，殷祐埋伏人马准备俘获它。于是令郭璞揲蓍布卦，起得天山遯䷠变为山风蛊䷑。郭璞断曰：“艮山之下体上连乾天，其物巨大而强壮。这是潜伏于山中的畜类，既非兕又非虎，其身与鬼合为一体，其精灵见于二午。按卦筮法来断当为禽类，但却没有两翼。它被一击之后，必还其本来面目。按卦名来判断，应当是驴鼠。”占卜完后，截伏之人用戟刺之，刺深一尺多，其物遂遁去而不见。郡纲纪上祠，巫说庙神不高兴，说：“它是[illegible]亭驴山君之鼠，偶来拜访荆山，暂时过来看我，怎么能容许用戟触刺。”

按：此例主要以卦象来推断，而兼用纳甲筮法。毛西河、李刚主不知纳甲筮法，故其注解多谬误。

按：乾为天为健，下与艮体相连，故知其物壮巨。以艮为所卜之物，是因为世居遯下卦艮之第二爻（遯世爻居二爻丙午，应爻居五爻壬申）。艮为山为止，止即潜，故断其为“山潜之畜”。“匪兕匪虎”，是因为遯世居二爻，二爻值午，午为马，所以说不是兕虎。

“身与鬼并”，是因为世为自身，世爻值午火，午火克制遯本宫乾金为官鬼，所以说鬼临身。而上之四爻亦为午火官鬼，所以又说“精见二午”，从而推知此物为精灵鬼怪之物。“法当为禽”是因为艮止有获禽之象，遯之下艮变为巽，巽为鸡为禽，所以说当为禽类。“两翼不许”，是说遯卦二爻至四爻互体为巽卦，巽为鸡，此为一翼，蛊下卦亦为巽，此又为一翼。但巽为风方动，艮在二卦之中皆与巽体相连，故有顺风而逝之象，所以说不属于禽类。

“遂被一创”，是说因为遯卦之世爻午火化为亥水，亥水克制午火，世化回头克，故知此物会受一击。“还其本埜”，是说遯下艮为门庭，一变而居蛊之上卦，有自下跃出之象。遯卦五爻申金变为子水，四爻午火变为戌土，皆来生蛊上艮之爻，所以断其可以逃回。

“按卦名之，是为驴鼠”，因遯之上乾为马，下艮为鼠，故可以说为马鼠。但遯又变为蛊，遯之上乾变为蛊之上艮，是为马变鼠。马变为鼠，马越变越小，小则为驴，所以为“驴鼠”。又遯之世爻午马化为亥猪，四爻午马化为戌狗，马变而为猪、狗则不为马。然其又未失其马体，小于马则为驴。因应爻申化为子，子为鼠，所以是鼠。世爻为驴，应爻为鼠，所以说是驴鼠。

毛西河说：遯下卦艮上卦乾，艮体与乾连，所以说是“连乾”。其物因蛊之二阳间之，故非兕非虎（此解甚为勉强）。《乾凿度》以艮为鬼冥门，艮在本卦和变卦中俱见之，所以说“与鬼并”（此解错误，不能解身、并二字）。离为五月之卦，五月建午，蛊卦三爻至上爻有大离之象，是为倍午（此解二午之说尤为穿凿附会）。离，为雉，巽为鸡，故为禽。繇四爻为阳，阳变阴而为受一创，然只伤乾之一画（解被创之义尤无道理）。而艮山未变，蛊之上艮山可还归遯之下艮山（按：毛西河此解无一可取之处，兹特录而批驳之，使后学之人勿为所迷惑）。

李刚主曰：按遯之下体为山，二爻到四爻互体为巽，巽为鸡属禽而伏于艮山之上，所以说此物为“山潜之畜”。为禽而二翼不全，是因遯之巽鸡，蛊之离雉，其身之外当有翼，却俱有艮止，所以说无翼（不全其物被擒，与有无翼无关）。乾为马，艮为鼠，今变卦蛊之艮鼠未变，而乾马之初爻由阳大而变为阴小，则似为驴。今驴、鼠为一体，故可名为驴鼠。

其纳甲卦图为：

遯			蛊		
父母	壬戌——		妻财	丙寅——	
兄弟	壬申——	应	子孙	丙子 - -	变
官鬼	壬午——		父母	丙戌 - -	变
兄弟	丙申——		兄弟	辛酉——	
官鬼	丙午 - -	世	子孙	辛亥——	变
父母	丙辰 - -		父母	辛丑 - -	

晋郭璞为元帝筮征瑞

晋元帝为晋王时，太岁在寅，将即祚，使郭璞占国家征瑞[①]之事，得豫䷏之睽䷥。曰："会稽当出钟，以告成功，王者功成作乐。会稽晋王初所封国，又会稽山灵祥之所兴也，上有铭勒。坤为文章，与天子爻并，故知晋王受命之事准此。应在民间井池中得之。钟出于民间井中者，以象晋王出家而王也。金以水为子（二卦三至五皆互坎），子相扶而生，此即家之祥征事也，由应所谓'先王以作乐崇德，殷荐之上帝'[②]也（豫大象辞）。"其后岁在执徐帝即位，会稽郡剡县陈青井中得一钟，长七寸四分，口径四寸半，上有古文十八字，人莫能识。

按：此取互体，兼用象辞。

"帝出乎震"[③]，震变离，离为日，君象，故知王者受命兴起也。而断其出钟者，因"雷出地奋"[④]，有作乐之意。乐声与雷声近者惟鼓钟，鼓皮质，钟金质，而地变为兑，兑金，故知出钟。

钟"出在民间井池中"者，因二卦皆互坎水[⑤]，钟出地[⑥]（象辞：雷出地），地而有水，非池中即井中，故知其出井池中（若河中海中，则于出地之义不合）。知"上有铭勒"者，因《说卦》坤为文，景纯亦自释之矣。

知出在会稽者，晋王初封会稽，今为帝，然则会稽者，帝所自出也，震也。钟既为皇帝受命之应，则亦必出于会稽，景纯亦自释之，特辞太略。彼毛西河以东南郡县当会稽，失之远矣。

毛西河曰：此事第⑦有案，验而无占断，似乎狡狯⑧（按：古今筮案，惟郭景纯每自释其义，尚不失春秋时占验古义。前此如管辂，皆有事验而不言筮法，乃狡狯耳。此案景纯仍自释其义，惟恐人不明，何狡狯之有？而毛氏谓狡狯者，盖未见《洞林》原文，故恨骂之。景纯有知，不呼冤乎？毛氏所引只数语，盖从《晋书》得此筮案，而叹其不说明，岂知景纯原书，不如此也）。然以易推之，则了若指掌，非畸事也。豫上震下坤，震为龙为首⑨，出之子而下连坤土，此奋而出地之象也。悔为睽，上离下兑，向明而治，而金以宣之⑩，体离互亦离⑪，此重明重光中兴之象也。震为鸣为声，故“先王以作乐崇德”。而合睽之兑金以升于睽之离火，是坐明堂向南离，而考击钟镛⑫以作乐之象也（按毛氏解钟字太泛）。只两卦皆有坎水以陷之，则尚在陷中，未经出土。而豫互坎坤则当在水土之间（此解与井何涉）。况豫之震为东方，睽之离为南方，会稽者东南郡也（东南郡岂止会稽）。豫又互艮，“万物之所成终”⑬者也，非告成功乎？若曰钟勒有铭有古文，则睽离为文，兑为言，以文为言，非勒铭乎（铭义《洞林》原释甚切当，毛氏未见解，遂浮泛）？

注释：

①征瑞：征兆和祥瑞。古人主张天人合一、天人感应，认为国家大事与大自然之灾异和符瑞有相应的关系，若国家将有新王受命，必有符瑞以启之；若帝王政事不勤、昏庸无能，则出灾异以警之。此实为一种封建迷信思想。

②先王以作乐崇德，殷荐之上帝：此为豫卦大象之辞。是说先王制作音乐以增崇其德，用盛大祭祀进献于上帝。此由钟引申为作乐崇德，由作乐崇德，殷荐上帝引申为即帝位，故认为出钟为祥瑞。

③帝出乎震：此引自《说卦》，是说帝王兴起于震之东方。豫之上卦为震，此由震引为帝王之将出。

④雷出地奋：此引自豫卦象辞。豫卦上震雷下坤土，有雷跃出地面而震鸣之象。雷之震鸣与声乐之鸣相似，故引为作乐。

⑤二卦皆互坎水：豫卦三爻至五爻互体为坎水，睽卦三爻至五爻亦互体为坎水。

⑥钟出地：豫卦上震下坤，震为鸣为作乐，钟亦鸣，震引申为钟，坤为地，故曰钟出地。

⑦第：但，只。

⑧狡狯：狡猾。

⑨震为龙为首：震为龙见于《说卦》。而震为首则不见于《说卦》，古书中多以乾为首讲而少言震为首，此似为引申而来。

⑩向明而治，而金以宣之：睽卦上离下兑，上离为日为明，象征帝王向明而治，下兑为口舌为金，故有以金器宣达号令之义。

⑪体离互亦离：睽之上卦为离，二爻至四爻互体亦为离卦，故为重离，离为日为光为明，故重离为重光重明，有再度光明显达之义，故言有中兴之象。

⑫镛：大钟，古时乐器之一种。

⑬万物之所成终：此引自《说卦》。《说卦》云："艮，东北之卦也，万物之所成终，而所成始也"，是说艮为东北之卦，居寅丑之间，丑为前岁之末，寅为后岁之初，为旧的终结和新的开始，故万物成终成始。此处取其临终而成功之意。

译文：

晋元帝尚在做晋王时，太岁在寅，准备即帝位，令郭璞占筮国家瑞兆、祥征之事，起得雷地豫䷏变为火泽睽䷥。郭璞占断说："会稽当出土古钟，以告即帝位之成功，取其王者功成作乐之意。会稽是晋王最初的封国，又会稽为灵祥之物所起兴之地，上刻有铭文。豫之下坤为文章，与天子爻相并，故可推知为晋王授受天命之事确实。此灵应之物当在民间老百姓的井、池中找到。钟之所以出于民间，以象征晋王出家而为帝王。金以水为其子（豫卦和睽卦三爻到五爻皆互体为坎卦），子水相扶而生，这就是国家之祥征之事，以应所谓‘先王以作乐崇德，殷荐之上帝”（此为豫卦大象辞）。其后第三年晋元帝在执徐即帝位，会稽郡剡县陈青家的井中出得一古钟，钟长七寸四分，口径四寸半，上有古文十八字，时人莫能辨识。

按：此例主要以互体之卦来推断，兼参照两卦象辞。

“帝出乎震”，豫之上震变为睽之离，离为日，有帝王之象，故可推知王当授受天命而兴起。其断在会稽出钟，因豫卦“雷出地奋”，其雷鸣有作乐之意。乐声与雷声相近的只有鼓、钟之声，鼓为皮质，钟为金质，而豫之下坤变为睽之兑，兑为金而出于地中，故知为出钟而非出鼓。

钟出于民间百姓之井池中，因豫、睽两卦皆互体为坎水，钟又出于地（豫卦象辞：雷出地），出地而有水，则非池中即井中，故知古钟必出于井池中（若出于河中海中，则于出地之义不合）。又知钟上有铭文，是因《说卦》坤为文章，郭璞亦自已做了解释。

推知古钟当出在会稽，是因晋王初封之地为会稽，今帝王即位，则会稽为晋元帝所自兴起之地。古钟既为晋元帝受命之兆应，故知钟亦必出于会稽，郭璞亦已解释，只是过于简略。而毛西河以东南郡县当为会稽，则差之甚远。

毛西河说：此事只有案例，只有应验之实而无占断之语，似乎过于狡狯（尚按：古今筮案，只有郭璞一人每每自释其义，尚未失春秋时古筮法占验之奥义。在郭璞前如管辂等人，皆只有占验之事而不言具体筮占之法，这才是狡猾。此筮案郭景纯仍自释其义，惟恐学人不明，何狡狯之有？而毛西河所谓狡狯，大概是他未见到《洞林》原文，故恨恨而骂。若郭景纯九泉之下有知，能不叫冤吗？毛西河所引证的只有寥寥数语，大概是从《晋书》得此筮案，而叹息其未加说明，却岂知郭景纯原书，并非如此）。然从《周易》来推断，则自能了若指掌，并非不寻常之事。豫卦上震下坤，震为龙为首，震又为长男为子，其出于震而下连坤土，此有奋而出地之象。变卦为睽，上为离下为兑，离为火为日，有向明而治之义；而兑金为口舌，有宣达政命之意。睽之上体为离，三爻至五爻又互体为离卦，离为日为明，双离有重明重光再度中兴之象。豫之上震为鸣为声，所以说“先王以作乐崇德。”而在睽之兑金之上而升以睽之离火，是坐明堂向南明而治，考钟镛以作乐崇德而殷荐上帝（尚按：毛西河解钟字之义太浮泛）。两卦皆有坎水以陷之，故尚陷于坎水之中而未出土。豫卦下坤与三爻至五爻所互之坎有钟当在水土之中象（此解与井之义无关）。况豫卦之上震为东方，睽卦之上离为南方，合为东南，而会稽又属东南方之郡县（东南方的郡县岂止会稽）。豫卦二爻至四爻又互体为艮卦，艮有“万物之所成终”之意，这不是告以成功又是说什么呢？至于钟勒上刻有古文，则睽之上离为文，兑为言，以文为言，故钟上必刻有铭文（铭文之义《洞林》原释甚为切当，毛西河未见其详解，遂解之浮泛）。

唐文德皇后筮丈马

唐太宗文德皇后初嫁世民，归宁[①]，舅高士廉妾见天马二丈立后舍外，惧，占之，遇坤䷁之泰䷊。占者曰：“坤顺承天，载物无疆[②]，马地类之[③]。泰是‘天地交而万物通也’[④]，又以‘辅相天地之宜’[⑤]。繇协归妹[⑥]（言当其归宁），妇人事也。女处尊位，履中而居顺，后妃象也。”

按：此以卦意及互体推。坤卦“利牝马之贞”[⑦]，故曰“马地类”。“繇协归妹”者，言泰三至五互震，二至四互兑，雷泽归妹，又适当其归宁也。

注释：

①归宁：旧时女子出嫁后回娘家看望父母。

②坤顺承天，载物无疆：坤卦彖辞说：“至哉坤元，万物资生，乃顺承天。坤厚载物，德合无疆”，是说坤元至大，万物赖之以生，乃顺承天道，故曰“坤顺承天。”又说坤用宽厚之德载养万物，德性与天相合而无

边无际，所以又说“载物无疆”。

③马地类之：坤象辞还说“牝马地类”，是说牝马为阴性之物，与地同类。

④天地交而万物通也：此为泰卦彖辞。泰卦下乾上坤，乾为天，坤为地，天居下而地居上，象征天阳之气下降而地阴之气上升，是为天地交。天地交泰，则万物各遂其生，故天地交而万物方能通泰。

⑤辅相天地之宜：辅助天地所生之宜。相，助。

⑥归妹：指女子出嫁。古称女子嫁人曰归。

⑦利牝马之贞：此为坤卦卦辞，是说利于乘母马之占。牝，雌。

译文：

唐太宗文德皇后初嫁李世民时，回娘家省亲，其舅高士廉之妾看见二丈高的天马立在文德皇后住的房子之外，非常惧怕，于是占了一卦，起得坤为地䷁变为地天泰䷊。占卦的人说：“坤德柔顺而上承天道，坤性宽厚载物而无边无际，牝马属阴性之物与地同类，泰卦是‘天地相交而万物通泰’，又可‘辅助天地所生之宜’。其卦辞与归妹卦嫁女之意相合（是说正当其省亲之时），这是妇人家之事。女处于尊贵之位，践履中正而居柔顺之地，这是后妃之象。”

按：此例以卦辞之意及互体之卦来推断。坤卦说“利于乘母马之占问”，所以说“母马与地为同类”。泰卦之辞与归妹之意相合，是说泰卦三爻至五爻互体为震卦，二爻至四爻互体为兑卦，上震下兑为雷泽归妹卦，又恰当文德皇后回家省亲之时，亦为归妹。

卷七　四爻动五爻动六爻动

四爻动

朱子曰："四爻变则以之卦二不变爻占，以下爻为主。经传无明文，以例推之，当如此。"

按：四爻动之占，传记亦有。朱子谓无明文者，未详考也，特晋郭璞、魏赵辅和等占法皆与朱子之例异耳。故后人颇非朱说。

译文：

朱熹说："若一卦有四爻变，则以之卦之二不变爻爻辞占断，并以下爻为主。关于一卦四爻变，《周易》经传无明确规定，以筮例来推断，其占法概当如此。"

按：四爻动之占法，《左传》、《国语》等传记中亦有其例，朱熹说其无明文，是因他未加详考，只是晋代郭璞、北魏赵辅和等人之占法与朱熹之说不同罢了。因此，后人对朱熹之说颇多非议。

晋郭璞为桓茂伦筮嫂病殰兔必愈

晋丞相掾[1]桓茂伦嫂病困，虑不能济，令郭璞卦，得贲䷕之豫䷏。其林曰："时阴在初卦失度，杀阴为刑鬼入墓。建未之月难得度，消息卦爻为扶助。冯马之师乃寡妪，自然奇救宜殰兔。子若恤之得守故。"卜时四月，降阴在初而见阳爻，此为失度。四月杀阴在申，申为木鬼与杀阴并，又身为卯变为乙未，未是水墓，马午为火，冯亦马，申是杀阴以火性消之。巽为寡妇，兔属卯，殰兔谓破墓出身。茂伦归，求得兔，令嫂食之，便心痛不可忍，于是病愈。

按：此纯以纳甲推，不用辞。占时在四月，四月为巳月，巳刑申，故郭自注云"四月杀阴在申"。占辞言冯马，冯疑是寡嫂姓也。"鬼入墓、建未之月难得度"者，因贲卦按纳甲法世在初爻值卯鬼（本宫艮土，卯木克土，故为鬼），变为豫卦初爻未，未为木墓（木长于亥，王于卯，墓于未，绝在申），故曰"鬼入墓"。六月建未，世身既为卯木，至未月身入墓矣，不死而何，故曰"难得度"也。食兔得愈者，兔为木克未土，故曰破墓。

贲			豫		
官鬼	丙寅——		兄弟	庚戌 - -	变
妻财	丙子 - -		子孙	庚申 - -	
兄弟	丙戌 - -	应	父母	庚午——	变
妻财	己亥——		官鬼	乙卯 - -	变
兄弟	己丑 - -		父母	乙巳 - -	
官鬼	己卯——	世	兄弟	乙未 - -	变

注释：

①掾：古代官署属员的通称。

北魏赵辅和为人筮父疾

北魏赵辅和善易筮，有人父疾，托辅和筮，遇乾☰之晋☷。慰谕令去后，告人云："乾之游魂，乾为天为父，父变为魂而升于天，能无死乎?"后如其言。

按：此以八宫卦名占。乾之游魂者，因晋为乾宫第七卦，第七卦为游魂卦。第八卦名归魂卦。凡占卦遇游魂归魂者，不吉。

乾卦变到第五爻为山地剥☷，为乾宫第六卦，其乾卦上爻不能变，其第七卦须从山地剥退后四爻变为阳爻，是为晋卦。晋卦系退后再变而成，故曰游魂。

译文：

北魏赵辅和善于用《周易》占筮，有一个人的父病重，托赵辅和占筮，遇乾为天☰变为火地晋☷。赵辅和安慰劝说让他走后，对别人说："乾变为乾宫之游魂卦，乾为天为父，父变为游魂而升于天，能不死吗?"之后果如赵辅和所言。

按：此例只以八宫之游魂名占。晋为乾宫之游魂卦，因晋为乾宫之第七卦，第七卦为游魂卦，第八卦为归魂卦。凡断占若遇游魂卦、归魂卦，皆为不吉。

乾卦变到第五爻为山地剥☷，为乾宫第六卦，乾卦之上爻不能变，其第七卦须从山地剥退后到四爻再变回为阳爻，是为晋卦。晋卦系退回再变第四爻而成，所以是游魂卦。

唐王诸筮入解

唐天宝十四年，王诸入解，筮遇乾☰之观☷，谓已及宾王（观四爻：

利用宾于王），而大人未见[①]（言变至四爻，不及五爻，利见大人也），遂遇禄山变而返。

按：此以卦辞推，而与朱子说尤异。

注释：

①大人未见：乾卦九五爻曰“飞龙在天，利见大人”，因变卦只变到第四爻而未及第五爻，所以说大人未见。

译文：

唐天宝十四年，王诸将入官署做官，用《周易》占筮，起得乾为天䷀变为风地观䷓，说已到用宾客之礼迎见王之时（观卦四爻：观看考察一国的风俗民情，则宜用宾客之礼朝见王），而未能见到大人（说变到第四爻，而未变到第五爻，乾卦之第五爻辞曰利见大人），遂遇安禄山事变而返回。

按：此例是用卦爻辞推，而与朱熹之说差别甚大。

元张留孙筮得贤相

元张留孙待诏尚方，因论黄老治道贵清静[①]，圣人在宥[②]天下之旨，深契主衷。及上将以完泽为丞相，命留孙筮之，得同人䷌之豫䷏。曰：“同人柔得位而进乎乾[③]（言二爻阴与九五阳应，故下言君臣合），君臣之合也。豫‘利建侯’，命相之事也。何吉如之，愿陛下勿疑。”及拜完泽，天下果以为贤。

按：此全以彖辞占，与朱子说亦异。乾健离明，文明以健[④]，故知为贤相，况之卦又有利建候之利乎?

注释：

①黄老治道贵清静：黄即黄帝，老即老子，黄老实为假托黄帝之名而在汉初广泛流行的政治哲学，黄老之学主张无为而治，所以说其道贵

清静。

②宥：宽容，饶恕，帮助。

③同人柔得位而进乎乾：《同人·彖》曰："同人，柔得位得中，而应乎乾"，是说同人之六二为阴爻为柔，居第二之阴位，是为"柔得位"，又六二居下卦之中位，象臣民得正中之道。六二居乾卦之下，是为应乎乾，进而为乾，故下文说君臣和合。

④文明以健：同人之上乾为刚健，下离为文明，合而为文明以健，即有文明而刚健之德。

译文：

元朝张留孙在尚方等待皇帝之诏书，其论述黄老治国之道贵在清静无为，圣人之德在于辅助天下之意旨，甚合皇上的心意。至皇上准备以完泽为丞相，皇上令张留孙用《周易》占筮，起得天火同人䷌变为雷地豫䷏。张留孙占断说："同人六二之柔得位而上进为乾（是说六二阴爻与九五之阳相应，故下文说君臣和合），象征君臣和合。豫卦'利建立侯国'，亦为任命丞相之事。如此已甚为吉利，愿陛下不要再迟疑。"等到拜完泽为丞相之后，天下人果然都认为完泽为贤相。

按：此例全部按照彖辞来占断，与朱熹之说也不一致。乾为刚健，离为文明，文明而又有刚健之德，故可推知完泽为贤明之宰相，况且变卦又有利于建立侯国之意。

五爻动

朱子曰："以之卦不变爻占"，任启运曰："以不变爻占。"

按：如朱子之说则舍本卦不用，如任氏之说则本卦之卦并重，只取其静者耳。而按之古人筮案，皆不尽然。朱子未详考，只引《左传》艮之随为例，谓当以随不变爻"系小子、失丈夫"为占，以成其说。岂知即穆姜言观之，仍以繇辞为占耳。

译文：

朱熹说，若一卦五爻动变，则“以之卦不变爻占断”。任启运则说“当以不变之爻辞断占”。

按：如朱熹之说则舍弃本卦而不用，如任启运之说则本卦之卦并重，只取其静而不变之爻占断即可。而考之古人筮案，与以上两说皆不尽合，朱熹未经详细考证，只引《左传》艮之随为例，说当以随卦不变爻爻辞“系小子、失丈夫”来占断，以圆其说。岂知从穆姜之言来看，仍以卦辞为主来断占。

穆姜筮往东宫[1]

襄公九年，穆姜薨[2]于东宫，始往而筮之，遇艮☶之八（杜注：《周礼·太卜》：“太卜掌三易[3]，《连山》、《归藏》皆以七八为占”，故言遇艮之八）。史曰：“是为艮之随☱（惟艮二爻不变。注云：史疑遇八为不利，故更为《周易》占变爻，得随卦而论之。而姜亦指《周易》以析之也）。随其出[4]也，君必速出。”姜曰：“亡。是于《周易》，曰：‘随，元亨利贞，无咎’（彖辞）。元，体之长也。亨，嘉之会也。利，义之和也。贞，事之干也。体仁足以长人，嘉德足以合礼，利物足以和义，贞固足以干事。然固不可诬也，是以虽随无咎。今我妇人而与于乱，固在下位而有不仁，不可谓元；不靖国家，不可谓亨；作而害身，不可谓利；弃位而姣，不可谓贞。有四德者，随而无咎。我则无之，岂随也哉！我则取恶，能无咎乎？必死于此，弗得出矣。”

李刚主曰：艮止也。爻皆变，二不变，五君也，二小君也。艮为门阙，小君止于是而不变，薨于东宫之象也。故史以为不利，而别用《周易》变占得随，以欺穆姜耳。穆姜谓随必“元亨利贞，无咎”，固正解也。

按：此筮独二爻静。任启运曰：“众爻动而此爻独静，则必有所以静之故。”刘禹锡[⑤]曰：“宜以少占也。”朱子曰：“此筮应以‘系小子，失丈夫’为占（二爻辞），而观之本文亦殊不然也。

注释：

①此例取自《左传·襄公九年》。鲁宣公之妻成公之母穆姜，与大夫叔孙侨如私通，淫乱无德。成公十六年，叔孙侨如与穆姜合谋，想废成公，兼并孟孙氏与季孙氏，结果失败，侨如奔齐，穆姜被迁于东宫。穆姜初迁之时，用《周易》占了一卦，此即其筮例。

②薨：古代称诸侯或有爵位的大官死去。

③三易：我国古时三种易书之总称。《周礼·太卜》：“掌三易之法，一曰《连山》，二曰《归藏》，三曰《周易》。其经卦皆八，其别皆六十有四。”杜子春据《世谱》说《连山》为神农之易，《归藏》为黄帝之易。郑玄《易论》则以《连山》、《归藏》、《周易》分别为夏、商、周三代之易。《连山》、《归藏》今已佚。

④随其出：《杂卦》“随，无故也”，随是没有故处，当然要走出故处，所以史官说“随其出也，君必速出”。

⑤刘禹锡：唐中山无极（今河北无极）人，唐代著名的思想家。著有《辩易九六论》一篇，今存，为讨论九六变爻之专篇。

译文：

襄公九年，穆姜死于东宫。穆姜始迁东宫时占了一卦，遇艮为山䷳之八（杜预注《周礼·太卜》：“太卜掌三易，《连山》、《归藏》皆以七八为占”，所以说遇艮之八。）史官断曰：“这是艮卦变为泽雷随䷐（艮卦只有第二爻未变。注云：史官怀疑遇八不吉利，所以换用《周易》变爻而占，得随卦而论断，穆姜也是用《周易》来析断）。随为山，您一定会很快就迁出东宫。”穆姜说：“不可能。在《周易》，随是说‘随，元亨利贞，无咎’。元（即首、头），是身体之首长。亨，是嘉美之会合。利，是事物得体而和义。贞（即守正），是做事的根本。然本不可欺此四德，因而虽遇随卦亦无咎害。今我一个妇人而淫乱祸国，是身在下位而行不仁之事，不能叫‘元’；使国家不得安宁，不能说是‘亨’；作乱而害了自己，不可叫做‘利’；放弃自己尊贵的位置而与臣子做姣媚之状，不能叫做‘贞’。有此四德之人，虽遇随卦而无咎害。我却没有，怎么能随而无咎害呢？我是自己作恶取祸，怎能无灾咎呢？我一定会死在这里，出不去了。”

李刚主说：艮为止。本卦艮除二爻不变外，其余各爻皆变，五爻为君，二爻为小君，小君即穆姜。艮为门阙，小君止于二之位而不变，是穆姜死于东宫之象。因此史官认为不吉，而另用《周易》变占之法得随卦，以欺穆姜。穆姜说随卦必“元亨利贞，无咎”，本为随卦之正解。

按：此筮例只有二爻独静。任启运说：“众爻动而此爻独静，则必有其所以静之故。”刘禹锡说：“宜以少者而占。”朱熹说：“此筮案应以‘系小子，先丈夫’爻辞为占断依据”，而从本文来看根本不是朱熹所说的那样。

晋张轨筮据河西

晋时张轨为散骑常待、征西军司马，轨以时方多难，阴图据河西，筮之，遇泰☷之观☴（惟泰四爻不变），乃投策喜曰：“霸者兆也。”[①]于是求为凉州。

按：此似以观四爻是谓“观国之光，利用宾于王”为推，故云“霸者之兆’，与刘禹锡、朱子等说合。惟遇泰下乾，乾为首为君，上坤，坤为土为地，是得土地为一方君主之象，故曰霸，较取四爻辞义更胜，又似与朱子等说不合也。

注释：

①霸者之兆：观卦四爻爻辞曰，“观国之光，利用宾于王”，是说观察国家的风土人情，而以宾客之礼朝见王，而可观国又能朝见君王者必为一

方霸主，故说有霸者之兆。

译文：

晋时张轨为散骑将军、征西军司马。当时地方多难，张轨暗中谋划占据河西，遂用《周易》占了一卦，起得地天泰䷊变为风地观䷓（泰卦只有第四爻未变），于是投筮策而高兴地说："这是独霸一方之兆象。"于是为攻打凉州作准备。

按：此例似以观卦四爻爻辞"观国之光，利用宾于王"来推断，所以说有霸者之兆，与刘禹锡、朱熹之说相合。只是泰之下卦为乾，乾为首为君，上为坤，坤为土为地，是有得土地而为一方君主之象，所以说是霸，较取观卦四爻辞更佳，又似乎与朱熹等人之说不合。

晋郭璞避难筮行焦丘吉凶

郭璞与族戚避难至猗氏，贼遽[①]至，诸人惶窘。从猗氏至河北有一间径名焦丘，可避贼，惟不通车，只可步行，极险难过，遂自筮之如何，得随䷐之升䷭。其林曰："虎在山石，马过其左（兑虎震马，互艮山石）。驳为功曹，猬为主者（驳猬能伏虎。某云：惜不注驳猬象）。垂耳而潜，不敢来下（兑虎去不能见）。爰[②]升虚邑[③]（升九三爻辞），遂释（某云：疑字误）魏野。"随时制行，卦义也。升，贼不来（小象升虚邑，无疑也），知无寇。然当时河北之魏亦荒败，便知林义，示行人，说欲从此道之义，咸失色丧气，无有赞者，或云林殆误不可轻信。璞知众人阻贰，乃独约十余家，涉此径诣河北。后贼果攻猗氏，合城覆没无遗余。之河北者得全。

按：此以卦象及卦辞占，皆与前法不合，原注皆混入正文，殆璞自注传抄久混淆。兹特将原注分列句下，而《洞林》原本又有小字注，不知为谁，故加某云以别之。

"虎在山石"者，随上兑为虎，二至四互艮，艮为山为石，而兑虎恰在山上也。“马过其左”者，震为马，在随下卦，故曰“过其左”。驳猾二句不能解。“垂耳而潜”者，言变升二至四互兑在卦中，故曰潜，曰不下。升九三象云：“升虚邑，无所疑也”[④]，故决贼不来，无寇警也。况随、升卦辞皆元亨无咎也。

注释：

①遽：急，仓猝。

②爰：于是。

③升虚邑：此为升卦九三爻爻辞。是说登上高丘之邑。升，登；虚，丘。

④升虚邑，无所疑也：是说登上高丘之邑，能高瞻远瞩，周围环境可一览无余，所见甚明，无所疑惑也，故决其贼不会来。

译文：

郭璞与同族亲戚到猗氏避难，草贼遽然而至，众人惶恐不安而倍感处境窘迫。从猗氏到河北有一条叫焦丘的小径，可避草贼之追捕，只是路不能通车，只能步行，极其险恶而难以通过，于是自筮经焦丘到河北情况如何，起得泽雷随䷐之地风升䷭。其断辞说：“虎居于山石之上，马从其左边经过（随卦之上兑为虎，下震为马，二爻至四爻所互之艮卦为山石）。驳为功曹，猾为主者（驳猾能伏虎。某云：惜未注驳猾之象）。虎低垂双耳而潜于山中，不敢下山（兑虎隐去而不能见）。于是再登上高丘之邑（升卦九三爻爻辞）。遂释（某云：疑字误）魏野。”随卦有随时而从之义。升卦而贼不来（升卦九三小象说登上高丘之邑，于是不再疑虑），知无草寇至。然而当时河北之魏地亦荒败不堪，于是亦可推知林辞之义。郭璞于是将此义对随行之人说，称将取道焦丘，众人听后都大惊失色，垂头丧气，很少有赞同的，有的还说可能是林辞有误，不可轻信。郭璞深知众人阻贰而意见难于统一，于是独约十余家，从焦丘径往河北。之后草贼果然攻打猗氏，全城覆没而无一幸免。而到河北者全部得以保全。

按：此例以卦象及卦辞来占断，与前述各法皆不合。郭璞原注都混入正文中，大概因为郭璞之自注在长期传抄流传中混淆难分，兹特将其原注分列于句后。而《洞林》原本中又有小字注释，不知为谁所做，故加“某云”以示区别。

“虎在山石”，是因随卦之兑为虎，随卦二爻至四爻互体为艮卦，艮为山为石，而兑虎恰巧又在艮山之上。“马过其左”，是说随之震为马，而在随之下卦，所以说“过其左”。其后之驳猾之句不能解释。“垂耳而潜”，是说变卦升二爻至四爻所互之兑虎在升卦之中，所以为潜，也为下不来。升卦九三爻小象说：“登上高丘之邑，方能高瞻远瞩，心无所疑惑”，所以敢断草贼不来，无贼寇之警忧。况且随卦、升卦卦辞皆有开始即亨通而无咎害之义。

说明：

上例以及本书所引郭璞《洞林》之筮案中，因其在传抄流传过程中多有错讹，故多有不可解之处。此点读者应注意。

梁武帝筮同泰寺灾

梁大同中，同泰寺灾，帝召太史令虞履筮之，遇坤䷁之履䷉。曰：“无害。其繇云：‘西南得朋，东北丧朋，安贞吉’[①]（坤繇辞）。《文言》云：‘东北丧朋，乃终有庆。’[②]”帝曰：“斯魔也。酉应见卯，金来克木，卯为阴贼，鬼而带贼，非魔而何?”

按：此虞履以繇辞占，而不用之卦，与前法异。而武帝又以纳甲推，谓为魔也。

按纳甲法，坤世在上六值酉，应在六三值卯，故曰：“酉应见卯”，谓卯为世酉应也。酉金卯木，故曰金克木。卯为阴贼者，坤宫土属阴，卯木克土，故为阴贼，贼者害也。又卯在坤宫于六亲值鬼，故曰鬼而带贼。

子孙	癸酉- - 世		兄弟	壬戌——	变
妻财	癸亥- -		子孙	壬申——	变
兄弟	癸丑- -		父母	壬午——	变
官鬼	乙卯- -应		兄弟	丁丑- -	
父母	乙巳- -		官鬼	丁卯——	变
兄弟	乙未- -		父母	丁巳——	变
	坤			履	

注释：

①西南得朋，东北丧朋，安贞吉：此引自坤卦卦辞。这是说，往西南方会得到朋友，往东北则会失去朋友，安于守正则吉。故断辞说无害。

②东北丧朋，乃终有庆：此引自《坤·象》，而非《文言》，此引处有误。这是说虽东北方会丧失朋友，然其最终结果则有吉庆。

译文：

梁大同年间，同泰寺遇灾，梁武帝召太史令虞履用《周易》占筮，起得坤为地☷变为天泽履☰。虞履占断说："没有什么灾害。坤卦卦辞说：'往西南方则得朋友，往东北方则会丧失朋友，安于守正则吉'。坤卦象辞又说：'往东北方丧朋，最终却有吉庆。'"梁武帝占断说："这是妖魔。酉世之应为卯木，酉金来克卯木，卯为阴间之贼，卯既已为鬼又为贼，不是妖魔又是什么呢?"

按：此例虞履只以卦辞来占断，而不用之卦卦辞，与朱熹之言筮法不同。而梁武帝又以纳甲法来推断，并推其为魔。

按纳甲筮法，坤卦世爻在上六值癸酉，应爻在六三值乙卯，所以说"酉应见卯"，是说卯为世爻酉之应。酉为金，卯为木，所以说酉金克卯木。卯之所以为阴贼，是因坤宫之土属阴，卯木来克土是为官鬼，所以说为阴贼，贼有害之义。又卯在坤宫中于六亲值官鬼，所以说既为鬼又带贼。

其纳甲卦图为：

子孙	癸酉－－	世	兄弟	壬戌——	变
妻财	癸亥－－		子孙	壬申——	变
兄弟	癸丑－－		父母	壬午——	变
官鬼	乙卯－－	应	兄弟	丁丑－－	
父母	乙巳－－		官鬼	丁卯——	变
兄弟	乙未－－		父母	丁巳——	变
	坤			履	

梁武帝与闯公射鼠

梁天监中，有蜀闯、魗杰、燚黼、仉脋四公谒武帝，帝见之甚悦，因命沈隐侯约作覆，将与百僚共射之。时太史适获一鼠，约匣而缄之以献，帝筮之遇蹇䷦之噬嗑䷔。帝占成，群臣受命献卦者八人，有命待成俱出。帝占置诸青蒲，申命闯公揲蓍。对曰："圣人布卦，依象辨物，何取异之，请以帝命。"（言不必另占，即帝所得之卦而推之）

时八月庚子日巳时，闯公举帝卦撰占置于青蒲而退（即帝卦撰成占辞而退）。读帝占曰："先蹇后噬嗑[①]，是其时；内艮外坎，是其象。坎为盗，其鼠也[②]（艮象不只为鼠，因坎为盗，鼠性盗，故决其为鼠）。居蹇之时，动而见噬嗑，其拘系矣。噬嗑六爻四'无咎'，一'利艰贞'，非盗之事。上九'荷校灭耳，凶'[③]，是因盗获戾，必死鼠也。"群臣蹈舞，呼万岁，帝自矜[④]其中，颇有喜色。

次读八臣占辞，皆无中者。末启闯公占，曰："时日王相，必生鼠矣（八月酉金而日子，子水，子鼠，金生水，故曰王相，曰生鼠）。且阴阳晦而入文明[⑤]（言坎变为火），从静止而之震动（言下艮变为震，艮止），失其性[⑥]必就擒矣（言鼠阴性，变相皆阳，故曰失其性）。金盛之月（八月金盛），制之必金，子为鼠，辰与艮合体[⑦]（辰者时也，时子属鼠，艮亦为鼠，故曰合体）。坎为盗，又为隐伏，隐伏为盗，是必生鼠也（能为盗必生)。金数于四[8]，其鼠必四（八月为金，按后天卦配河图象，四九为金居兑；又以先天卦配洛书，兑数亦四。兑数四，故知鼠为四也)。离为文明，南方之卦，日中则昃[9]，况阴类乎？晋之繇曰：‘死如弃如’（按：‘死如弃如’[10]为离卦四爻辞，晋初爻辞为‘晋如摧如’[11]。而闯公以‘死如弃如’属之晋卦者，偶误耳，其义相同也。又晋九四云：‘晋如鼫鼠[12]，贞厉’，是晋与鼠有关也)，实其事也，日敛必死。”

既见生鼠，百僚失色，而尤[13]闯公曰：“占辞有四（言四鼠也)，今者唯一，何也？”公曰：“请剖之。”帝性不好杀，自恨不中。至日昃鼠且死矣，因令剖之，果妊三子。

按：此以卦象辞占，然与朱子等所言之法仍异也。特为详注，以期易解。

按：鼠终死，帝占亦皆中也。如以帝不全中，则射者只射目前，目前只一鼠，闯亦不全中也。

按：此筮有李恕谷与毛西河问答，所推虽不当，然用心则勤，录以备参考。

李问：此种琐屑似两晋以后管辂、郭璞诸筮法，不知与推易之法及春秋太史诸占筮同异若何？且两卦正互顺逆皆无兑象，而曰金盛，曰数四，某未解也。

毛答：此即推易法与春秋太史占筮并无不合，特其说有未当者。既曰坎艮，则不俟推测而即知为鼠，何则？夫子明曰坎为豕，艮为狗为鼠，则未有狗、豕而可入匣者，此不必以隐盗显拘，从卦象求也。况既变噬嗑，则更与黔喙之属有明证者乎？

且鼠必不死，梁武、闯公各有误者，舍蹇则之噬嗑，则蹇足虽不行，而噬口尚能啮，不死也。去坎陷、艮止而就燥与动[14]，则燥出渎闷[15]，动可决行，又不死也。且艮为鬼冥门，死象也，今乃变为震之反生[16]，又不死也。艮为鼠，今之卦二至四仍有艮，又不死也。若云日中则昃，他物畏日昃，鼠不畏日昃。至如逮晚鼠死，则在射后矣。射只当前，与后何涉，此当时附会也。

至若金盛数四之说，春秋太史无有以时气占者，更属荒唐。本卦之卦并无一兑，兑四之数于何见之，子所言固不谬耳。

按：西河、恕谷所引，乃杂记割裂不全之四公记，并未见原文。原文载明，时八月庚子巳时，故曰时日王相，故曰数四。今未见原文推其说而不得，遂目之为荒唐。闯公荒唐乎，抑西河荒唐乎？赖世人研易者少，无从发其覆耳。

又问：艮为鼠，夫子之言也，然夫子于离亦言为蠃、为蚌、为龟、为蟹、为鳖。今噬嗑有离，何以不曰此龟、蠃属乎（按：蹇亦互离，何必之卦）？

答：善哉问也。但占物之法以遇卦为主，遇卦有物则不必更占之卦，龟与蠃究之卦物也。然物可兼占，惜当时君臣见不及此，无有以龟、鼠作兼占者。既占为鼠，即当云坎为水为湿，而艮为山为门阙，是必有水中之物去隐湿而登艮山，可以藏诸室献诸阙者，得非龟乎？况之卦之离显有龟名，则此中是龟亦容有之。特吾谓必是鼠不是龟者，坎为盗，龟不盗也；噬嗑能啮物，龟不啮物也；震为动为躁决，龟能动不能躁决也，则鼠长耳。使春秋太史而占物，当必如是。

子孙	戊子 - -		官鬼	己巳——	变
父母	戊戌——		父母	己未 - -	变
兄弟	戊申 - -	世	兄弟	己酉——	变
兄弟	丙申——		父母	庚辰 - -	变
官鬼	丙午 - -		妻财	庚寅 - -	
父母	丙辰 - -	应	子孙	庚子——	变
	蹇			噬嗑	

按：蹇卦世主申而当酉月子日，故曰时日旺相。彼毛西河于纳甲全无所知，而参考又陋，然动敢谩骂，颇有三家村学究无往而不圣人气象。

注释：

①先蹇后噬嗑：此指起得水山蹇卦后变为噬嗑卦。蹇原义为跛，引申为行动不便，有险难之义。噬嗑卦有咬合之义，以齿咬物为噬，合口为

嗑，噬嗑即以齿咬物合口咀嚼，以象征刑罚。此处引申为所射之物，初行动险难，后又处于拘系之中。

②坎为盗，其鼠也：蹇卦上坎下艮，坎为盗为隐伏，艮为鼠，鼠性善盗，艮下坎上，象鼠隐伏于暗处，出则为盗，故射其物为鼠。

③荷校灭耳，凶：此为噬嗑卦上九爻爻辞，“荷”《周易》本作“何”。是说脖子上负荷着遮没耳朵的大木枷，甚为凶险。何，通荷，即载、戴；校，此指刑具中的枷。所以下文说“因盗获戾”。戾，罪过、凶残、乖张，此引申为遭难。

④矜：自尊自大、自夸，此引申为自恃、自持。

⑤阴阳晦而入文明：蹇之上坎变为噬嗑之上离，坎为阳，离为阴，变时则阴阳交接而昏暗不明，变为离，离为文明，所以说“入文明”。晦，昏暗不明。

⑥失其性：鼠性属阴，宜隐伏，今变为震，震为阳为动，故曰失其性。

⑦辰与艮合体：日辰为子，子为鼠，艮亦为鼠，所以说辰与艮合体。

⑧金数于四：《汉书·律历志》：“天以一生水，地以二生火，天以三生木，地以四生金，天以五生土。五胜相乘，以生小周”，是以水之数为一，火之数为二，木之数为三，金之数为四，土之数为五。故此处以金数为四。

⑨昃：太阳偏西。

⑩死如弃如：离卦九四爻辞，是说置之于死地，然后再抛弃它。

⑪晋如摧如：前进而受到阻碍。晋，即进。摧，挫折、受阻、毁坏，又说为忧愁。

⑫晋如鼫鼠：如硕鼠般前进。鼫，古书上指鼫鼠一类的动物。

⑬尤：怨恨，归咎。

⑭去坎险、艮止而就燥与动：蹇卦变为噬嗑卦，蹇之上坎为险，下艮为止，噬嗑之上离为燥，下震为动，由蹇之噬嗑故曰去坎陷、艮止而就燥与动。

⑮燥出渎闷：噬嗑卦由蹇卦变来，噬嗑之上离由蹇之坎变来，离为燥，坎为沟渎，故曰燥出渎闷。闷，闭门、关闭、闭塞。

⑯震之反生：震卦有反生即婚而复生之意。《说卦》云：震“其于嫁也为反生”。

译文：

梁天监年间，蜀闯、黐杰、兹黼、仉訾四公来拜谒梁武帝，梁武帝见到四人非常高兴，于是令沈隐侯约作射覆之戏，将与文武百官共射。当时适值太史捕到一只老鼠，沈隐侯约用匣装好缄封之后献给武帝，梁武帝占了一卦，起得水山蹇䷦变为火雷噬嗑䷔。梁武帝占成之后，群臣受命献卦的有八人，都等待号令将占辞拿出来。梁帝将占辞置于青蒲之上，并亲命闯公揲蓍布卦。闯公答曰：“圣人揲蓍布卦之后，可依卦象而辨物，起一卦而不必二卦，请让我以帝所占之卦而推。”（是说不必再起卦，依武帝所起之卦而推断）。

当时正是八月庚子日巳时。闻公据武帝之卦将所占之辞置于青蒲之后退了下来。梁武帝占辞说：“先蹇后噬嗑，是其受拘禁之时；内为艮外为坎，是其卦象。坎性为盗，此物必为鼠（艮象不只为鼠，因坎为盗，鼠性善盗，故断其物为鼠）。居蹇险难坎陷之时，动而变为噬嗑，必遭拘系。噬嗑卦六爻中四爻曰‘无咎害’，一爻说‘利于在艰难中守正’，此必非盗之事。噬嗑卦上九爻说‘脖子上带遮没耳朵的木枷，凶’，却又因盗而获难，一定是死鼠。”群臣听后手舞足蹈，高呼万岁，梁武帝亦自恃其必能射中，脸上也颇带喜色。

再读八臣的占辞，皆没有射中的。最后启开闯公之占辞，其占辞说：“时日旺相，一定是一只活鼠（八月为酉金之月金旺，日为子，子为水，子亦为鼠，旺金生水，故水旺相，水旺故为活鼠）。况且阴阳昏暗不明而入文明之乡（是说蹇之上坎变为噬嗑之上离），从静止而变为震动（是说蹇之下艮变为噬嗑之下震，艮为止，震为动），动而失其性必被擒（是说鼠为阴性之动物，所变皆阳，所以说失其性）。金旺盛之月（八月酉金旺盛），行令当时者必金，子为鼠，日辰与艮体相合（辰为日辰子，日辰子为鼠，艮亦为鼠，所以说日辰与艮合体）。坎为盗，又为隐伏，隐伏而伺机为盗，这一定是活鼠（能为盗必定为活物）。金之数为四，鼠必有四只（八月为金，按后天八卦方位配河图，四九为金属兑之位；又按先天八卦方位配洛书，兑之数亦为四。兑之数为四，故知鼠有四只）。离为文明，属南方之卦，日中之后偏西。更何况阴类之物？晋之繇辞说：‘置之于死地，然后抛弃它’（按：‘死如弃如’，为离卦九四爻辞，晋卦初六爻辞为‘晋如摧如’。闯公以‘死如弃如’属晋卦之辞，属偶然失误，但两者之义相同。另外晋九四爻说：‘晋如鼫鼠，贞厉’，可见晋与鼠有关），实有其事，日落之时此鼠必死。”

开覆见到活鼠后，文武百官大惊失色，于是责问闯公说：“占辞说有四只老鼠，今却只有一只，怎么说呢？”闯公说：“剖开看看便知。”梁武帝性善不好杀生，自恨自己未能射中。至日偏西老鼠快要死时，于是令剖开鼠腹，内果孕有三只小鼠。

按：此例以卦象来占断，与朱熹等人所说的占筮方法也不一致。现在详细注解它，以期读者更易理解。

按：老鼠最后还是死了，所以说梁武帝之占也算皆中。如果说梁武帝没有全中，那么射者只射目前之事，目前只有一鼠，闯公也不算全中。

按：此筮案李恕谷与毛西河曾有问答，所推虽不尽精当，然用心良苦，特录以备参考。

李恕谷问：此种琐屑之占法很像两晋以后管辂、郭璞诸人之筮法，却不知其与一般的推易之法以及春秋太史的筮法有何异同？况且本卦之卦正互顺逆皆无兑卦，却说金盛，说有四鼠，甚难理解。

毛西河答：此例之推易法与春秋太史占筮之法并无不合之处，只是其解说有未当之处。既已说蹇卦上坎下艮，则不用推测而即知为鼠，为什么呢？《说卦》明言坎为豕，艮为狗为鼠，但狗、豕不能装入匣中，这不必推坎隐伏为盗噬嗑拘禁之义，从卦象即可推知。况且既为噬嗑卦，则更为黔喙之类，这不是已很明显吗？

且鼠不必不死，梁武帝、闯公各有误断之处。舍蹇难而至噬嗑，则蹇足虽不能行，而噬之口则还能啮，所以说不死。离开蹇之坎陷、艮止，而变为噬嗑之上燥下动，则燥必出渎阏，动而决可行，又为不死。况且艮为鬼冥门，艮有死象，今却变为震反死而复生，又为不死。艮为鼠，今之卦二爻至四爻互体亦为艮，又为不死。如果说日中则昃，他物害怕日昃，老鼠却不惧日昃。至于近晚鼠死，却是在射之后。射只射当前之事，与以后之事何干，此乃当时传言附会罢了。

至于金盛数四之说，春秋太史没有以时气占断之说，更属荒唐。本卦变卦并无一兑，兑四之数从何而来？你所言不错。

按：毛西河、李恕谷所引之辞，乃属杂记割裂不全之四公说，却并未见其原文。原文已经载明，时值八月庚子日巳时，所以说时日金水旺相，所以说金之数为四。今未见其原文推其说而不能得，于是就视之为荒唐，不知是闯公荒唐，还是毛西河荒唐？只是因为世人精研易学者甚少，无从揭其覆底而已。

李恕谷又问：艮为鼠，此为《说卦》之言。然而，《说卦》亦说离为蠃、为蚌、为龟、为蟹、为鳖。今噬嗑卦之中有离，为什么不说是龟、蠃之类（按：蹇卦三爻至五爻亦互体为离卦，何必再言变卦）？

毛西河答：问得好。但占物之法以本卦为主，本卦有物则不必再占之卦，龟与蠃究竟属之卦所属物类。然而射物本可兼占几物，可惜当时的君臣皆未想到此，没有以龟、鼠为兼占之物者。既已占断为鼠，即应当说坎为水为湿，而艮为山为门阙，这必是水中之物离开隐湿之地而登艮山；可以藏在室中而从门阙出入的，不也是龟吗？况且之卦上离显然有龟象，则此中有龟亦有可能。之所以说必是鼠而不是龟，因坎为盗，龟却不为盗；噬嗑可啮咬物体，龟却不啮咬物体；震为动为躁决，龟只能动却不躁决，故说是鼠则更妥当。假使春秋太史射物，其法必定如此。

其纳甲卦图为：

子孙　戊子 - -	官鬼　己巳—— 变
父母　戊戌——	父母　己未 - - 变
兄弟　戊申 - - 世	兄弟　己酉—— 变

兄弟 丙申—— 父母 庚辰 - - 变
官鬼 丙午 - - 妻财 庚寅 - -
父母 丙辰 - - 应 子孙 庚子—— 变
蹇 噬嗑

按：蹇卦世爻为戊申，正值酉月子日金旺之时，所以说时日旺相。毛西河不懂纳甲筮法却冒然动敢谩骂，颇有一点三家村学究无往而不胜人之气象。

六爻动

朱子曰："乾坤占两用，余占之卦之彖辞。"

任启运曰："乾坤占两用，是也；'余占之卦之彖辞'，非也，盖朱子误以用九为变坤，用六为变乾耳。然则坤尽变，何不占乾元亨利贞之四德[①]，而止占利永贞之两德乎？则以全卦占事之久近始终，可知也。"

按：如任氏之说"乾坤占两用"亦非耳。何是之有？其"见群龙无首，吉"、"利永贞"，非占辞。说已详《用九用六解》中，兹不复赘。

又按：用九用六若为占辞，则乾坤二卦有七爻矣，毛西河《仲氏易》曾辨之。

注释：

①四德：《文言》释乾卦辞说："'元'者，善之长也；'亨，者，嘉之会也；'利'者，义之和也；'贞'者，事之干也。君子体仁足以长人，嘉会足以合礼，利物足以和义，贞固足以干事。君子行此四德者，故曰'乾元亨利贞'"，是即为四德之说。

译文：

朱熹说："若六爻全变，乾坤两卦则以用九、用六之辞断占，其余之卦则以变卦彖辞来占断。"

任启运说："'乾坤占两用'，是正确的，'余占之卦彖辞'却是不正确的。大概朱熹误认为用九之辞即所变之坤，用六之辞即所变之乾。然而如果坤卦六爻皆变，何不以乾元亨利贞四德来占断，却只用坤利永贞两德来占断？因为根据全卦即可推断事之远近始终。"

按：任启运所说"乾坤占两用"亦不正确。为什么呢？因为"见群龙无首，吉"，"利永贞"，本不是占辞。此已在《用九用六解》中有详细说明，兹不赘述。

又按：用九用六若为断占之辞，那么乾坤两卦则有七爻，此显为不妥。毛西河《仲氏易》曾有详细辨析。

唐王庭凑筮为节度使

唐长庆中，成德兵变，杀节度使田宏正，而拥立部将王庭凑。初庭凑微时，�有道士为卜，得乾☰之坤☷。曰："坤，土也，地也，大位当临而旄节不违①，兼有土地山河之力。"复问寿几何，子孙几何。曰："公三十年后当有二王。"已而庭凑立十三年。盖庚文也，景崇、镕也皆王。

按：此全以之卦推，而原本乾坤不占二用也。二用非占辞也。乾世在上爻。古法一爻值五年，故三十年。乾为君，重乾故二王。

注释：

①旄节不违：旗帜鲜明，节令严整，无违抗之人。旄，古代用牦牛尾装饰的旗子。节，节令、号令。

译文：

唐长庆年间，成德军发生兵变，杀节度使田宏正，而拥戴部将王庭凑。王庭凑地位微贱时，�曾有一道士为其占卜，起得乾☰变为坤☷。道士占断说："坤为土为地，是指高位将至而旗帜号令不违，兼有土地山河之力。"又问年寿几何，子孙怎样。道士回答说："您三十年后当有二位王者。”王庭凑为节度使十三年而卒，说三十年是奉承的话，其后代王景崇、王镕都先后当过节度使。

按：此例全以之卦之辞推断。本来乾坤两卦不以用九用六来占断。用九用六本非占辞。乾卦世在上九爻，古筮法以一爻值五年，则六爻共值三十年。乾为君，重乾故有二王。

宋筮金主亮入寇首落地

宋时金主亮入寇，筮得蛊䷑之随䷐。占者曰：“我有震威（本卦为贞故称我，蛊三至五互震），而外当毁折（之卦为悔故曰外，随上兑，兑毁折），敌败之象也（内我外敌）。且两互之渐（随三至五互巽，二至四互艮，合之为风山渐），渐之辞曰‘夫征不复’[①]，其何能返？且艮上变柔（蛊艮上九变随兑上六），巽初变刚（蛊内巽初六变随内震初九，故曰刚），随自否䷋来[②]，头落地矣（否上九与初六易位为随，乾为首，乾爻自上落下，故曰首落地）。”后亮果兵败被杀。

按：此纯以卦变卦象推，本卦之卦并重，与任氏说合。

注释：

①夫征不复：此引自渐卦九三爻辞，是说男人出征而未能返回，喻被害之意。

②随自否来：依李之才《卦变图》，随卦由否卦演变而来，即否之上九爻与初六爻易位而得随，乾为首，乾之上爻自上而落下，故下文说头落地。

译文：

宋时金主完颜亮向南进犯，宋有人用《周易》筮之，起得山风蛊卦䷑变为泽雷随卦䷐。占卦的人说：“我有震威（本卦蛊为我，蛊卦三爻至五爻互体为震卦，震为威武），而外当毁折之时（之卦随为彼，随上卦为兑，兑为毁折)，是为敌败之象（本卦为我，外卦为敌)。况且随之两互体卦合为风山渐卦（渐卦三爻至五爻互体为巽卦，二爻至四爻互体为艮卦，合之为风山渐卦)，渐卦九三爻辞说‘夫征不复’，金主完颜亮来之后怎么能返回呢？且蛊艮之阳刚变为阴柔（蛊卦上艮之上九阳爻变为随卦上兑之上六阴爻)，巽之初爻变为阳刚（蛊内巽初六阳爻变为随卦内震初九阳爻，故曰柔变刚)，而随卦又是由否卦变而来，所以头必落地（否卦上九阳爻与初六阴爻易位则变为随卦，否之上乾为首，乾之上九爻由上而落下，故有首落地之象)。”之后，完颜亮果兵败被杀。

按：此例纯以卦变、卦象来推断，而且本卦之卦兼重，与任启运之说相合。

[筮林补遗]

吴尚广筮孙皓庚子年青盖入洛

吴陆抗既平步阐，孙皓意张大，令尚广筮并天下，遇同人䷌之颐䷚。曰："吉！庚子青盖当入洛阳。"皓由是不修德政，有窥上国之心。及皓之降，岁正庚子。

案：此与孙皓前筮（见卷六）当为一事，纪载不同耳。尚广盖避祸不敢正言，谬谓为吉；而又不欲没其实，故刻入洛之岁，岂知实被俘入洛也。其刻庚子者，同人内卦离，离为火为午，颐又为大离[①]，至子年冲而兼克[②]，故知必灭。

注释：

①颐又为大离：颐卦上、下两爻为阳，其余四爻皆为阴，二阳包诸阴，故有大离之象。

②至子年冲而兼克：依纳甲筮法，子午相冲，离为午，至子年子冲

午，子为水，午为火，子水可克午火，所以说至子年冲而兼克。

译文：

三国时吴将陆抗平定步阐之后，吴主孙皓意骄，令尚广占筮何时统一天下，遇天火同人卦☰☲变为山雷颐卦☶☳。尚广占断说："吉！庚子年春当进入洛阳。"孙皓从此不修德政，却有窥视上国之心。等到孙皓投降晋，正好是庚子年。

案：此例与卷六所载孙皓占筮之例实为一事，只是记载不同而已。尚广大概是避祸而不敢正言，只是反说为吉；但又不想没其实情，所以刻定入洛阳之年，岂知正是孙皓被俘入洛阳之时。之所以断为庚子年，因为同人内卦为离，离为火为午，颐卦又为大离，至子年子水冲而兼克午火，故可推知其年孙皓必亡国。

梁邓元起筮入蜀知不还

梁邓元起初为益州刺史，及巴东闻蜀乱，使蒋光济筮之，遇蹇☵☶，喟然叹曰："吾岂邓艾而及此乎?"后果如筮，不能还也。

蹇，"利西南，不利东北"。蜀西南也，故往利；还则东北矣，故不利。

译文：

梁邓元起刚为益州刺史时，到巴东听说蜀已乱，于是令蒋光济筮，遇水山蹇卦☵☶。邓元起喟然叹曰："难道我像三国时的邓艾到蜀地去而难复返吗?"以后果如卜筮所言，邓元起未能返回。

蹇卦卦辞说："利西南，不利东北。"蜀正在西南之地，故往蜀则利；还则为东北，往东北则不利。

后魏高祖筮南征遇革而止

《后魏书》：高祖欲南讨，诏太常卿王谌筮之，遇革[①]䷰，曰："此'汤武革命'之卦也"，群臣莫敢言。任城王澄曰："革者，更也，将欲应天顺人，革君臣之命，汤武得之而吉，陛下帝有天下，重光累叶，今日卜征，可云伐叛，不得云革命，未可为吉也。"高祖厉色斥之，后悟乃止。

按：此纯以卦义推。

注释：

①革：卦名。既有去故更新、改革变化之义，又有改朝换代之义。故《革·象》称"汤武革命，顺乎天而应乎人"。去故取新、改朝换代方为革，故高祖南讨遇此不吉。

译文：

《后魏书》：高祖欲向南讨伐，诏令太常卿王谌占了一卦，遇泽火革卦䷰，说："这是'汤武革命'之卦"，群臣没有敢言的。任城王澄说："革为去故更新，将要上应乎天意下顺乎民心，革旧朝君臣之命，汤武得此卦最吉。今陛下您已据有天下而称帝，恩泽及于后世，今日卜占征讨，可以说为攻伐叛逆，不能说是革命，故不能言吉。"高祖严厉地斥责王澄，稍后醒悟方止。

按：此例纯以卦义来推断。

后周梁孝元射盒中金玉琥珀指环及筮使至

后周梁孝元精伎术[①]，南平嗣王恪尝以铜盒盛金玉、琥珀、指环，请孝元射覆，卦遇姤䷫之履䷉。曰："上既为天，其体则圆。指环之象，金玉在焉。寅爻带牛，寅则为虎。琥珀生光，在盒中央。盒中之物，凡有三种。案卦而谈，或轻或重。”恪于是神服。

又以壬申日寅时筮南军何时有信，遇剥☶☷之艮☶☶。孝元曰："使还，已在门外。”遣之往，果如所言。宾客惊其妙而问之，孝元曰："艮为门，时在寅，与日辰并，故知之耳（按：申子辰驿马在寅，占时恰遇寅，剥上六又寅，故知驿马到门）。”

按：前卦姤上乾，乾为天，天体圆，又为金玉，故有环象。定为指环者，小盒不能盛臂环也，是决其有金环、玉环矣。然姤互三乾[2]，又巽数三，故知圆象之物有三种，金玉得二种。余一种因姤本宫乾二爻主寅，姤初爻则为丑，变履三爻亦主丑，丑牛，故曰寅爻带牛[3]。寅为虎，居丑土中，夫虎之生于土中者，必琥珀也。况履二至四互离，离为光，琥珀有光，是余一种之圆物必为琥珀无疑矣。是以卦象兼纳甲推也。

其第二占剥上艮，艮为门，上爻主寅值妻财。妻财者役使之神，而艮为门，是役使者已到门矣。况剥三爻值妻财，变为艮值申，恰与日并，故益知使已到门也。亦以卦象兼纳甲推也。

注释：

①伎术：此指占算之术。伎，技巧、才能。

②姤互三乾：姤之上卦为乾，姤之三爻至五爻、二爻至四爻各互成一乾，共三乾。

③寅爻带牛：此处所释甚为牵强。

译文：

后周梁孝元精通占算之术，南平嗣王恪曾用铜盒盛金玉、琥珀、指环，请梁孝元射覆，起得天风姤☰☴变为天泽履☰☱。梁孝元占断说："姤之上卦为乾，乾为天，其物必圆，有指环之象，况乾为金玉，则其物又有金玉。寅爻带牛，寅又为虎，琥珀生光，在盒之中央必有琥珀。盒中共有三种物品，以卦来看，有轻有重。”王恪于是甚为信服。

壬申日寅时，梁孝元又筮南军何时有信来，遇山地剥☶☷变为艮☶☶。梁孝元占断说："信使已还，已到门外。"到门外观看，果如梁孝元所言。宾客惊叹其占断之神妙并问其中的奥妙，梁孝元说："艮为门，时在寅，与日辰并，故可以推知（按：申子辰驿马在寅，占时又恰遇寅，剥卦上六又为寅，故知驿马已到门外）。"

按：前卦姤上卦为乾，乾为天，天体呈圆形，乾又为金玉，故有金玉环之象。之所以断其为指环，因为小盒盛不下臂环，故断其为金环、玉环。然而姤卦上乾与所互两乾共为三乾，又巽之数为三，故知圆形之物计有三种，金玉为其中的两种。因姤卦本宫乾之二爻为寅，姤卦初爻为丑，变卦履三爻为丑，丑为牛，所以说寅爻带牛。寅为虎，居上、下二丑土之中，而虎之生于土中者一定为琥珀。况且履卦二爻至四爻互体为离卦，离为光，则琥珀必有光，故所余之物一定为琥珀。这是根据卦象兼用纳甲来推断。

第二占剥之上卦为艮，艮为门，剥之上爻为寅临妻财。妻财为役使之神，而艮为门，所以说役使者已临门。况且剥卦三爻亦临妻财，动变后又临甲，恰与日辰并，故益知信使已到门外。此也是依据卦象并兼用纳甲来推断。

金楼子孟秋筮雨

金楼子云：孟秋之月，亢旱。乃端策揲蓍，遇复䷗，既而言曰："庚子爻为世，于金七月建申，申子辰又三合，必在此月五日庚子。"果得甘雨。

按：复世在初爻庚子，子水，水长生于申，王于子，墓于辰，七月建申，申子辰合成水局，是子水甚王，值子日尤王矣，故雨。三五合者，盖复下卦三爻辰土，上卦五爻亥水，亦地上有水之象也。

译文：

金楼子说：孟秋之月（即初秋之月，为七月）大旱。于是端策揲蓍布卦，起得地雷复卦䷗，不一会占断说："庚子爻持世，于秋金旺之时七月建申，申子辰又三合成局，必在本月五日庚子日有雨。"至时，果得甘雨。

按：复卦世爻在初爻庚子，子为水，水长生于申，旺于子，墓于辰，七月月建临申，申子辰合成水局，是子水甚旺，值庚子日水更加旺相，故庚子日有雨。三爻与五爻合，是说复下卦三爻之辰土，上卦五爻之亥水，也为地上有水之象，故雨。

金楼子又十七日筮雨

金楼子又于十七日筮雨，遇坎䷜之比䷇。曰："坎者水也，子爻为世，其在今夜三更乎？地上有水，称之为比，其必有甘雨乎？"至夜果雨。

按：坎世在上爻子，卦既为水，世又值子水，至夜三更子时水益王矣。况比又为地上有水之象，故决其有雨。

译文：

金楼子又在十七日筮何时有雨，起得坎为水䷜变为水地比䷇。金楼子占断说："坎为水，子水又临世爻，大概在今夜三更有雨吧？地上有水，称之为水地比，这一定会有甘霖吧？"到夜间三更果然有雨。

按：坎卦世爻在上爻子水，坎卦又为水，世多又值子水，至夜三更子时水更旺。况比卦又为地上有水之象，因而断晚上必有雨。

金楼子又为桃文烈筮雨

又桃文烈谓金楼子曰："此二十一日将雨，其在虞渊之时。"金乃筮之，遇谦䷎之小过䷽。曰："坤艮之象皆在土宫，非值无雨，乃应开霁。"既而星如玉李，月上金波，果晴。

按：坤艮为土，土克水，故知无雨。

译文：

桃文烈对金楼子说："此月二十一日将要下雨，当在黄昏之时。"金楼子于是占了一卦，起得地山谦卦䷎变为雷山小过卦䷽。金楼子占断说："坤艮两卦象皆在土宫，土克水，非但无雨，还要大晴。"不一会星河灿烂，月上金波，果然大晴。

按：坤艮二卦俱为土，土克水，水被制，故知无雨而晴。

金楼子又射人名

又有人名裹襞纸中，请金楼子射之，得鼎卦䷱。曰："鼎卦上离为日，下巽为木，日下安木，杲字也。此是典签裴重欢疏潘杲名与?"余射之，他验皆如此也。

按：此以卦象及卦所属五行推。

译文：

又有人把人名藏在襞纸中，请金楼子射，起得火风鼎卦䷱。金楼子占断说："鼎卦上之离为日，下之巽为木，日下安木，必为'杲'字。这是典签裴重欢疏潘杲之名吗?"我占射对了，其他所射也多如此验证。

按：此例以卦名及卦所属五行来推断。

五明道士筮王庭凑否泰

唐《耳目记》云：长庆之代，邺中有五明道士者，不知何许人，善阴阳历数，尤攻卜筮。成德军节度使田弘正诛求不息，民众怨咨。时王庭凑为部将，遣使于鄚。既至，忽有微恙，因诣五明先生卜否泰，卦成三钱并舞，良久方定，而六位俱重。道士曰：“此卦纯乾变纯坤，坤土也地也。大夫将来秉旄不违，兼有土地山河之力，事将集矣，曷速归乎?”庭凑掩耳而走。是夜复得异梦，即辞归，未及旬兵变，杀弘正，推庭凑为主。朝廷遣裴度讨之，赵人拒命。二年，会文皇立，诏加节制，子尚主，在位十三年。卒赠太师。凡五世六主二王，一百零一年而灭。初庭凑即立，迎五明于府，从容问曰：“将来禄寿，请更推之。”五明曰：“三十（十三之倒也），后裔有二王”（此卦已见前，比较详）。

译文：

唐《耳目记》说：长庆之时，鄚中有一个叫五明的道士，不知为何许人，善于阴阳历数，尤精通卜筮之法。成德军节度使田弘正强行索取，贪得无厌，民众怨愤。当时王庭凑为部将，有使命而到鄚。到鄚之后，身体忽然稍感不适，因而去拜访五明先生求卜吉凶如何，起卦时三钱一起舞动不止，很久才定下来，卦成而六爻俱变动。五明道士说：“此卦系纯乾卦变为纯坤卦，坤为土为地，您将会秉持旄帜而未有敢违抗的，并兼有土地山河之力，大事将要集于您一身，怎么不快回去呢?”王庭凑听后掩耳而走。这一夜，王庭凑又作了一个异梦，立即辞别而归。未到一旬即发生兵变，杀死田弘正，并推王庭凑为主。朝廷派裴度讨伐，赵人拒抗。第二年，恰逢文皇立，诏加以节制，儿子王元逵娶寿安公主，在位十三年，卒时赠太师之号。共经历五世六主二王，历一百零一年而灭亡。王庭凑刚立为节度使时，将五明道士迎接到府上，从容而问五明说：“我将来之禄寿，请先生您再详细推断。”五明说：“三十（为十三倒数），后裔中有二位为王。”（此卦在前文已列，此处较详）

黄贺筮刘幹功名

唐昭宗时，有黄贺者，巩洛人，避乱游赵，家于常山，以卜筮为业。

时赵王镕幼，燕军寇北郊，王方选将拒之。有勇士陈立、刘斡投刺军门，愿以五百人尝寇，王壮而许之。即夜大捷，燕人骇退，立战殁，斡唱凯而旋。王悦，赐马数匹，金帛称是。俄为阉人所谮，曰："此皆陈立之功。"王母何夫人闻之，曰："身死为君，未若全身为国。"即赐锦衣银带，加钱二十万，擢[①]为中坚尉。

初，斡诣贺卜，卦成，谓斡曰："是卦也，火水未济，终有立也。九二之动，曳轮贞吉。以正救难，往有功也。变而之晋，明出地中[②]，奋发光扬，恩泽相接。子今行也，利用御戎，大获庆捷，王当有车马之赐，其间小衅，不足忧之。"

按：上卦为未济之晋，二爻动，即以二爻辞断，兼用之卦词意，遇卦之卦熔而为一，与《左传》占法略同，而不用纳甲。又按，纳甲，子孙为宝爻，宝爻发，固宜多得赍[③]赐。

注释：

①擢：提拔。

②明出地中：晋卦上离下坤，离为日为光明，坤为地，象日出于地上而光明，泽及万物，故下文说"奋发光扬，恩泽相接"。

③赍：把东西送给别人。

译文：

唐昭宗时，巩洛人黄贺为躲避战乱，曾在赵地常山安家，以卜筮为业。时值赵王镕年幼，燕军从北郊进犯，王镕正选战将来拒燕军。勇士陈立、刘斡投奔军门，愿意以五百人抵挡燕军的进犯，王镕非常赞同。当晚大获全胜，燕军骇退，陈立在战斗中身亡，而刘斡凯旋。王镕非常高兴，赐给刘斡良马数匹、金帛若干。不久刘斡被阉人所诋毁，说："这都是陈立的功劳，而被刘斡所窃有。"王镕之母何夫人闻之，说："为君而身死，不若为国家保全身体。"于是赐给刘斡锦衣银带，外加钱二十万，又提拔为中坚尉。

当初，刘斡曾拜访黄贺请求占一卦，卦成之后，黄贺对刘斡说："这一卦为火水未济，未济为现在事未成，但终能立身。九二爻动，拉动车轮，守正吉利。以正义救助危难，往必立功。未济又变为晋卦，光明跃出地中，光明照耀而恩泽广布。你此次之行，利于抗击敌寇，并大获全胜而捷报相庆，君王当赏赐车马。其间虽有小嫌隙，但不足为忧。”

按：上之卦例为未济变为晋卦，二爻发动，即以未济二爻辞占断，并兼用之卦词意，从而本卦之卦融而为一，与《左传》之占法略同，却未用纳甲之法。又按照纳甲筮法，子孙爻为宝物之爻，宝爻既发，则必多得赏赐。

黄贺又为张师筮病

赞皇县尉张师，卧病经年，日觉危殆，请贺卜之，得无妄，曰：“‘无妄之疾，勿药有喜’[①]，请停理疗，五日必大瘳也。”师果应期而愈。

按：上筮独取五爻辞，或五爻发也。然筮得鼎卦者，四爻不发亦尝取折足象，筮无定法也。

注释：

①无妄之疾，勿药有喜：此为无妄卦九五爻辞，是说意想不到的疾病，不必用药而能自愈。有喜，古人指病愈为有喜。

译文：

赞皇县尉张师卧病多年，日益觉得自己病危，请黄贺为其占卜，起得天雷无妄卦䷘。黄贺占断说：“这属意想不到的疾病，不必用药即能自愈，请您停止药物治疗，五日后必大愈。”张师果然应期而病自愈。

按：此筮例独取无妄五爻辞来断占，也可能是五爻发动。然而若筮得火风鼎卦，即使四爻不动亦取鼎卦四爻折足之象，概因筮无定法，贵在变通。

黄贺又为张师筮梦

又数十年，张师梦白鸟飞翔，堕于云际，既觉，恍惚不乐。召贺卜之，卦成，贺惨然曰："朝来寝息，不有梦乎？必若有梦，其飞禽之象乎？且雷震山上，鸟坠云间。声迹两销，不可复见。愿加宝爱，乐天委命可也。"师竟不起。

按：雷在山上，小过。"飞鸟遗之音，不宜上，宜下，大吉"①。贺不以吉断者，时与位不同也。

注释：

①飞鸟遗之音，不宜上，宜下，大吉：此为小过卦卦辞。这是说，飞鸟过后，遗音犹在，不宜上，而宜于下，大吉。

译文：

又过了几十年，张师梦见白鸟在天空中飞翔，而堕于云间，梦醒后恍惚而不乐。张师请黄贺占卜此梦，卦成之后，黄贺神情惨淡，说："早晨起而晚上睡，能不有梦吗？若有梦，大概是关于飞禽之事？且雷震动于山上为小过，而鸟坠入云间，声音踪迹皆无，不能再见。愿您加意爱护身体，乐天知命委命即可。"张师竟卧床再不能起。

按：雷在山上为小过卦䷽，小过卦辞说："飞鸟过后，遗音犹在，不宜上而宜于下，大吉。"而黄贺不以吉断，是因时间与空间不同。

黄贺又为段诲筮丧马

又藁城镇将段诲，夜宿邮亭，马断缰而逸，数日不知所适。使人诣肆而筮之，贺曰："据卦睽也。初九动者，应有凶失之事，无乃'丧马'乎？

‘勿逐，自复’[①]，必有絷[②]而送之者。”回未及舍，已有边鄙恶少牵而还之。时人谓贺为易圣。

按：边鄙恶少，应“见恶人，无咎”。

注释：

①勿逐，自复：此与下之“见恶人，无咎”，皆引自睽卦初九爻辞。其辞曰：“悔亡。丧马勿逐，自复，见恶人，无咎。”这是说，悔事消亡，丧失的马不必追寻，自己会返回，见到恶人无咎害。

②絷：拴，捆，拘系。

译文：

又藁城镇将段诲，曾经晚上在邮亭留宿，其马缰断而跑，数日而不知其去向。段诲派人到集肆中占问，黄贺占断说：“此卦为睽䷥，睽初爻动，应当有凶失悔亡之事，大概是丢了马吧？‘不用去追寻，自己会返回’，一定有人将马送来。”段诲还未回到邮亭，就有边地相貌丑恶的人把马送回来了。当时的人都说黄贺为易圣。

按：边鄙恶少，是应睽卦初九爻“见恶人，无咎”。

卷八　纳甲考

纳甲说

前引占验故事，其用纳甲法者，如不解，可照此法排列，纳入卦中，自了然矣。

纳甲者，将干支排纳于六爻中，而以干支所属之五行及筮时时日，视其生克，以断吉凶也。其法始于汉京房，原本于孔门，至晋郭璞多用之。不明此法，前所引古人占验故事有不能尽解者，故略述明之。

其法乾起于子，隔一位顺推[①]至戌而止；坤起于未，隔一位逆推至酉而止。即乾一爻子，二爻寅，三爻辰，四爻午，五爻申，上爻戌。坤一爻未，二爻巳，三爻卯，四爻丑，五爻亥，上爻酉是也。而属于乾卦之阳三子，坎起寅，艮起辰，震仍起子，皆顺推。坤卦之阴三子，兑起巳，离起卯，巽起丑，皆逆推[②]。今将十二辰[③]方位图列右，装卦时可按图排列。如在外卦，按序推排。

巳	午	未	申
辰			酉
卯			戌
寅	丑	子	亥

注释：

①顺推：古人认为，乾卦属阳，故地支应纳于属阳之子、寅、辰、午、申、戌。乾为正为阳，故排纳地支时隔一位顺推。同样，属阳之坎、艮、震在排纳地支时亦纳以属阳之子、寅、辰、午、申、戌并顺推，只不过震起于子，坎起于寅，艮起于辰。

②逆推：坤卦属阴，故地支亦纳于属阴之丑、卯、巳、未、酉、亥。坤为阴，与乾阳不同，故纳地支时隔一位逆推。同样，属阴之巽、离、兑亦纳以丑、卯、巳、未、酉、亥并逆推。不过，坤起于未，巽起于丑，离起于卯，兑起于巳。

③十二辰：即地支子、丑、寅、卯、辰、巳、午、未、申、酉、戌、亥，其属性甚多（见表一）。

表一

地支 属性	子	丑	寅	卯	辰	巳	午	未	申	酉	戌	亥
阴阳	阳	阴	阳	阴	阳	阴	阳	阴	阳	阴	阳	阴
生肖	鼠	牛	虎	兔	龙	蛇	马	羊	猴	鸡	狗	猪
五行	水	土	木	木	土	火	火	土	金	金	土	水
月份	11	12	1	2	3	4	5	6	7	8	9	10
时辰	23～1	1～3	3～5	5～7	7～9	9～11	11～13	13～15	15～17	17～19	19～21	21～23
方位	北	东北	东	东	东南	南	南	西南	西	西	西北	北

译文：

前边所引占验故事，其中有的用纳甲筮法来解。若不能理解其中的奥妙，可照下列排纳十支之法纳入卦中，则会自然明了。

所谓纳甲，是指将天干地支排纳于一卦六爻中，并以天干地支所属五行与筮时月日，来看其生克冲合刑害的关系，从而推断吉凶。纳甲法始于汉代京房，而其源本于孔门儒家，至晋代郭璞用之甚多。若不明此纳甲筮法，前边所引古人占验故事则不能尽解，故此略述纳甲筮法以明其义。

在纳甲法中，乾卦起于子，地支隔一位顺推至戌而止；坤卦起于未，地支隔一位逆推至酉而至。即乾卦初爻纳子，二爻纳寅，三爻纳辰，四爻纳午，五爻纳申，上爻纳戌。坤卦初爻纳巳，二爻纳未，三爻纳卯，四爻纳丑，五爻纳亥，上爻纳酉。属乾卦之阳三子，坎卦起于寅，艮卦起于辰，震卦仍起于子，皆为顺推。坤卦之阴三子，兑卦起于巳，离卦起于卯，巽卦起于丑，皆为逆推。今将地支十二辰方位图列下，装卦时可按此图排列。如果是在外卦，亦按卦序推排。

巳	午	未	申
辰			酉
卯			戌
寅	丑	子	亥

六　亲

各爻既将地支排好，次排六亲。六亲[①]者，父母、兄弟、妻财、子孙、官鬼是也。其法视各卦所值地支之五行，与遇卦本宫之五行相生克而定名，其地支生本宫者为父母，与本宫同性者为兄弟，克本宫者为官鬼，本宫生者为子孙，本宫克者为妻财。

如火天大有为乾宫卦，属金，一爻值子水，金生水为子孙；二爻值寅木，金克木为妻财；三爻值辰土，土生金为父母；四爻值酉金，同性为兄弟；五爻值未土，仍为父母；上爻值巳火，火克金为官鬼也。全视所纳之地支之五行与本宫生克定名也。他卦同此也。

注释：

①六亲：纳甲筮法所谓六亲系指父母、兄弟、妻财、子孙、官鬼，实

为五个，但古人认为父母为双亲，外加妻财、子孙、官鬼、兄弟四亲，共称六亲。

译文：

各卦将地支排好后，再排六亲。所谓六亲，是指父母、兄弟、妻财、子孙、官鬼。排六亲之法系各卦根据各爻所值五行，与本卦所属本宫卦五行生克的关系而定。若地支五行生本宫，则为父母；若与本宫同性，则为兄弟；若地支克制本宫，则为官鬼；若地支为本宫所生，则为子孙；若地支为本宫所克，则为妻财。

例如，火天大有为乾宫归魂卦，乾宫卦属金，大有卦初爻临子水，金生子水，则子为子孙；二爻值临寅木，金克寅木，则寅为妻财；三爻值临辰土，辰土生金，则辰为父母；四爻值临酉金，酉与金为同性，则酉为兄弟；五爻值临未土，未仍为父母；上爻值临巳火，巳火克金，则巳为官鬼。全视卦所纳地支的五行与本宫的生克关系来定名。其他各卦皆同此推断。

世 应

世应者，卦中之主，所恃以推吉凶者也。略如贞悔，世为我，应为彼。然世应究值何爻，仍原本于遇卦之本宫。如本宫为乾，乾初爻动变天风姤，因姤卦自乾初爻变来，故姤世即在初爻。乾二爻再变为天山遯，因遯卦自乾二爻变来，故遯世即在二爻。乾三爻再变为天地否，故否世即在三爻。乾四爻再变为风地观，故观世即在四爻。乾五爻再变为山地剥，故剥世即在五爻。上爻不能变（变即出宫），由剥卦五爻退后将四爻仍变为阳，是为乾宫之第七卦火地晋，因其退后变来，故卜筮家名曰游魂卦，其世亦在四爻（与观卦同）。再由晋卦四爻退后，将下三爻全变，是为乾宫之第八卦火天大有，因大有内卦仍变为乾，故卜筮家名之曰归魂卦，其世又退在三爻。八宫同此。世位既定，隔二爻即为应爻也。

或曰：乾、坎、艮、震、巽、离、坤、兑八宫本卦世在何爻？曰：世在上爻。《乾凿度》以上爻为宗庙爻，言八卦皆可自初爻以至五爻变成各卦，惟上爻不能变，隐然为一宫之宗祖也。

译文：

世应为卦中之主，占者主要依靠世应来推断吉凶。世应与贞悔有相同之处，世为我，应为彼。然而，世应究竟值临何爻，仍原本于遇卦之本宫。如本宫卦为乾，乾卦初爻动则变为天风姤卦，因为姤卦是自乾卦初爻变动而来，所以姤卦世即在初爻。乾卦二爻再变即变为天山遯卦，因为遯卦系乾卦二爻动变而来，所以遯卦世即在二爻。乾卦三爻再变而为天地否卦，所以否卦世即在三爻。乾卦四爻再变而为风地观卦，所以观卦世即在四爻。乾卦五爻再变而为山地剥卦，所以剥卦世即在五爻。上爻不能变（因为一变即出本宫），再由剥卦五爻退后将第四爻仍变为阳爻，此即乾宫之第七卦火地晋，因为晋卦是退后而变来，所以卜筮家又叫游魂卦，其世亦在四爻（与观卦世在四爻相同）。然后再由晋卦四爻退后，将下卦三爻全变，即为乾宫第八卦火天大有卦。因为大有内卦仍变为乾，变回本宫，所以卜筮家又叫做归魂卦，其世又退回而在第三爻。其他八宫亦皆同此。世爻之位已定，隔二爻即为应爻。

有人问：乾、坎、艮、震、巽、离、坤、兑八宫本卦的世爻在哪一爻呢？其世爻即在上爻。《乾凿度》以上爻为宗庙爻，并说八卦皆可由初爻至五爻动变而来，而唯有上爻不能变，盖上爻隐然为一宫之宗祖。

寻世爻捷法

凡遇卦不得世爻所在，即不能断。而寻世爻之法，须按卦象分宫次序歌寻之。如乾为天世在上爻（首卦仿此），其第二卦天风姤世在初爻（因乾初爻变，说见前），第三卦遯世在二爻，第四卦否世在三爻，五卦观世在四爻，六卦剥世在五爻，七卦晋世退在四爻，八卦大有世退在三爻。其次序歌须能背诵纯熟，得卦时即知此卦某宫第几，世爻不难即得，否则有书亦可。倘无书可翻，又不能背诵分宫卦歌，则世爻不得，即无从推卦。余以年老多忘，屡有此困。儿子骧进言，卦即从八宫某卦变来，可仍将遇卦从初爻往回变，变至上下卦相同，即本宫卦也。变至某爻得到本宫，某爻即世爻也。如法试之，而困难尽解。

译文：

凡遇卦不知世在何爻，则不能详细推断。而寻找世爻之法，须按卦象分宫次序歌来寻。如乾为天卦世在上爻（其余八宫首卦皆仿此），第二卦天风姤卦世即在初爻（因姤卦从乾卦初爻动变而来），第三卦天山遯卦世即在二爻，第四卦天地否卦世即在三爻，第五卦风地观世即在四爻，第六卦山地剥卦世即在五爻，第七卦火地晋世爻退回而在第四爻，第八卦火天大有卦世爻退后而即在三爻。此卦象分宫次序歌必须背诵纯熟，得卦后即知此卦为某宫第几卦，则世爻不难立即寻得，否则查书即可。倘若无卦书查，又不能背诵此卦象分宫次序歌，则不知世爻在何爻，即无法推断。我因年老多忘，常有此种窘困。尚骧进言说，卦即从八宫某卦衍变而来，可仍将所遇之卦从初爻往回变，变至上下卦象为同一卦，则即为其本宫卦。变到哪一爻得到本宫，则哪一爻即为世爻。按其法来试，原先之困难尽解。

世　身

古纳甲法，世应之外尚有身，至于明，以世为身，废而不用，只用世应。然古有此法，不可不知也。兹将古人安身诀录后。

子午持世身居初，丑未持世身居二，寅申持世身居三，卯酉持世身居四，辰戌持世身居五，巳亥持世身居六。

译文：

古代纳甲筮法在世应之外尚有身爻，到明代时以世爻即为自身，身爻遂废而不用，而只用世应。然而古既有此身爻之法，学易者亦不可不知。兹将古人安身爻之诀录于下。

若子午爻持世，则身居初爻。若丑未爻持世，则身居二爻。若寅申爻持世，则身居三爻。若卯酉爻持世，则身居四爻。若辰戌爻持世，则身居五爻。若巳亥爻持世，则身居六爻。

说明：

身爻一说，今人用之甚少。今人占卦多以世为主，认为世即自身，故不再用身爻。野鹤老人《增删卜易》论此较详，可以参照。

纳　甲

纳甲者，将甲乙丙丁十天干纳入卦中也。前所纳者，只十二地支也。然则干支如何排纳乎？即凡遇乾卦在内，三爻皆属甲，在外三爻皆属壬。坤卦在内三爻皆属乙，在外三爻皆属癸。乾三子坎内外皆为戊，艮内外皆为丙，震内外皆为庚。坤三子巽内外皆为辛，离内外皆为己，兑内外皆为丁。如乾内卦为子、寅、辰，即甲子、甲寅、甲辰；外卦为午、申、戌，即壬午、壬申、壬戌是也。他卦仿此。

但古时虽天干与地支同排，实只重地支。至明代，筮者竟以天干无用，只纳子而不纳甲矣（惟卜日用天干备推旬空）。所以今之卜人询以纳甲之义，几不知其何谓，然其源甚远，汉京房即言用辰不用日也。

译文：

纳甲，是将甲、乙、丙、丁、戊、己、庚、辛、壬、癸纳入卦中，举甲以概其余，故为纳甲。前所纳者，只是纳入十二地支。然而，在一卦中干支如何排纳呢？即：凡遇乾卦在内卦，则三爻皆纳甲；乾在外卦，则三爻皆纳壬。若坤卦在内，则三爻皆纳乙；若坤卦在外，则三爻皆纳癸。乾之三子坎内外卦皆纳戊，艮内外卦皆纳丙，震内外卦皆纳庚。坤之三子巽内外卦皆纳辛，离内外卦皆纳己，兑内外卦皆纳丁。如乾内卦为子、寅、辰，纳天干即为甲子、甲寅、甲辰；乾外卦为午、申、戌，纳天干即为壬午、壬申、壬戌。其他卦仿此。

但古人虽然一卦中天干与地支同排，实只重地支，而不太重天干。到明代，筮者竟以为天干无用，从而只纳地支而不纳天干（只有卜时用天干来备推旬空和排六神）。所以，若向今天的卜者询问纳甲之义，而几乎不知纳甲何指。然而纳甲之说其源甚远，汉代京房即以立说。然而，今之人多用地支而少用天干。

五行[①] 生克

金生水，水生木，木生火，火生土，土生金。

金克木，木克土，土克水，水克火，火克金。

注释：

①五行：《尚书·洪范》说，“五行：一曰水，二曰火，三曰木，四曰金，五曰土。水曰润下，火曰炎上，木曰曲直，金曰从革，土爰稼穑。润下作咸，炎上作苦，曲直作酸，从革作辛，稼穑作甘”，这是五行的最初涵义。以后随着历史的发展，五行思想逐渐发展，形成了影响很大的五行学说，对中国传统文化的各个方面都有很大影响。

天干五行

东方甲乙木，南方丙丁火，西方庚辛金，北方壬癸水，中央戊己土。

译文：

东方为甲乙之位，甲乙五行属木。南方为丙丁之位，丙丁五行属火。西方为庚辛之位，庚辛五行属金。北方为壬癸之位，壬癸五行属水。中央为戊己之位，戊己五行属土。

地支五行

子，水，鼠。丑，土，牛。寅，木，虎。卯，木，兔。辰，土，龙。巳，火，蛇。午，火，马。未，土，羊。申，金，猴。酉，金，鸡。戌，土，狗。亥，水，猪。

译文：

子五行属水，生肖指鼠。丑五行属土，生肖指牛。寅五行属木，生肖指虎。卯五行属木，生肖指兔。辰五行属土，生肖指龙。巳五行属火，生肖指蛇。午五行属火，生肖指马。未五行属土，生肖指羊。申五行属金，生肖指猴。酉五行属金，生肖指鸡。戌五行属土，生肖指狗。亥五行属水，生肖指猪。

五行生旺墓绝

金长生在巳，旺在酉，墓地丑，绝在寅。

木长生在亥，旺在卯，墓在未，绝在申。

水、土长生在申午，旺在子戌，墓在辰寅，绝在巳。

火长生在寅，旺在午，墓在戌，绝在亥。

地支冲刑合

子午冲，丑未冲，寅申冲，卯酉冲，辰戌冲，巳亥冲。

寅刑巳，巳刑申。子卯相刑，丑戌相刑，未辰相刑。

子丑合，午未合，寅亥合，卯戌合，辰酉合，申巳合。

纳甲术古今用法之异同

纳甲始于西汉。其用以卜筮之见于载记者，三国时管辂陈志虽不详其本卦，然观其所言，盖用纳甲法为多。至晋郭璞所著《洞林》，不惟详其筮法，并自注释其筮义，与只有事验，不详筮法，徒炫骋神怪者不同。津逮后学，斯为甚矣。考其所用，纳甲为多，然兼取卦象卦辞，且其推法不专在动爻。

至明纳甲大家程良玉（即著《易冒》者），得苕上张星元秘传，凡占一准于用爻。如老奴占幼主，必用父母爻；少主占衰仆，必用妻财爻。词讼凭官后世应，寿命凭用后父母。科目先文，廷试先官。辨空破绝散之真伪，明飞伏互变之轻重。若晋外伏艮内伏乾，己酉世爻以丙戌为飞伏。需外伏兑内伏坤，戊申世爻以丁亥为飞伏。盖参之枯匏老人之说。一时占验遂为星元家所未及，由是与《周易》辞象乖矣，推测之途狭矣。

占既与辞象离，沿至今日，虽市井略识字者亦皆能之，而缙绅遂鄙之以为不足道。岂知纳甲之深奥者，缙绅虽白首不能穷其术，而管、郭且恃之参天地穷鬼神，胡可易视之哉！

兹编所录占验故事，原以《周易》辞、象为主，而间及纳甲，故略述纳甲法，以期能解前录筮案。若其详细，自有专书。

译文：

纳甲之说始于西汉。其用于卜筮而最早见于记载的，当推三国时记载管辂的《三国志·管辂传》。虽然《三国志·管辂传》未详细记载其本卦，然观其书中所言，而用纳甲法为多。至晋代郭璞著《洞林》，不仅详细载明其具体占筮之法，并自加注释其筮义，与那些只有验证之事，没有载明具体占法，只是炫耀神奇怪异者不同，津浸后学之人甚巨。考郭璞所用筮法，以纳甲法为多，并兼取卦象卦辞，况且其推法也不专在动爻。

到明代纳甲大家程良玉（著有《易冒》），亲得茗上张星元之秘传，凡占筮一准重用爻。如老奴占幼主，必须用父母爻；少主占老仆，必须用妻财爻。占词讼先看官鬼，后看世应；占寿命先看用神，后看父母爻。占科目先看文书（即父母爻），占廷试先看官鬼爻。辨析旬空、月破、绝墓、冲散之真伪，论明飞神、伏神、互体、变爻之轻重。至于晋外卦伏艮，内卦伏乾，而己酉世爻则以丙戌为飞伏。需外卦伏兑，内卦伏坤，而戊申世爻以丁亥为飞伏。以上盖参考枯匏老人之说。一时占验之神即使张星元亦不能及，从此筮法与《周易》卦辞、卦象相背离，而推测之途于是越来越狭。

占筮既与卦辞、卦象背离，沿至今日，即使市井上略能识字之人亦懂纳甲筮法，缙绅于是鄙弃纳甲筮法，认为不足为道。岂知纳甲筮法之深奥，缙绅即使皓首也不能穷其术，并且管辂、郭璞都赖之以参天地穷鬼神，岂敢轻视之。

本书所录占验故事，本以《周易》之卦辞、卦象为主，其中又有涉及纳甲筮法的，故略述纳甲筮法，以期能解前所录之诸筮案。若还要详细，请看专书。

六　神

六神者，青龙、朱雀、勾陈、螣蛇、白虎、玄武也。其用法以日起，如甲乙日初爻起青龙，以次上排，六爻玄武。丙丁日起朱雀，至六爻反青龙。戊日初爻起勾陈，六爻反朱雀。己日起螣蛇，至勾陈。庚辛起白虎，至螣蛇。壬癸起玄武，至白虎。

然考之，郭璞于六亲只见用鬼，于六神只见用白虎，他皆不常用，似白虎最重也。

考之诸书，大致以青龙为吉，白虎为凶。占疾病，螣蛇主死，白虎主丧。玄武主盗贼，朱雀主是非口舌。又青龙属木，朱雀属火，勾陈属土，螣蛇属火，白虎属金，玄武属水。故其吉凶，亦视所遇之生克以定。然考之诸书，六神只为附合之神；用爻吉，虽遇虎不凶；用爻衰，虽遇龙不吉，不能专主也。

译文：

六神，即青龙、朱雀、勾陈、螣蛇、白虎、玄武。其用法则按日之天干起，如甲乙日，初爻起青龙，并依次上排，至六爻为玄武。丙丁日初爻起朱雀，至六爻反为青龙。戊日初爻起勾陈，六爻反为朱雀。己日起螣蛇，六爻为勾陈。庚辛日起白虎，至六爻为螣蛇。壬癸日起玄武，至六爻为白虎。

然考之古人筮案，郭璞在六亲中只见用官鬼，在六神中亦只见用白虎，其他皆不常用，似白虎为最重要。

表二　六神表

日干 爻位	甲乙	丙丁	戊	己	庚辛	壬癸
上爻	玄武	青龙	朱雀	勾陈	螣蛇	白虎
五爻	白虎	玄武	青龙	朱雀	勾陈	螣蛇
四爻	螣蛇	白虎	玄武	青龙	朱雀	勾陈
三爻	勾陈	螣蛇	白虎	玄武	青龙	朱雀
二爻	朱雀	勾陈	螣蛇	白虎	玄武	青龙
初爻	青龙	朱雀	勾陈	螣蛇	白虎	玄武

考之诸书，大致以青龙为吉，以白虎为凶。占疾病，螣蛇主死，白虎主丧。玄武主有盗贼，朱雀主有是非口舌。又青龙属木，朱雀属火，勾陈属土，螣蛇属火，白虎属金，玄武属水。所以用六神决断吉凶，亦应视其生克关系来定。然考之诸种占筮之书，六神只是附合之神：若用爻吉利，即使遇白虎亦不为凶；若用爻衰竭，即使遇青龙亦不为吉。因为六神不能专主吉凶之事，只为参考之神而已。

说明：

在纳甲筮法中，虽诸书皆多论六神，但六神的作用并不大，只为附合之神，故通用筮法皆少有用者。但作为纳甲筮法的一部分，读者似应知其说（见表二）。

飞　伏

后世纳甲之法，既以用爻为占，有时用神不上卦，即不能推测，则有飞伏之法。伏者，伏神也。例如占财当以财爻为用神，而遇天风姤，姤卦无妻财，则寻本宫乾二爻寅木之妻财为本卦伏神，本卦二爻亥水为飞神，水生木谓之飞来生扶，便作吉推也。余皆可类推。

译文：

后世纳甲之法，既然主要凭借用神来占断，若有时用神不上卦，即不能推测；若欲推测，则需用飞伏之法。飞即飞神，伏即伏神。例如占财当以妻财爻为用神，若遇天风姤卦，姤卦无妻财之爻，则寻本宫乾卦之二爻寅木妻财作为本卦伏神，而本卦二爻亥水则为飞神，亥水可生寅木叫做飞来生伏，伏神遇生便作吉推。其余之卦皆可依此类推。

年上起月

甲己起丙寅，乙庚起戊寅，丙辛起庚寅，丁壬起壬寅，戊癸起甲寅。

如甲年或己年五月，即正月起丙寅，顺数，五月庚午。

译文：

年上起月干支，若遇甲年、己年则正月起丙寅，乙年、庚年则正月起戊寅，丙年、辛年则正月起庚寅，丁年、壬年则正月起壬寅，戊、癸年则正月起甲寅。

比如若遇甲年或己年五月，则正月起于丙寅，顺推至五，则五月为庚午。

日上起时

甲己起甲子，乙庚起丙子，丙辛起戊子，丁壬起庚子，戊癸起壬子。

如甲日或己日当卯时，即子时起甲子，顺轮，卯时是丁卯也。

译文：

日上起时干支，若遇甲日、己日则子时起甲子，乙日、庚日则子时起丙子，丙日、辛日则子时起戊子，丁日、壬日则子时起庚子，戊日、癸日则子时起壬子。

比如在甲日或己日卯时，则子时起甲子，顺推至卯，则卯时为丁卯。

卦　身

世为阳爻，则自十一月起，向初爻数之，至世爻止。如乾卦世在上爻，从初爻十一月数至世为四月，则卦身在巳。可用以与筮时月日定吉凶也。

世为阴爻，则自五月起，向初爻数之，至世爻止。如否卦世在三爻，从初爻五月数至世为七月，则卦身在申。可用以与筮时月日定吉凶也。

译文：

若世为阳爻，则从十一月起，从初爻数起，到世爻止。比如乾卦世在上爻戌土，从初爻起数十一月，至世爻为四月，则卦身在巳。可用卦身巳结合筮时月日来推断吉凶。

若在阴爻，则从五月起，从初爻数起，数到世爻止。比如，否卦世在三爻卯木，从初爻起数五月，数到世爻为七月，则卦身在申。可用卦身与筮时时日的生克关系来定吉凶。

卷九　占易杂述

卦象考

占《周易》者以辞为先，然辞往往与我不亲，则察象为最要矣。象者，易之本文。孔以前之辞俱亡，不可得见，今存者只《周易》。然《周易》之辞，无一非察象得来，乃文王孔子所以示学者以学易之端绪，非谓其包蕴尽于是也。故夫学筮者，于各卦义象须将古昔先儒以次所发明而推演者，荟萃之，记录之，然后能应用而不穷。

乾，健[①]也。坤，顺[②]也。震，动[③]也。巽，入[④]也。坎，陷[⑤]也。离，丽[⑥]也。艮，止[⑦]也。兑，说[⑧]也。

乾为天，首，圜[⑨]，君，父，金，玉[⑩]，寒，冰[⑪]，大赤，良马，老马，瘠马，驳马[⑫]，木果[⑬]，龙，直，衣，言（与震重）。

坎为水，豕，耳，沟渎，隐伏，矫揉[⑭]，弓轮[⑮]，加忧[⑯]，心病，耳痛，血卦[⑰]，赤，美脊马，中心马，下首马，薄蹄马，曳马[⑱]，月，盗，坚心木[⑲]，宫，栋，丛棘，狐，蒺藜，桎梏，险，棺椁（管辂语），志，法，律，酒，夜，中男，多眚车，众（见《左传》注）。

艮为山，狗（或作拘，非），手，径路[⑳]，小石，门阙，阍寺，指，鼠，黔喙之属，坚多节木，鼻，虎，狐，背，皮，尾，宗庙，小子，童仆，城，狼，鬼冥门，言（见《左传》杜注），少男，果蓏[21]。

震为雷，龙（与乾重），足，玄黄[22]，旉（又作专，静也），大涂[23]，决躁[24]，苍筤竹，萑苇，善鸣马，馵[25]足马，反生[26]稼，健（与乾重），蕃鲜[27]，玉（与乾重），鹄，鼓，侯，主，兄，夫，言，行，乐，出，作，麋鹿，喜笑，车，木，诸侯，长男。

巽为风，鸡，股，木（与震重，盖皆取五行），长女，绳直[28]，工，白，长，高，进退不果，臭（或作嗅），寡发人，广颡[29]人，白眼[30]人，近利市三倍[31]，躁卦，杨，鹳，妻，处，随，鱼，号，包，杞，白茅。

离为火，雉，目，日，君（从日得象），电，中女，甲胄，戈兵，大腹人，乾卦（乾音干，取干燥义），鳖，蟹，蠃，蚌[32]，龟，科上槁木[33]，牝牛，飞鸟，隼，鹤，矢，黄牛，文明，昼，斧，鸟，诸侯（上二象皆《左传》）。

坤为地，母，腹，牛，布，釜，吝啬，均，子母牛[34]，大舆，众，文，柄[35]，黑地，帛，裳，黄，牝，方，邑，臣，民，土，国，顺，师，马（见《左》注），兕虎。

兑为泽，口，羊，少女，巫[36]，口舌，毁折，附决，刚卤地[37]，妾，辅颊，妹，孔穴，刑人，小，虎（郭璞每以兑为虎），言，柝[38]（马重绩以兑为柝），鸡（管辂云：鸡者兑之畜），丧车（管辂语）。

以上诸象皆筮易之最要，而复者颇多。如乾为言，艮、震、兑皆为言，自以震、兑义为长。乾、震皆为龙，艮、兑皆为虎，坎、艮皆为狐，坤、震皆为车，义似兼胜。乾、坤、坎、震皆有马，其专属者则为乾，余皆取马之动作。至坎、坤皆为众，则坤义胜。乾、震皆为玉，则乾义胜。乾、震皆为健，亦乾义胜。遇卦取象，须择其亲于我且为古人所常用者，用以推测，庶几必验（余屡试不爽）。若夫卦象与所筮疏，则不可悖理强推以冀其验也。兹将最要而古人习用者择出，以备用时有所遵循。

乾为天，君，父，金，玉，马，龙，健。凡易辞多取刚健义，而原本于天。

坎为盗，险，陷，隐伏，月，中男。凡易辞取义皆用坎险、坎陷，而原本于水。

艮为止，门庭，少男，虎，鼠，鼻。凡易辞多取艮止及门庭义，而原本于山。

震为动，龙，长男，言，车，马，钟，鼓，足。凡易辞多取震动义，而原本于雷。

巽为顺，长女，鸡，长，寡发，入。凡易辞多取顺入义，而原本于风。

离为日，文明，君，电，兵甲，目，雉，中女。凡易辞多取文明义，而原本于火。

坤为母，土，腹，文，牛，布帛，大舆，众，顺，臣，民，马，国。凡易辞多取坤顺安贞之义，而原本于地。

兑为口舌，少女，言，毁折，羊，说。凡易辞多取兑说义，而原本于泽。占者以毁折、口舌二义为最验。

右所举卦象，凡熟于易辞及常研览古人筮案者，某卦宜取某象，遇之自有主张，而不至靡所适从。又筮时可随便取象，不泥古人。如郭璞以震为藻盘，以兑为虎。袁杞山以震为杯，以艮为覆杯，皆遇物取象，为易所无，而亦无不中也。

注释：

①健：乾为天，天道刚健，故乾为健。

②顺：坤为地，地道柔顺，故坤为顺。

③动：震为雷，雷能自动，又能动万物，故震为动。

④入：巽为风，风吹万物而无孔不入，故巽为入。

⑤陷：坎为水，水存于洼陷之处，故坎为陷。

⑥丽：离为火，火必附丽于可燃之物，故离为丽。

⑦止：艮为山，山为静止不动之物，故艮为止。

⑧说：说借为悦，水草生于泽，鱼游于泽，鸟飞于泽，兽饮于泽，人取养于泽，泽为万物所悦，故兑为悦。

⑨圜：即圆。人目所见天形为圆盖，故乾为圜。

⑩金、玉：乾为天，天道刚，其体清明。金、玉之性亦刚，其体亦清明，故乾为金玉。

⑪寒、冰：以八卦配四时，乾为秋末冬初四十五日之季节，天寒水则结冰，故乾为寒为冰。

⑫良马、老马、瘠马、驳马：瘠通膌。《说文》："膌，瘦也。驳，马色不纯也"，可见瘠马即瘦马，驳马即花马。良马以其材力言，老马以年齿言，瘠马以体肉言，驳马以毛色言。

⑬木果：木本之果。乾为圆，木本之果亦圆形，故乾为木果。

⑭矫揉：使曲者变直为矫，使直者变曲为揉。

⑮弓轮：弓即弓矢，轮为车轮。弓轮皆为矫揉而成之物。

⑯加忧：忧虑加重。人在险难面前则增加忧虑，忧虑增加则终成心病。

⑰血卦：人体有血如地有水，故坎为血卦。

⑱曳马：引拖之马。曳，引拖。

⑲坚心木：坚而多空之木。

⑳径路：山间小路。

㉑果蓏：木实曰果，如桃李类；草实曰蓏，如西瓜、南瓜类。

㉒玄黄：天地之杂色。天为玄色，地为黄色。亦有说东方日出色杂者，可备一说。

㉓大涂：古道路男人由右，妇人由左，车以中央，是道有三，三道曰涂。大涂即大道。

㉔决躁：急疾之貌。《广雅》云："躁，起疾也。"

㉕馵：马后左蹄白。

㉖反生：指麻豆之类戴甲而出。又震阳在阴下，阳动于下，故曰反生。

㉗蕃鲜：草木蕃育而鲜明。《说文》："蕃，草茂也。"

㉘绳直：工匠以墨绳测量以使木直。工：古人有解作墨者，与绳直义相应。

㉙广颡：额头宽广。颡，额头。

㉚白眼：指眼白多而眼黑少。

㉛近利市三倍：将从市中获取近三倍之利。

㉜蠃、蚌：蠃为海螺，蚌为海蛤。

㉝科上槁木：容易毁折之枯槁之木，木中空易折为科；槁为枯槁。

㉞子母牛：有做雌母牛者，亦有人认为当为有身孕之母牛。当以后说为佳。

㉟柄：本。言万物以地为本。

㊱巫：祝。古代称能以舞降神之人为巫，女巫曰巫，男巫曰觋。巫以口舌与神通，故兑为巫。

㊲刚卤地：指刚硬而含咸质之地。

㊳柝：打更用的梆子。

译文：

用《周易》占筮以卦爻辞为先，然而卦爻辞往往与我所占之事毫无联系，这时考察卦象则极为重要。卦象乃是《周易》最初的资料。孔子之前的卦爻辞皆已亡佚，不可能再呈现，现在流传下来的只有通行本之《周易》。然而《周易》的卦爻辞，无一不是观察卦象系辞而来，也只是文王、孔子用以告诉后学者学易的端绪而已，并不是说万事万物的道理皆包涵于其中。因而，学习筮法之人必须将古代先儒圣哲逐次发明而推衍的卦义、卦象加以荟集、整理、记录，然后才能应用而不至有穷。

乾为刚健，坤为柔顺，震为震动，巽为顺入，坎为陷险，离为附丽，艮为停止，兑为喜悦。

乾为天，为首，为圆，为君，为父，为金，为玉，为寒冷，为冰冻，为大赤色，为良马，为老马，为瘦马，为杂色马，为圆形木果，为龙，为直，为衣，为言（与震为言义同）。

坎为水，为猪，为耳，为沟渎，为隐伏，为矫曲而揉直，为矢弓车轮，为忧虑加重，为心痛，为耳痛，为血卦，为赤，为脊背美丽之马，为处在中心位置之马，为在下首之马，为蹄子磨薄之马，为拖曳之马，为月，为盗贼，为坚而多空之木，为宫室，为栋梁，为丛棘，为狐，为蒺藜，为桎梏，为险难，为棺椁（管辂之语），为志向，为法令，为乐律，为酒，为夜，为中男，为多灾多难之车，为众（见《左传》注解）。

艮为山，为狗（有人作拘，实非拘），为手，为山间小道，为小石，为门庭，为阍人寺人，为指，为鼠，为黑色食肉兽，为坚而多节之木，为鼻，为虎，为狐，为脊背，为皮肤，为尾，为宗庙，为小子，为僮仆，为城，为狼，为鬼冥门，为言（见《左传》杜预注），为少男，为瓜果。

震为雷，为龙（与乾为龙义重），为足，为青黄杂色，为旉（又作专静），为大道，为决然躁动，为苍筤竹，为萑苇，为善于嘶鸣之马，为后左蹄有白毛之马，为戴甲而反生之庄稼，为刚健（与乾为刚健义重），为草木蕃育鲜明，为玉（与乾为玉义重），为鹄，为鼓，为侯，为主，为长兄，为丈夫，为言，为行，为乐，为出，为作，为麋鹿，为喜笑，为车，为木，为诸侯，为长男。

巽为风，为鸡，为股，为木（与震为木义重，盖取五行巽为木义），为长女，为绳直（墨线），为工匠，为白色，为长，为高，为进退不能决断，为气味，为头发稀疏之人，为额头宽大之人，为眼白多眼黑少之人，为从市中获得近三倍之利，为躁卦，为杨，为鹳，为妻子，为处，为随从，为鱼，为号，为包，为杞，为白茅。

离为火，为山鸡，为眼睛，为日，为君王（从日之象引申而得），为电，为中女，为甲盔，为兵器，为腹大之人，为乾卦（乾音干，取干燥义），为鳖，为螃蟹，为海螺，为海蛤，为龟，为易折之枯槁木，为雌牛，为飞鸟，为隼，为鹤，为箭，为黄牛，为文明，为白昼，为斧，为鸟，为诸侯（鸟、诸侯之象系据自《左传》）。

坤为地母，为腹，为牛，为布匹，为平底锅，为吝啬，为均，为有身孕之母牛，为大车，为众多，为文章，为本，为黑土地，为丝帛，为衣裳，为黄，为雌，为方，为邑，为臣，为民众，为土，为国，为柔顺，为军队，为马（见《左传》注解），为兕虎。

兑为泽，为口，为羊，为少女，为巫觋，为口舌是非，为毁折，为附着决断，为坚硬带卤之地，为妾，为辅颊，为妹，为孔穴，为行刑之人，为小，为虎（郭璞常常以兑为虎），为言，为柝（马重绩以兑为柝），为鸡

（管辂说：鸡为兑之类禽），为送丧之车（管辂语）。

以上卦象皆为筮易之根本，但重复者甚多。比如乾为言，艮、震、兑亦为言，而以震、兑为言之义较佳。乾、震皆为龙，艮、兑皆为虎，坎、艮皆为孤，坤、震皆为车，似乎都可以。乾、坤、坎、震皆有马之象，但只有乾为马为其专属之本义，其余三卦皆从马之动作引申而来。至于坤、坎皆为众多，则以坤为众更佳。乾、震皆为玉，则以乾为玉更妥。乾、震皆为健，也以乾为刚健更妥。遇卦时择取卦象，必须选择那些与我所占之事有关系且古人常用的卦象，用来推断吉凶无不神验（我曾屡试而未出差错）。如果所用卦象与所筮之事毫无联系，则不能悖理强推而冀求其神验。兹特将最为重要也是古人最为常用的卦象择出，以备应用之时可以参照。

乾为天，为君，为父，为金，为玉，为马，为龙，为刚健。凡占易之辞多取刚健之义，而源于乾为天之义。

坎为盗贼，为险难，为陷，为隐伏，为月，为中男。凡易辞取义多用坎之险难、坎陷，而本于坎为水。

艮为止，为门庭，为少男，为虎，为鼠，为鼻。凡易筮多作艮止及艮为门庭之义，而源于艮为山之义。

震为动，为龙，为长男，为言，为车，为马，为钟，为鼓，为足。凡易辞多用震为动之义，盖本于震为雷之义。

巽为顺，为长女，为鸡，为长，为头发稀少，为进入。凡巽易辞多取顺入之义，而原本于风无孔不入之义。

离为日，为文明，为君，为电，为兵甲，为目，为山鸡，为中女。凡易辞多用文明义，而源于离为火。

坤为母，为土，为腹，为灾，为牛，为布帛，为大车，为众，为柔顺，为臣，为民众，为马，为国。凡易辞多取坤卦柔顺安贞之义，而本于坤为地。

兑为口舌，为少女，为言，为毁折，为羊，为喜悦。凡易辞多用兑悦之义，而本于兑为泽。占筮之人认为兑为毁折、口舌二义最为神验。

以上所列卦象，凡是对《周易》卦爻辞熟炼之人，以及常常研究古人筮案之人，遇某卦应取何卦象心中自然有数，而不至于无所适从。此外，占筮时还可随时拟取卦象，亦不可泥于古人之成例。比如郭璞以震为藻盘，以兑为虎，皆晋之前所未有。衰杞山以震为杯，以艮为覆杯，皆属遇物取象，而为《周易》本经中所未有，但用之却无所不中。

八卦与九宫相配

按古人筮案往往能推得物数，如郭璞筮得铜铎六枚，自注云用坎数六也，是即以卦配九宫推也。惟是八卦有先后天[①]，今将古人所习用之后天配河洛数列后。

一、六为水，居北，当坎位。三、八为木，居东，当震、巽位。二、七为火，居南，当离位。四、九为金，居西，为兑、乾位。五、十为土，居中，当坤、艮，而偏王于丑未之交。[②]

右后天卦配河图数。

离南数九，坎北数一，震东数三，兑西数七，乾西北数六，巽东南数四，坤西南数二，艮东北数八，中央五。

右后天卦配洛书[③]数。

然古人间有用先天者，兹将先天卦配洛书[④]数附录于后。其配河图数用者少，暂缺焉。

乾南九，坤北一，离东三，坎西七，震东北八，巽西南二，艮西北六，兑东南四。

注释：

①先后天：即先天八卦和后天八卦。古人以乾南坤北，离东坎西，兑东南艮西北，巽西南震东北为先天八卦方位；以震东兑西，离南坎北，巽东南乾西北，艮东北坤西南为后天八卦方位。先后天八卦还可与数相配，古人又以乾一、兑二、离三、震四、巽五、坎六、艮七、坤八为先天卦数。以坎一、坤二、震三、巽四、中五、乾六、兑七、艮八、离九为后天

卦数。今人多用后天八卦方位和先天卦数，而先天八卦方位和后天卦数则少用之（见图一、图二）。

②此古人解之甚多，清张惠言《周易郑氏注》卷下引郑玄注《系辞》说：“天一生水于北，地二生火于南，天三生木于东，地四生金于西，天五生土于中……地六成水于北，与天一并；天七成火于南，与地二并；地八成木于东，与天三并；天九成金于西，与地四并；地十成土于中，与天五并也”，这大概即为后天卦何以配河图说的基本解释（见图三）。

③后天卦配洛书图见图四。

④先天卦配洛书图见图五。

译文：

古人筮案往往可推得所占物之数，如郭璞筮得铜铎六枚之数，自注说是用了坎六之数，这即是以八卦配九宫数来推得。只是八卦有先天、后天之分，兹将古人常用的后天八卦方位配河图、洛书数列于后。

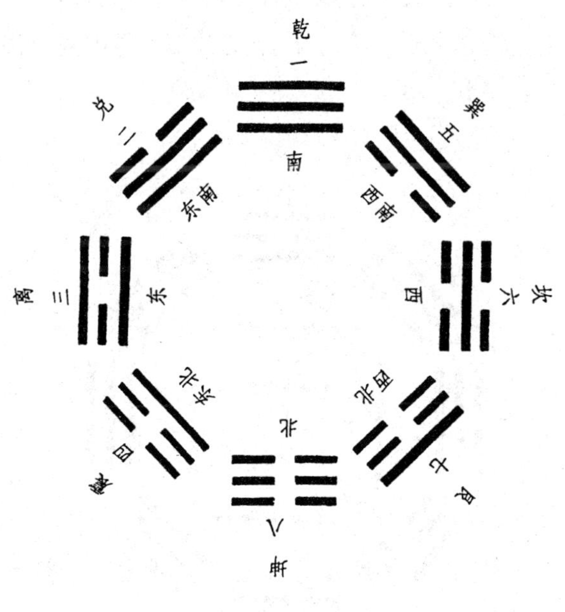

一、先天八卦方位图

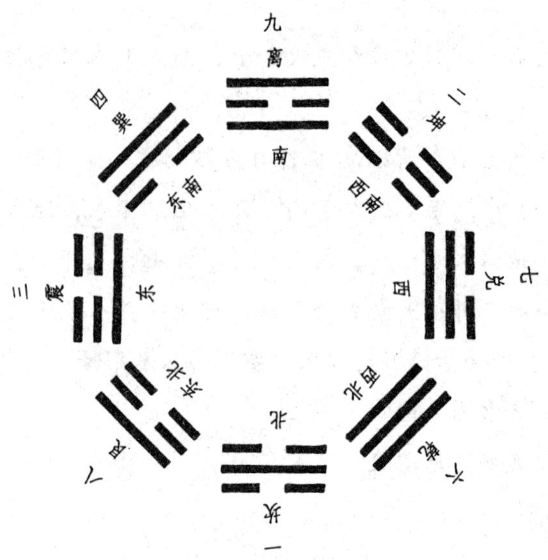

二、后天八卦方位图

一、六为水之数，居北方，当坎卦之位。三、八为木之数，居东方，当震、巽卦之位。二、七为火之数，居南方，当离卦之位。四、九为金之数，居西方，当兑、乾之位。五、十为土之数，居中央，当坤、艮之位，而坤、艮分别偏旺于丑、未。

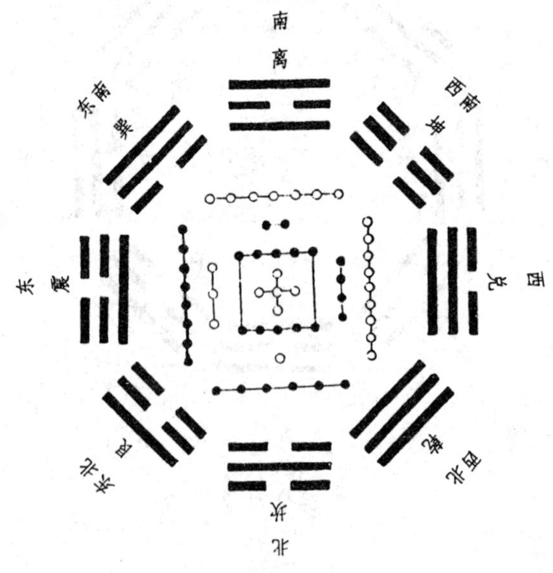

三、后天八卦配河图

以上为后天八卦配河图之数。离居南，其数为九；坎居北，其数为一；震居东，其数为三；兑居西，其数为七；乾居西北，其数为六；巽居东南，其数为四；坤居西南，其数为二；艮居东北，其数为八；中央之数为五。

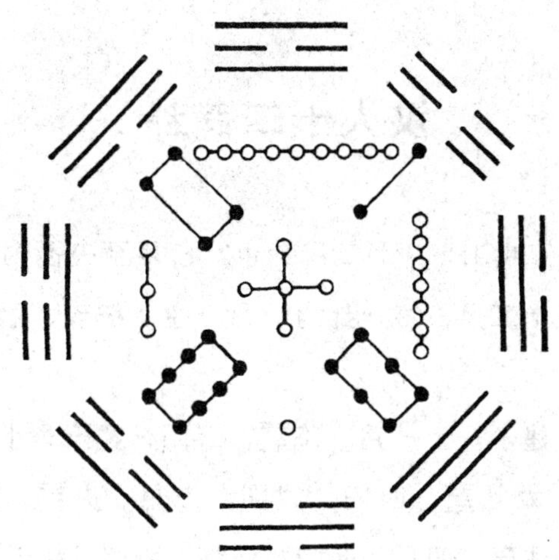

四、后天八卦配洛书图

以上为后天八卦配洛书之数。

然而，古人亦间有用先天八卦方位者，兹将先天八卦方位配洛书之数附录于下。而先天八卦方位配河图之数用之甚少，暂缺。

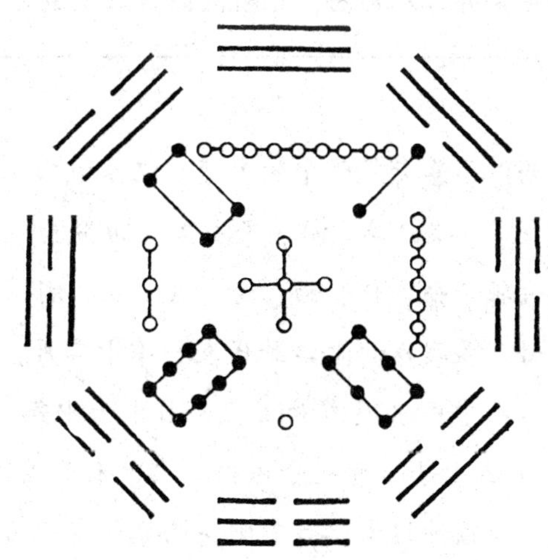

五、先天八卦配洛书图

乾居南，其数为九；坤居北，其数为一；离居东，其数为三；坎居西，其数为七；震居东北，其数为八；巽居西南，其数为二；艮居西北，其数为六；兑居东南，其数为四。

汉人十二辟卦

毛西河云：十二辟卦①，十二月卦也。自复至夬而为乾，自姤至剥而为坤。凡十二卦配十二月，每一卦为一月之主。辟者，君也，主也，谓主十二月也。

复䷗，一阳，建子，十一月。临䷒，二阳，建丑，十二月。泰䷊，三阳，建寅，一月。大壮䷡，四阳，建卯，二月。夬䷪，五阳，建辰，三月。乾䷀，六阳，建巳，四月。而阳数已终，所谓阳绝于巳也。

姤䷫，一阴，建午，五月。遯䷠，二阴，建未，六月。否䷋，三阴，建申，七月。观䷓，四阴，建酉，八月。剥䷖，五阴，建戌，九月。坤䷁，六阴，建亥，十月。而阴数已终，所谓阴绝于亥也。

按：临主十二月，而《易》临卦卦辞云："至于八月有凶。"毛西河谓：观主八月，而临卦亦云八月者，临观同体，只正倒之分耳。

注释：

①十二辟卦：西汉孟喜卦气说中的术语。汉人以四正卦坎震离兑之外的六十卦，按辟（君）、公、侯、卿、大夫五等级分为五组，每组各十二卦。复、临、泰、大壮、夬、乾、姤、遯、否、观、剥、坤十二卦列为第一组，故称十二辟卦。孟喜以此十二卦代表一年十二月，又具体代表一年二十四节气中的十二个中气（月首为节气，月中为中气），十二卦共七十二爻，又代表七十二候（每一节气分为初、次、末三候）。之所以选择十二辟卦代表十二月，是因为这十二卦中刚柔两爻的变化可体现阴阳二气的消长过程。前六卦复、临、泰、大壮、夬、乾，其卦象由一阳生至六爻皆

阳，表示阳气从下往上渐次增长，此为阳息阴消的过程，可代表十一月中至四月中。后六卦姤、遯、否、观、剥、坤，其卦象由一阴生至六爻皆阴，表示阴气由下往上渐次增长，此为阴息阳消的过程，可代表五月中至十月中。十二辟卦之说为孟喜卦气说中的重要内容之一。后经京房及《易纬》的发展，在《易》学史上产生深远影响。

译文：

毛西河说：十二辟卦即十二月卦，自复卦经夬卦而至乾为以阳息阴，自姤卦经剥卦而至坤卦为以阴息阳。总共十二卦配十二月，每一卦为一月之主。辟为君为主，是说为十二月之主。

复䷗，一阳息五阴，建子，主十一月。临䷒，二阳息四阴，建丑，主十二月。泰䷊，三阳息三阴，建寅，主一月。大壮䷡，四阳息阴，建卯，主二月。夬䷪，五阳息阴，建辰，主三月。乾䷀，六阳，建巳，主四月。至乾而阳数已尽，即所谓阳气绝于巳。

姤䷫，一阴消阳，建午，主五月。遯䷠，二阴消阳，建未，主六月。否䷋，三阴消阳，建申，主七月。观䷓，四阴消阳，建酉，主八月。剥䷖，五阴消阳，建戌，主九月。坤䷁，六阴，建亥，主十月。至坤而阴数已尽，所谓阴气绝于亥。

按：临卦主十二月，但《周易》古经临卦卦辞却说“至于八月有凶”。毛西河认为，之所以观卦主八月，而临卦亦主八月，是因为临观同体，只不过有正体、倒体之分罢了。

八卦五行

乾、兑金，震、巽木，坤、艮土，离火，坎水。

译文：

乾、兑宫五行属金，震、巽宫五行属木，坤、艮宫五行属土，离宫五行属火，坎宫五行属水。

八卦方位

先天卦：乾南坤北，离东坎西，震东北，巽西南，艮西北，兑东南。

先天卦凡相对者皆相交，不惟八卦交，即圆图之六十四卦亦无一爻不交，以相对为体者也。

后天卦：离南坎北，震东兑西，艮东北，坤西南，乾西北，巽东南。

后天卦凡相次者皆相生，离火生坤土，坤土生兑、乾金，兑、乾金生坎水，水润艮土而生震、巽之木，木生火，以相生为用者也。

后儒讲汉易者否认先天方位，谓后天方位《易》有明文，先天无明文。然"天地定位"①，若如后天一在西北，一在西南，位如何定。"山泽通气"，一在正西，一在东北，气如何通。"雷风相薄"，一在正东，一在东南，面不相对，如何相薄。任讲汉易者之百方斡旋，总不能自圆其说，则何必守此门户，以自形其短也哉。

后儒谓《易》言先天者，只"天地定位"十六语。余谓《系辞》之首云："天尊地卑，乾坤定矣，卑高以陈，贵贱位矣"，若如后天方位尊卑何分。又《说卦》由"动万物者，莫疾乎雷；桡万物者，莫疾乎风"②起，至"兑为泽"、"为妾、为羊"止，皆以天、地、雷、风、水、火、山、泽相次对举，为文皆暗指先天方位，立言与后天绝不相涉也。

彼谓无先天方位者，以《易》未明言为护符，岂知《易》之所未明言者多矣，彼何以敢据以解经。如毛西河之解临卦八月有凶，云临观同体，十二月辟卦观当八月，此岂《易》之所明言哉。独于先天方位执以为辞，且先天方位按其所排次序亦明甚矣。乾坤既言尊卑，当然南北，古人尚右，故次列西北之艮，又次列东北之震，又次列西方之坎，而相对相交之卦随之，又何必明言哉。其明言后天者，因后天方位非八卦本体，恐人不解，故明示人也。

又《左传》成季之生，筮遇离之乾，曰“同复于父”。是明明以后天之离位为先天之乾位，故曰复。魏管辂曰：“辂不解古之圣人何以处乾位于西北，坤位于西南。夫乾坤者天地之象。然天地至大，为神明君父，覆载万物生长，无首何以安处二位，与六卦同列。乾之象曰：‘大哉乾元，万物资始，乃统天③。夫统者属也，尊莫大焉，何由有别位也”云云。夫既曰无别位，则其位于南也审矣，是以后天背理矣。又《易》除“帝出乎震”数语言后天外，余乾坤皆对举，皆演先天。其最显著者为“男女构精”一语，构者交也。乾坤若不相对，即不相交，何构之有哉。

先天主静，后天主动。先天主体，后天主用。以理揆④之，有先天即有后天，非至文王始改八卦方位而有后天也。亦犹有八卦即有六十四卦，非至文王而始重为六十四卦。不信八卦有方位则可；信后天不信先天，是犹知二五而不知一十也。

然筮易之用，则多就后天方位推，而每多验。以后天入用位也。

注释：

①天地定位：与下之“山泽通气”、“雷风相薄”皆引自《说卦》。是说天尊位上而地卑位下，从而确定上下位置，山与泽气息相通，雷与风相迫而动。

②动万物者，莫疾乎雷；桡万物者，莫疾乎风：振动万物，没有比雷更急速的；吹动万物，没有比风更迅疾的。

③大哉乾元，万物资始，乃统天：乾元非常伟大，万物资之以有始，而本于天。统，本、属。

④揆：揣度，推测。

译文：

先天八卦：乾卦居南方，坤卦居北，离卦居东，坎卦居西，震卦居东北，巽卦居西南，艮卦居西北，兑卦居东南。

先天八卦方位凡相对者皆相交，不但此八卦相交，六十四卦方位圆图亦无一爻不相交，皆以相对者为体。

后天八卦：离居南方，坎居北方，震居东方，兑居西方，艮居东北方，坤居西南方，乾居西北方，巽居东南方。

后天八卦方位中相连的皆相生，离火生坤土，坤土生兑、乾金，兑、乾金生坎水，坎水润艮土而生震、巽之木，木又生火，以相生而彼此为用。

讲汉易的后儒否认先天八卦方位之说，说后天八卦方位《周易》中有明文记载，而先天八卦方位《周易》中却无明文记载。然而，《周易》说“天地定位”，如果按后天八卦方位乾在西北，坤在西南，则位不能定。“山泽通气”，若按后天方位兑为正西，艮在东北，则气不能通。“雷风相薄”，若按后天方位震在正东，巽在东南，面既不相对，则雷风亦不能相迫。任讲汉易之人多方斡旋，也总不能自圆其说，又何必固执此辞，来自揭其短。

后儒说《周易》讲先天之处只有“天地定位，山泽通气，雷风相薄，水火不射”十六字。我认为《系辞》开头所说“天尊地卑，乾坤定矣，卑高以陈，贵贱位矣”亦是讲先天八卦，如按后天八卦方位则尊卑无由区分。又《说卦》从“动万物者，莫疾乎雷；桡万物者，莫疾乎风”起，到“兑为泽”、“为妾、为羊”止，也都是以天、地、雷、风、水、火、山、泽相次对举，以其行文看皆暗指先天八卦方位，其立言与后天八卦方位绝不相干。

那些说《周易》无先天八卦方位的人，以《周易》之中无明文记载为护符，岂知《周易》中无明言记载的甚多，又怎敢以《周易》中无明言记载的来解经。比如毛西河解临卦八月有凶，说临卦观卦同体，十二辟卦观卦当主八月，这亦不是《周易》中所明言的。如果独于先天八卦方位执无明言而为辞则错矣。况且《周易》中先天八卦方位按其所排次序亦甚明确。乾坤既言尊卑上下，则当然居于南北。古人以右为尊，故次列居西北之艮卦，再列居东北之震卦，再列居西方之坎卦，而相对相交之卦随之而列，则不必明言。《周易》之所以明言后天八卦方位，因为后天八卦非八卦之本体，恐人不能尽解，故明以示人。

此外，《左传》成季之生，筮得离卦之乾卦，说“同复于父”，这明明是以后天八卦之离位而变为先天八卦之乾位，所以说是复。曹魏管辂说：“我不能理解古之圣人为什么将乾卦之位定于西北，而坤之位居于西南。乾坤为天地之大象，天地之至大，既为神明君父，又覆载万物生长万物，非乾坤岂能安处天地之正位，却与六卦同列？乾卦彖辞说：‘大哉乾元，万物资始，乃统天’，统即本、属，为莫大之尊，怎么能处于偏位呢?”既然乾坤不能居于偏位，那么乾居于南应是非常明确的，因而后天八卦方位与理相悖。此外，《周易》除“帝出乎震”数语是说后天八卦方位外，其余乾坤皆对举，皆为演绎先天八卦之旨。其中最为显著的是“男女构精”一语，构即交。乾坤若不相对，即不能相交，则又何能“男女构精”。

先天八卦方位主静，后天八卦方位主动。先天八卦为体，后天八卦为用。以理来推断，有先天八卦即有后天八卦，并非至文王时才改八卦方位为后天八卦方位。这就好像有八卦即有六十四卦，并不是到文王时才重为六十四卦。若不信八卦有方位则可，若信八卦有方位则必信先天八卦方位和后天八卦方位。若只信后天八卦方位而不信先天八卦方位，就好像只知二五，却不知二五为十一样。

然而在占筮的应用中，则多用后天八卦方位来推断，并常常验于后天八卦方位。这即是筮者占断通常用的方位。

互　体

互体者，即所得之卦二至四互某卦，三至五又互某卦也。自春秋时筮人已用之，为筮易者唯一之要术也。

译文：

互体即所得之卦二爻至四爻互体成一个新的经卦，三爻至五爻又互成一个新的经卦，是为互体卦。自春秋时始，筮者已开始使用互体之卦。之后，成为筮者解易的重要手段。

倒　体

先天四正之卦乾、坤、离、坎，正倒视之皆不变，四隅皆变，然究为一体，故筮者亦常以倒体推。如程沙随倒巽为兑，知二僧受杖。袁杞山倒震为艮，知杯在土中是也（事皆见前）。

译文：

先天八卦方位中四正之卦乾、坤、离、坎，从正、倒两面看皆不变，而四隅之卦震、兑、艮、巽从正、反两面看皆变，然两者终究为一体，因而筮者也常用倒体之卦来推断。比如程沙随从巽之倒体兑卦中，推知二僧将受杖刑。袁杞山从震之倒体艮卦中，推知杯止于土中（其事已见于前）。

时　日

《易》临卦，“至于八月有凶”。复，“七日来复”。蛊，“先甲三日，后甲三日”。巽，先庚后庚。

《左传》于蛊卦曰“岁云秋矣”。闯公射鼠当八月子日，云时日王相。马重绩谓“乾为九、十月之卦”。皆时日之义也。若纳甲法，时日尤重。

译文：

《周易》临卦卦辞说“至于八月有凶”，复卦卦辞说“反复其道，七日来复”，蛊卦卦辞说“先甲三日，后甲三日”，巽卦九五爻辞说“先庚三日，后庚三日。”

《左传》解蛊卦时说“岁云秋矣”；闯公射鼠时正在八月子日，占断说时日旺相；马重绩认为“乾为九、十月之卦”。以上所列皆为《周易》占断吉凶所用时日之义。如果用纳甲筮法，则尤重时日。

易先甲三日后甲三日解

《易》“先甲三日，后甲三日”，巽九五“先庚三日，后庚三日”，自来无确诂。虽以毛西河之善穿凿，亦解之不协。夫《易》言庚、甲，非用以纪年月也。既不用以纪年月，舍五行生克胡能释其义战！余此书专演卜筮，非以解经。然浏览所及，独于此四语叹古今无能通其义，其晦茫否塞，与用九用六相同，故亦略述其义焉。

蛊䷑上艮下巽，下互大坎[①]，上互大离[②]，艮土也，巽木也，坎水也，离火也。“先甲三日”者，辛、壬、癸也。辛、壬、癸者水也，即内互大坎也。而内卦巽木以水生之，所以救蛊之坏，即所以干蛊[③]也。“后甲三日”者，乙、丙、丁也。乙、丙、丁者火也，即外互大离也。而外卦艮土以火生之，亦所以救蛊之敝，即所以干蛊也。

夫蛊者，坏也，敝也，将终之象也。今内卦巽木当大坎水，水生巽木，故文王察其象而系之曰“先甲三日”，即辛金生壬癸水，水生巽木也。外卦艮土当大离火，火生艮土，故文王又察其象而系之曰“后甲三日”，即乙木生丙丁火，火生艮土也。夫内卦外卦既皆得生，故彖曰“终则有始”，言乱之终、治之始也。故初爻至五爻，不曰干蛊，即曰裕[④]蛊也。

注释：

①大坎：蛊卦初爻至四爻互体有大坎之象。

②大离：蛊卦三爻至上爻互体有大离之象。

③干蛊：匡正过失。干，匡正、挽救。蛊字本义为器皿中食物腐败生虫，引申为过失。

④裕：宽裕，容恕。

译文：

《周易》蛊卦卦辞说“先甲三日，后甲三日”，巽卦九五爻辞说“先庚三日，后庚三日”，从来都未有确切的解诂。虽然毛西河善于穿凿附会，其解“先甲三日，后甲三日”亦不妥切。《周易》此处言庚、甲，并不是用来纪年月。既然不是用来纪年月，则舍五行生克即不能释其义。余著此书专演卜筮之法，并不是用来解《周易》经文。然而就我浏览所及，只有这四句古今无人能尽释其义，其义晦涩茫昧、否塞难通之处与用九用六相同。故此特略述其义。

蛊☶上为艮下为巽，下之初爻至四爻互为大坎，上之三爻至四爻互为大离，艮为土，巽为木，坎为水，离为火。“先甲三日”即辛、壬、癸，辛、壬、癸为水，也即内互之大坎。而内卦巽木得大坎之生，所以可救蛊之坏，也即匡正过失之所凭。“后甲三日”即乙、丙、丁，乙、丙、丁为火，也即外卦所互之大离。而外卦艮土受大离之火以生，也即可以救蛊之敝，即匡正过失之所凭。

蛊即坏、敝，有将终之象。今内卦巽木当大坎之水中，坎水可生巽木，因而文王观察其卦象而系辞为“先甲三日”，即辛金可以生壬癸水，水可生巽木。外卦艮土当大离火之中，大离火可生艮土，因而文王观察其卦象而系辞为“后甲三日”，即乙木生丙丁火，火可生艮土。既然内卦外卦皆得生，所以蛊卦彖辞说“终则有始”，是说乱之终也即治之始。因而，蛊卦从初爻至五爻，不是说匡正过失，就是宽恕过失。

先庚三日后庚三日[①]解

巽☴，顺也，柔也，于五行木也。“先庚三日”者，丁、戊、己也。丁火，戊、己土，巽木生火，火生土，乃君子得位以美利利天下之义，所谓君子以经纶也。“后庚三日”者，辛、壬、癸也。辛金，壬癸水，水生巽木，乃君子得位，宜尚贤能，容纳善类以自助之义，所谓君子以反身修德，求外来之益也。

而独于九五发之者，九五刚健中正，君子得位之象。既得位，当大有为，发于事业。而丁火戊己土者，乃巽木之以次所生者也，故圣人引以为喻。既得位，则同声相应，同气相求，宜引贤以自助。而辛金壬癸水者，则以次生巽木者也，故圣人复引以为喻焉。

注释：

①先庚三日后庚三日：周人以甲、乙、丙、丁、戊、己、庚、辛、壬、癸十字记日，先庚三日即庚前之丁日，后庚三日即庚后之癸日。此为一说，本文尚秉和之释亦为一说。

译文：

巽☴为顺，为柔，于五行为木。“先庚三日”即丁、戊、己。丁为火，戊、己为土，巽木可生火，火可生土，有君子得位而以美利天下之义，也就是说君子效此而经营纶理事物。“后庚三日”即辛、壬、癸。辛为金，壬癸为水，水生巽木，于是有君子得位宜尚贤能、能容纳优良之人来自助之义，也即说君子宜于反身自修其德，以求外来之益。

而独于九五爻发此义，是九五阳爻居阳位刚健中正，有君子居中得位之象。君子既已得位，应当大有作为，而发于大事业。丁火戊己土乃巽木依次所生之物，故圣人引此以为喻。君子既以得位，则同声相互呼应，同气相互应求，君子效此，宜于引用贤能以自助。而辛金壬癸水则为依次生巽木之物，因而圣人复引此以为喻。

论　八

《左传》“艮之八”，《国语》“泰之八”、“贞屯悔豫皆八”，杜预、韦昭注皆不能自圆其说。杜注“艮之八”云：“《连山》、《归藏》以七八占，故曰‘艮之八’”，然何无言七者。赖史曰：“是谓艮之随，方知五爻皆变，惟六二不变耳”，于是后人谓八指六二阴爻言。如是说也，是《连山》、《归藏》不占变，故不曰艮之随，而曰艮之八。凡言八者，皆用《归》、《连》占也。然何以公子重耳既占得屯，又变为豫，是明明用《周易》占变矣，而何以亦曰八也。是杜氏之说不可信也。

且“皆八”皆字殊费解。韦昭云：“震两阴爻在贞在悔皆不变，故曰皆八。”推是说也，艮之随，艮六二阴爻在贞在悔皆不变，史何不曰贞艮悔随皆八乎？且屯之豫，屯上六亦不变也，亦八也，胡独于屯六二、六三之不变而谓为八乎？是韦注亦自相牴牾也，不可信也。韦注于泰之八云：“泰无动爻，筮为侯，泰三至五震为侯，阴爻不动，其数皆八。”夫泰既不动，则内卦三阳爻皆七也。数爻当自初起，史何不曰泰之七，而必曰泰之八乎？是亦不协也。

又韦必以震之二阴爻不动为八，其他阴爻虽不动不谓八也，与杜注截然不同。盖此等筮法，其亡已久。而《左氏内外传》所纪又止此三起，后人无以会其通，故无从索解耳。

译文：

《左传》说“艮之八”，《国语》说“泰之八”、“贞屯悔豫皆八”，杜预、韦昭之注都不能自圆其说。杜预注释“艮之八”说：“《连山》、《归藏》皆以七、八为占，所以说‘艮之八’”，然而为什么占却不言七。因为史官说：“这即是艮之随，方知艮卦五爻都变，只有六二爻不变”，于是后人便据此说八专指六二阴爻变言。若按此种说法，那么《连山》、《归藏》不占变爻，所以不说艮之随，而说艮之八。凡言八之说，皆为用《归藏》、《连山》筮占。然而何以晋公子重耳既已占得屯卦，又变为雷地豫卦，这明明又是用《周易》占变，却怎么又说为八。因而杜预之说并不可信。

况且“皆八”之“皆”字特别费解。韦昭说：“震卦两阴爻在本卦在变卦皆不变，所以说皆八。”若按此种说法，艮之随是说艮卦六二阴爻在本卦在悔卦皆不变动，但史官为什么不说本卦艮变卦随皆为八呢？况且若按此说，屯卦变为豫卦，屯卦上六爻亦未变，亦应为八，却为什么只说屯卦六二、六三之不变为八而不说上六不变亦为八？因而韦昭之注也自相矛盾，不可轻信。韦昭注释泰之八说："泰卦无动爻，筮为侯，泰卦三爻至五爻所互之震卦亦为侯，阴爻皆不动，所以说其数皆八。"泰卦六爻皆不动，则三卦三阳爻应为皆七。数爻应当从初爻数起，史官为什么不说泰之七，却必说泰之八？因而韦昭之注并不妥切。

此外，韦昭必以震卦二阴爻不动为八，其他阴爻虽不动却不谓为八，与杜预之注截然不同。大概用八之筮法失传已久，而《左氏内外传》所纪之筮例又只这三起，后人无法融会贯通，所以无法通解。

金钱代蓍

揲蓍为占，其法太繁，有不能用于仓卒之时者，故古人以金钱代之。盖自京、郭而已然矣。其法用钱三枚，以字为阴、背为阳摇之。遇三枚皆为背，则为老阳，所得为重，即揲蓍所得之三少也，九也。三枚皆为字，则为老阴，所得为交，即揲蓍所遇之三多也，六也。三枚而两字一背，则为少阳，所得为单，即揲蓍所遇之二多一少也，七也。三枚而两背一字，则为少阴，所得为拆，即揲蓍所遇之二少一多也，八也。以其与揲蓍法合，故用之而亦验。然揲蓍四营皆有所取象，而钱则不能，筮者若非不得已之时，总以揲蓍为愈也。

译文：

以揲蓍之法来起卦，手续甚繁琐，在仓猝之时不能用此法，因而古人就用金钱之法来代揲蓍之法。金钱代蓍法大概从京房、郭璞时即已开始。其方法是用三枚铜钱（硬币），以字之面为阴、以背之面为阳而摇之成卦。若遇三枚硬币皆为背面，则为老阳，所得即重爻，即揲蓍之法所得之三少，其数为九。若遇三枚硬币皆为字面，则为老阴，所得即为交爻，即揲蓍之法所得之三多，其数为六。若三枚硬币为两字一背，则为少阳，所得即为单爻，即揲蓍之法所得之二多一少，其数为七。若遇三枚硬币为两背一字，则为少阴，所得即为拆，即揲蓍之法所遇之二少一多，其数为八。因为金钱代蓍法与揲蓍之法其理相通，因而用之亦灵验。然而揲蓍之法四营八变皆可以取象，而金钱代蓍则不能，筮者如果不是处在不得已之时，总以揲蓍之法为佳。

八卦分宫次序

乾宫

乾䷀为天，天风姤䷫，天山遯䷠，天地否䷋，风地观䷓，山地剥䷖，火地晋䷢，火天大有䷍。

坎宫

坎䷜为水，水泽节䷻，水雷屯䷂，水火既济䷾，泽火革䷰，雷火丰䷶，地火明夷䷣，地水师䷆。

艮宫

艮䷳为山，山火贲䷕，山天大畜䷙，山泽损䷨，火泽睽䷥，天泽履䷉，风泽中孚䷼，风山渐䷴。

震宫

震䷲为雷，雷地豫䷏，雷水解䷧，雷风恒䷟，地风升䷭，水风井䷯，泽风大过䷛，泽雷随䷐。

巽宫

巽䷸为风，风天小畜䷈，风火家人䷤，风雷益䷩，天雷无妄䷘，火雷噬嗑䷔，山雷颐䷚，山风蛊䷑。

离宫

离䷝为火，火山旅䷷，火风鼎䷱，火水未济䷿，山水蒙䷃，风水涣䷺，天水讼䷅，天火同人䷌。

坤宫

坤䷁为地，地雷复䷗，地泽临䷒，地天泰䷊，雷天大壮䷡，泽天夬䷪，水天需䷄，水地比䷇。

兑宫

兑䷹为泽，泽水困䷮，泽地萃䷬，泽山咸䷞，水山蹇䷦，地山谦䷎，雷山小过䷽，雷泽归妹䷵。

凡第二卦由本卦初爻变成，第三卦由本卦二爻变成，第四卦由本卦三爻变成，第五卦由本卦四爻变成，第六卦由本卦五爻变成，第七卦由变成之五爻退后将四爻复变回，第八卦则仍退后将内卦全变。知此则知纳甲法世爻所在，及游魂归魂等名义矣。

八宫世应图

	乾宫金	震宫木	坎宫水	艮宫土	坤宫土	巽宫木	离宫火	兑宫金
本宫	䷀ 乾	䷲ 震	䷜ 坎	䷳ 艮	䷁ 坤	䷸ 巽	䷝ 离	䷹ 兑
一世	䷫ 姤	䷏ 豫	䷻ 节	䷕ 贲	䷗ 复	䷈ 小畜	䷷ 旅	䷮ 困
二世	䷠ 遯	䷧ 解	䷂ 屯	䷙ 大畜	䷒ 临	䷤ 家人	䷱ 鼎	䷬ 萃
三世	䷋ 否	䷟ 恒	䷾ 既济	䷨ 损	䷊ 泰	䷩ 益	䷿ 未济	䷞ 咸
四世	䷓ 观	䷭ 升	䷰ 革	䷥ 睽	䷡ 大壮	䷘ 无妄	䷃ 蒙	䷦ 蹇
五世	䷖ 剥	䷯ 井	䷶ 丰	䷉ 履	䷪ 夬	䷔ 噬嗑	䷺ 涣	䷎ 谦
游魂	䷢ 晋	䷛ 大过	䷣ 明夷	䷼ 中孚	䷄ 需	䷚ 颐	䷅ 讼	䷽ 小过
归魂	䷍ 大有	䷐ 随	䷆ 师	䷴ 渐	䷇ 比	䷑ 蛊	䷌ 同人	䷵ 归妹

卷十　筮验辑存

筮直奉开战与否

乙丑七月初七日夜，友人常朗斋过访，谈及时局，云直奉谣传将开战，然时起时灭，令余卦其如何。余即布卦，遇地泽临䷒变水风井䷯。断曰："坤众震（临二至四互震）起，兑为毁折，风激浪涌[①]（井象），凶起八月（临象八月有凶）。"朗斋云："北方有战事否？"曰："坤变为坎，坤西南方，坎北方，必始于西南而延及于北。且按卦象论之，北方战祸必甚于南方。井二至四互兑，三至五互离，而皆与坎连，有无处非甲兵非毁折之象[②]。"朗斋云："止于何时？"曰："坤西南，位申酉[③]。而变坎，坎北方，位子丑[④]。其起于酉月，终于丑月乎？"

及八月至中秋，战谣又息，谓卦不验矣。不意至阴历二十五日，江浙战事忽起，奉军退出苏皖，战事之由，起于西南，吴佩孚之为联军总司令也。及至阴历十月中旬，奉军郭松龄忽然倒戈，又数日直督李景林忽然与冯宣战，于是津浦路、京津路，北方战事遂烈。及至十一月冯军入津，郭松龄入奉亦败。至十二月战事遂暂停止。卦象无一不与事实相应，虽曰人事，若有天定焉。

注释：

①风激浪涌：井卦上坎下巽，坎为水，巽为风，有风激浪涌之象。

②无处非甲兵非毁折之象：井卦上为坎，二爻至四爻互体为兑卦，三爻至五爻互体为离卦，坎为险难，兑为毁折，离为甲兵，所以井卦有无处非甲兵非毁折之象。

③坤西南，位申酉：据后天八卦方位，坤位在西南，而酉居西，申居西偏南，所以说坤西南，位申酉。

④坎北方，位子丑：依后天八卦方位，坎位在北方，而子居北，丑居北偏东，所以说坎北方位子丑。

译文：

乙丑年（即1925年）七月初七日夜，朋友常朗斋来访，谈到时局，说直军奉军传言将要开战，然时传时息，令我起卦断战事如何。揲蓍布卦之后，起得地泽临䷒变为水风井䷯。我占断说：“坤为众，震（临卦二爻至四爻互体为震卦）为起，兑为毁折，风激浪涌（井卦之象），凶在八月（临卦彖辞说：至于八月有凶）。”常朗斋问道：“北方有战事吗？”我说：“临之上坤变为坎，坤为西南方，坎为北，战事必始于西南而曼延到北方。并且从卦象而论，北方的战祸必大于南方。井卦二爻至四爻互体为兑，三爻至五爻互体为离，而皆与井之上坎相连，兑为毁折，离为甲兵，坎为险难，故有无处不有战争、无处不遭毁坏之象。”常朗斋又问：“战争在什么时候停止？”我说：“坤为西南，位于申酉，而坤变为坎，坎为北方位于子丑，战事大概起于酉月，在丑月结束吧？”

到八月中秋，关于战事的谣传已不再流传，自以为卦不会验证。想不到阴历八月二十五日，战争忽然在江苏、浙江一带展开，奉军退出江苏、安徽。战争的原因起于西南方，吴佩孚自任联军总司令。到阴历十月中旬，奉军将领郭松龄忽然倒戈，又过了几天直督李景林忽然对冯玉祥宣战，于是战争在津浦路、京津路一带以及北方展开，一时甚为激烈。至十一月冯军进入天津，郭松龄进入东北的计划失败。到十二月战争遂暂时止息。卦象无一不与事实相对应，虽然说战争由人事来决定，却好像天意已定。

筮段政府命运

乙丑九月初五日，在署为同人占段政府命运，遇地山谦䷎变艮䷳。曰：“坤母也，国也，众也（《谦》外卦坤）。艮止也，终也（内卦艮）。众而止一国之母，有终止之象。且遇卦、之卦皆为艮，是凡属执政者皆从此终止也。又艮止也，潜也，伏也，众而止，必皆隐去也。又艮为东北，位当寅①，其命运之终止必寅日也。又遇卦、之卦二至四皆互坎，恐有危险也。又三至五互震，震为车，必车行遇险而受震惊也。”及至阴历十月十一日，曾毓隽被捕，执政府阁员星散避匿，命运遂终。而是日正为甲寅（后学生围执政第甚险，徐树铮车行遇险，皆验）。

注释：

①艮为东北，位当寅：依后天八卦方位，艮为东北，而寅为东稍偏北，故艮为东北位当寅。

译文：

乙丑年（即1925年）九月初五日，我在官署为同仁占断段其瑞政府命运如何，遇地山谦䷎变艮䷳。我占断说：“谦之上坤为母为国为众，谦之外卦艮为止，止为终，因而谦卦是众而止于一国之母，有终止之象。况且本卦谦之下卦为艮，变卦为艮，艮众多，这是说凡属于执政者皆从此而结束其政命。又艮为止，为潜，为伏，众多而潜止，这必定是全部隐退。又艮为东北，其位当寅，必艮止于寅，其命运之终止一定是在寅日。又本卦变卦二爻至四爻互体皆为坎卦，坎为陷险，恐其有危险。又本卦变卦三爻至五爻皆互体为震卦，震为车，下与所互之坎险相连，一定是行车遇险而受惊吓。”至阴历十月十一日，曾毓隽被捕，段祺瑞政府阁员皆四散逃避，段政府命运遂告终结，而这一天恰为甲寅日（之后学生包围段执政官第，情势甚险；徐树铮车行亦遇险。此筮案所断皆验）。

筮直派奉派胜负

乙丑九月十七日午后，在部中，同人请卦直奉最后胜负。时徐州大战尚未分胜负。余为布卦，得坤☷之蒙☶。断曰："坤为土、为柄、为众，而位西南，是西南有得政柄、得众心之象。又坤繇辞云：'西南得朋，东北丧朋'，最后奉张必失援势孤，又蒙之反对曰蹇☵，蹇繇辞亦'利西南，不利东北'，是奉张之不利决矣。又蒙上艮、下坎，艮为止、为终，坎为险、为陷，而艮位东北，坎为内卦，是东北之危险伏在内而不尽在外也。而蒙二至四互震，必有时爆发于内也。"

时张作霖雄兵全在北方，冯军力避其锋，莫与为敌。不料至十月初十日，郭松龄倒戈反张作霖，半月余遂鼓行出关，定锦州，据新民屯，奉张势力减去八九，则艮止、坎险之应也。又"西南得朋"（吴佩孚本以讨张为名，郭反张则吴得朋，张丧朋，冯讨张亦然），东北丧朋之验也。惟象云："东北丧朋，乃终有庆。"最后奉张或乃获胜未可知也。尤奇者，坤二爻动，二爻辞云："直方大，不习无不利"①，词意巧合。上六动，上六爻辞云："龙战于野，其血玄黄"②。以数月之事，南方、北方之变乱成败、幽微曲折尽见于二卦之中，非《易》之神，焉能如此哉（后郭果败，张果胜）！

注释：

①直方大，不习无不利：直行横行皆一望无际，不熟悉没有不顺利的。直，直行；方，横行；不习，不熟悉。

②龙战于野，其血玄黄：龙战于田野，龙血着土后青黄混杂。

译文：

乙丑年（即1925年）九月十七日午后，部中同仁请我用《周易》决断直军奉军最后胜负如何。当时徐州大战尚未分出胜负。我揲蓍布卦之后，起得坤☷变为山水蒙卦☶。我占断说："本卦坤为土为柄为众，其位在西南，这是西南方有得政权、得民心之象。坤卦卦辞说'西南可得到朋友，东北则丧失朋友'，最终奉天张作霖必失去援助而势力孤单。又变卦蒙之反对卦为水山蹇☵，蹇卦卦辞亦是'利于西南，不利于东北'，因而奉天张作霖不利之大局一定。蒙卦上为艮下为坎，艮为止为终，坎为险为陷，艮位在东北，坎之险在内卦，因而东北张作霖之危险伏于内部而并不尽在外。蒙卦二爻至四爻互体为震卦，震为动，则危险必随时爆发于内。"

当时张作霖的雄兵全在北方，冯玉祥的军队力避其锋，莫与其敌。不料十月初十日，郭松龄倒戈反对张作霖，半月时间鼓行出关，攻克锦州，占据新民屯，奉天张作霖的势力于是减去十之八九，这就是艮止坎险之应。吴佩孚本以讨伐张作霖为名，郭松龄反张作霖则吴佩孚得朋而张作霖丧朋，冯玉祥讨伐张作霖亦然，这即"西南得朋、东北丧朋"之验。惟坤卦彖辞说："东北丧朋，乃终有庆"，最后奉天张作霖获胜也未可知。更神奇的是，坤卦二爻动，其爻辞说："直行横行皆一望无际，不熟悉亦无不顺利"，词意也甚为巧合。坤卦上六爻动，其爻辞说："龙战于野，其血玄黄。"发生于数月之中的事情，南方北方的变乱成败、幽微曲折尽见于此二卦之中，如果不是《周易》之神奇，又焉能如此（以后郭松龄果然败北，张作霖果然取胜）！

筮北京安危

十月初三日，时奉军压迫京师，冯军北退，京城市民慌惑。余至署，友人言简斋、叶希文等请余卦京城安危，余即布卦，得坤☷。贺曰："安贞吉"①，诸友咸喜而心疑为安慰之辞。不数日，冯奉妥协，奉军撤退。又数日，而郭军反戈，去都益远，京城安谧如恒。人始服卦果验也。

注释：

①安贞吉：安于守正道则吉，或谓占问安否则吉。此取后者。

译文：

十月初三日，当时奉军压迫京城，冯军向北退去，京城市民遂恐慌忧虑。我到官署，朋友言简斋、叶希文等人请占断京城安危情况，我当即揲蓍布卦，起得坤卦䷁。遂对众人贺道："安贞吉"，众友皆喜，但心存疑虑，认为这只是安慰之辞。过了不几天，冯军奉军达成妥协，奉军撤退。又过了几天，郭松龄倒戈，离京城更远，京城于是平安如常，大家开始信服我的卦果然灵验。

筮侄枢等归娶

十月初二日，侄枢及侄孙涛原订十月二十一日归娶，而有兵事，惧路不通，然又不能废学早归，拟至十五、六等日归，遂为卦之。遇归妹䷵之临䷒，四爻动，爻辞云："归妹愆期，迟归有时"[①]，乍观之似不得归也。然卦变临，临者到也，四爻爻辞云："至临，无咎"，又似能归也。疑不能决。

及至十三日，火车忽阻，以为必不能归。及至十八日，火车又通，竟得归娶。乃悟爻辞云"愆期"者，愆原定归期，不过稍迟耳，究有时归也。况之卦爻辞临无咎也。当时以词太显著，未及察象，后观归妹之象，外震内兑，震为长男，兑为少女，男外女内，必娶之象。因是益知察象愈于取辞矣。

注释：

①归妹愆期，迟归有时：少女出嫁延期，迟嫁因有所待。愆，延误。归，古嫁女曰归。

译文：

十月初二日，侄尚枢及孙涛原订于十月二十一日嫁娶，因有战事，害怕道路不通但，又不能荒废学业早些回来，打算到十二月十五日、十六日回来，我于是为他们起了一卦。起得雷泽归妹䷵变为地泽临䷒，四爻动，其爻辞说："少女出嫁延期，因其有所等待"，乍观爻辞似不能归。然而变卦为临，临者为到，其四爻爻辞又说："至临，无咎"，似乎又能归。两相疑惑而不能决断。

至十三日，火车忽然受阻，认为他们一定回不来。至十八日，火车又通，竟能回来娶妻。始悟爻辞说"愆期"，是说延原定之归期，不过稍迟而已，终究是要回来。况且之卦爻辞至临无咎害。当时因为爻辞之义太过显著，未能察卦象之义，之后观归妹卦象，归妹外为震内为兑，震为长男，兑为少女，男居外女在内，必娶妻之象。因而益知察象之验愈于取辞。

筮鹿司令前途

十月十一日，在警卫司令部为鹿太翁朴儒先生筮鹿瑞伯司令前途，遇同人䷌之丰䷶。曰："同人上乾，乾为首，下离，离为日，二者皆有君象，是应司令将为一方首领之象。又乾健离明，光照天下，必将向明而治，发越光明而大有为也。又乾变为震，震威也，起也，有振威奋起之象，必得大权。"未几，果兼任京师警察总监及市政督办，京师大权集于一身。又未几，帅兵南克天津，耀武克敌，与卦象悉符焉。惟卦象得伏吟，为小疵耳。

又按纳甲法占，时为亥月甲寅日，三爻亥水为世爻，而官星持世，所谓世临月建值官星，官爻可谓旺极。况亥又与日建寅合，五爻动申金来生世官，上爻复动戌土来生申金，节节相生，世官之旺为卜筮所罕睹，许亥日超迁。后果于亥日兼总监，寅日兼督办，仍应在月日，亦可谓奇矣。

译文：

十月十一日，在警卫司令部为鹿太翁朴儒先生筮占鹿瑞伯（钟麟）司令前途，起得天火同人䷌变雷火丰䷶。我占断说："同人之上卦为乾，乾为首，下卦为离，离为日，二者都有君王之象，是鹿司令将为一方首领之象。又乾为刚健，离为文明，离之光明照于乾天之下，这必将向明而治，越发光明而将大有作为。又同人之上乾变为丰之上震，乾为王为君，震为威为起，故有振威奋起之象，必得大权。”过了不长时间，鹿瑞伯果然兼任京师警察总监及市政督办，集京师大权于一身。又过了不久，统帅军队攻克天津，耀武扬威，克敌制胜，皆与卦象相符。只是卦象为伏吟，恐有小疵。

若按纳甲法占断，其时在亥月甲寅日，三爻亥水为世爻，官星持世，所谓世临月建值官星，月建得令当权，官爻可谓旺相之极。况且世之亥爻又与日建寅相合，五爻申金发动来生世官之亥水，上爻戌土复动来生申金，节续相生，世爻官星之旺恐为卜篮者所罕见，因而许其亥日升迁。后来果于亥日兼任警察总监，寅日兼市政督办，仍应在所断之月日地支，可谓奇验。

附同人之丰之纳甲卦图：

亥月甲寅日

子孙	戌——	应	子孙	戌 - -	变
妻财	申——		妻财	申 - -	变
兄弟	午——		兄弟	午——	
官鬼	亥——	世	官鬼	亥——	
子孙	丑 - -		子孙	丑 - -	
父母	卯——		父母	卯——	
	同人			丰	

为鹿司令篮取天津期

十月三十日，余往警卫司令部访鹿太翁闲谈，时冯军攻北仓正不利，瑞伯司令闻余至，令余卦之，遇风天小畜䷈。余拱手贺曰：“必得天津矣。”何言之？小畜上巽，巽入，巽顺；下乾，乾刚，乾健，而贞我悔彼，以我之刚健临敌之巽顺，必胜之矣。又乾西北也，巽东南也，以方位言，亦当之矣。又乾金也，巽木也，以我之金有不克敌之木者乎？而巽数八，乾数九，天津之入其在下月初八、初九两日乎？然二至四互兑，兑为毁折，三至五互离，离为甲兵，彼我之戈甲毁折亦甚矣。此察象断也。

又按纳甲，筮时为亥月癸酉日，世在初爻值子水，既临王月，而酉日生之，世尤王。所虑者应爻未土克世，应爻为敌，赖上爻卯木暗动克未，敌无力也。又明日即入子月，世爻子水愈得力，以日计之，子月初七日属辰，应爻未土即入墓，初八日巳，未土绝矣，入津之日必巳日也。

瑞伯闻之甚喜，次日即赴敌。果于七日下北仓，初八日晚入津，所刻之日皆验。则以卦象兼纳甲推之益也。

译文：

十月三十日，我到警卫司令部拜访鹿太翁闲谈，当时冯军攻天津北仓正为不利，鹿瑞伯司令听说我已到，令我起卦占断如何，起得风天小畜☴☰。我对鹿瑞伯拱手祝贺道：“必得天津。”为什么这么说呢？小畜上卦为巽，巽为顺入，下卦为乾，乾为刚健，而内卦为我外卦为彼，以我乾之刚健临彼巽之顺入，必能战胜之。又乾为西北，巽为东南，从方位来看，亦能战胜之。乾为金，巽为木，以我之乾金怎能不克敌之巽木？巽之数为八，乾之数为九，攻入天津大概是在下月初八、初九两天吧？然而小畜卦二爻至四爻互体为兑卦，兑为毁折，三爻至五爻互体为离卦，离为甲兵，恐怕彼我兵员伤亡都很严重。这是观察卦象来断。

若按纳甲筮法，筮时是在亥月癸酉日，世在初爻值子水，既临水月为旺，而酉日又来生世，世爻尤其旺相。所虑的只是应爻未土来克世爻子水，应爻即敌，幸上爻卯木酉日冲之为暗动克未土，敌则无力。明日即进入子月，世爻子水愈得其力，以日计之，子月初七属辰，辰为土墓，辰日应爻未即入墓，初八巳日未土为绝，敌绝则无力，因而入津之日必为巳日。

鹿瑞伯闻之大喜，次日即攻敌。果然于七日攻克北仓，初八日晚进入天津，从而所刻定之日期皆验。因而，占断以卦象兼纳甲参断更佳。

附小畜卦纳甲卦图：

亥月　癸酉日

兄弟　卯——

子孙　巳——

妻财　未－－　应

妻财　辰——

兄弟　寅——

父母　子——　世

为张子铭筮子在前敌安否

十一月初六日己卯夜，张子铭袖蓍来访，云子钺从战北仓，久无音信，请筮安否。子铭即盥手揲蓍，遇丰䷶之复䷗。曰："丰内离，离为甲兵，外震，震为长子，震健，是长兄处甲兵之中而贞健也，可无忧矣。又震变坤，尤为长子安贞之显证。又复者阴盛之极，阳气回转，尤为吉利。又子孙爻值卯，子月生之而临日建，三爻亥水动亦来生子孙，变卦又为六合而无一疵，尤保无虞。"果不久有信至也。

译文：

十一月初六己卯日夜，张子铭带着蓍策来访，说其子张钺在北仓参加战斗，久无音信，请占断平安否。张子铭当即洗手而揲蓍布卦。起得雷火丰䷶变为地雷复䷗。我占断说："丰内卦为离，离为甲兵，外卦为震，震为长子，震又为健，这是长兄处于甲兵之中而贞正刚健之象，可以无忧。丰之上震变为复之上坤，坤有'安贞吉'之义，尤为长子安然贞正之明证。复卦为阴气旺盛之极而阳气开始回转，此尤为吉利。子孙爻又值卯木，子月生子孙而子孙又临日建，三爻亥水动又来生子孙爻，变卦又为六合卦而无一小疵，保证无虞。”不久其子果然有信来。

筮冯督办下野

子月己卯日，友人闲谈，云冯军若胜直，冯或移督直隶，令余卦之，得震☳。余曰："震者，动也，起也，而二至四互艮。艮，止也，终也。三至五互坎，坎，陷也，北方也。冯若督直，不应动而北也，且不应有止象也。又艮与坎皆有隐象[①]，意者其退隐乎？而卦又为震动，非退隐也。又卦为六冲，与止象相应，或者其竟起而入山（艮为山），抛弃一切乎？"

及天津下后，又数日，冯竟有下野之电，佥[②]以为必不能。余曰："恐为事实，蓍先告矣。"未几，各方挽劝无效，果下野，督办职务终止（应互艮）。赴欧游历（应震动），乃行至平地泉寒不能行，暂止其处（应坎险），一切职务皆蝉蜕[③]，部下已无一存（应六冲），与卦象符焉。

当冯初有信下野时，即再卜其确否，得无妄☰之屯☵，复为六冲卦。且二至四又互艮，之卦又有坎，与原卦略同，乃益信数之有定矣。

注释：

①艮与坎皆有隐象：艮为山为止，有止于山而不动之象，故其有退隐之意。坎为隐伏，坎更有隐退之义。

②佥：全，都。

③蝉蜕：像蝉蜕皮一样，意为全部脱去、辞去。

译文：

子月己卯日，与友人闲谈，友人说冯玉祥的军队若胜直军，冯玉祥有可能移督直隶，令我起卦占断，起得震☳。我占断说："震为动为起，震卦二爻至四爻互体为艮，艮为止为终，三爻至五爻互体为坎，坎为陷难居北方。冯玉祥如果移督直隶不应动而往北，且不应有艮止之象。艮卦与坎皆有隐退之意，大概是说冯玉祥要退隐吧？而卦又有震动之义，并不是真正退隐山林。又震卦为六冲之卦，与艮止之象相应，或者冯竟起入山林而抛弃一切吧？”

攻克天津之后，又过了几天，冯玉祥竟有下野之电，众人都以为绝不可能。我说：“恐将成事实，蓍策已先告知矣。”不久，各方挽留劝说无效，冯玉祥果然下野，遂辞去督办职务（为互体艮之应）。冯遂赴欧洲游历（应震为动之义），却行至平地有泉寒不能行，于是暂止于一处（应坎之险难），一切职务全部辞掉，部下全部离开而无一留存（应六冲之义），事实皆与卦象符合。

当初冯玉祥刚有下野之意时，我当即再占一卦看是否确实，起得天雷无妄☰☳变为水雷屯☵☳，又是六冲卦。况且无妄卦二爻至四爻又互为艮卦，之卦屯上又有坎，与前一卦略同，因而更加让人确信数之有定。

筮于总长就职

十一月二十四，内务部总长于右任订是日到任，乃俟至日晡[①]未到，同曹言简斋等令余卦之，得离☲☲。曰：“离者，去也。二至四互巽，巽进退不果。三至五互兑，兑为决。而巽为内互，兑为外互，是其初进退不果，最后则决不就职也。”未几，改订二十六日。余曰：“恐仍不来。”果至二十六日又未到，且函内阁他觅人。盖卦象既显著其事之曲折，而纳甲又为六冲，故敢断言也。

注释：

①晡：古代指申时，即午后三时至五时。

译文：

十一月二十四日，内务部总长于右任原订于这一天就职，但等到申时于右任还未到，同曹言简斋等令我用卦决断，起得离☲☲。我占断说：“离为去，二爻至四爻互体为巽，巽为进退还未决断，离三爻至五爻又互体为兑，兑为决断，而互巽在内卦，互兑在外卦，是说起初进退尚未决断，最后则决定不去就职。”不久，于右任改订于二十六日到任。我说：“到时恐怕仍不来。”果然二十六日亦未到，并致函内阁另外觅人。因为卦象既已显示其事之曲折，纳甲六冲又主事体多阻，故敢断其不来。

筮姊病

余姊今年七十一岁，十一月壬寅二十九日得家信，云新病危甚，已不饮食，不语言矣。余忧甚，即布卦，得大壮☳☰。曰：“乾健震动，不日即行动矣。又卦为六冲，新病逢冲即愈。辰土兄爻为用神，辰巳空，凡病逢空亦愈，必不碍也。”又数日，果有信至，已愈。

译文：

我的姐姐今年七十一岁，十一月壬寅二十九日得到家信，说有新病已非常危险，已经不能饮食，不能说话。我非常忧虑，当即揲蓍布卦，起得雷天大壮☳☰。我占断说：“大壮之下乾为刚健，上震为动，过不几日必能行动。大壮卦又为六冲卦，新病逢冲即愈。辰土兄爻为用神，辰巳旬内为空，凡病遇旬空必愈，一定没有什么妨碍。”又过了几天，果然有信至，说姊病已愈。

射洋火柴

新年多暇，辄与儿童为射覆之戏，澄孙覆火柴一茎令射，遇雷火丰☳☲之震☳☳。曰：“内含火质（内卦离），上与木连（二至四互巽）。划而动之，则爆发焉（震为动为爆）。光明闪耀，如雷如电（离为光明，震为雷)。是曰火柴。”其象如见。夫火既与木连，而巽又为直为长为白，是非洋火茎不可。而其用在震，尤非洋火不可也。

译文：

新年时多闲暇，常常与儿童以射覆为戏。澄孙将一根火柴藏起来令我占筮，起得雷火丰䷶变为震䷲。我占断说：“内含火质（丰内卦为离，离为火），上与木连（丰卦二爻至四爻互体为巽，巽为木）。若将其划动，必会爆发（丰之上为震，变卦亦为震，震为动）。光明闪耀，如雷如电（离为光明，震为雷）。这一定是火柴。”火柴之形就好像见到一样。丰下之离火上既与互巽木相连，而巽又为直为长为白，因而必非洋火柴不可。而且其用又在震，尤非洋火柴不可。

射烬余纸烟

小儿等覆纸烟头令射，得兑䷹之坤䷁。曰：“是物也，身有两口（兑为口，重兑），而外有囊（坤为囊），口内衔火（二至四互离），毁则出光（兑毁折，离为光），首之破矣（兑上缺），弃于地上。按卦揣之，非洋火匣即烟卷纸囊。”揭视，果纸烟头。兼射洋火盒者，盒有两口，亦有囊，口内亦有火，无一不与残余烟卷相同。或善筮如管、郭能分之，初学则不能也。

译文：

小儿等覆纸烟头令我射覆，起得兑䷹变为坤䷁。我占断说：“这一物体，身有两口（兑为口，本卦重兑故有两口），而外有囊（变卦坤为囊），口内衔火（兑卦二爻至四爻互体为离卦，离为火），毁则出光（兑为毁折，离为光），其首已破（兑上缺，有破缺之象），而弃于地上（变卦坤为地）。从卦上来推测，不是洋火匣即是烟卷纸囊。”揭开来看，果然是纸烟头。之所以兼筮得洋火盒，因为盒有两口，亦有囊，口内亦涵火，无一不与残余烟卷相同。善筮如管辂、郭璞之人或许能区分之，初学之人恐怕不能。

筮　雪

正月初五夜，有云生，占得雨否，得坎☵之小畜☴。曰：“坎为水，定有雨矣。而乾为玉为冰为寒，巽为白，是雨而变雪也。日为丙子，坎世亦值子，至夜半子时水旺极矣，必雨雪也。但卦变小畜，阴气甚微弱，雪不大耳。”至天晓，果屋瓦皆白，雪厚不盈寸。未几晴。

译文：

正月初五日夜有云，占问能下雨否，起得坎为水☵变为风天小畜☴。我占断说：“本卦坎为水，一定有雨。变卦小畜下乾又为玉为冰为寒，上巽为白，因而是先下雨而后变为下雪。日辰为丙子，坎卦世爻亦值子水，至夜半子时水最旺，必有雨雪。但卦变为风天小畜，小畜五阳一阴，阴气甚为微弱，雪不会大。”天亮时，果然屋瓦皆为雪所覆盖，但雪厚不过一寸。不一会，天又转晴。

射珐琅[①]圆徽章

得天地否☷之火山旅☲。曰：“其形圆（乾为圆），其质坚（乾为坚），金石和搀（乾金艮石），文字模镌[②]（坤为文），又曾经火炼（乾变离），文采斑斓[③]（离为文彩），团团一片，望之俨然[④]，尊卑以见（天尊地卑）。夫其物既为圆，有石质，有文字，为火煅成，似为土制之圆象棋子。而又有金有尊卑，则非徽章不可矣。

注释：

①珐琅：用硼砂、玻璃粉、石英等加铅、锡的氧化物烧制成像釉子的

涂料，涂在金属的表面为装饰，又可防锈。一般的证章、奖章等多为珐琅制品。

②镌：雕刻。

③斑斓：灿烂多彩。

④俨然：庄重。

译文：

起得天地否䷋变为火山旅䷷。遂占断曰：“其形为圆（本卦否上乾为圆），其质坚硬（乾为刚为坚），金石混合而制成（否之上乾为金，二爻至四爻所互艮为石），其上模刻了文字（否之下坤为文），并经火烧制而成（否之上乾变为旅之上离），灿烂多彩，团圆成一片，看上去很庄重，尊卑即能区分出来（否上乾下坤，乾天为尊，坤地为卑）。此物既为圆形、石质之物，上刻有文字，并经火煅制而成，似为土制之圆棋子。而其上又有金有尊卑之分，则非徽章不可。

射带筒小显微镜

枢侄覆带筒小显微镜射，得中孚䷼之姤䷫。初射以中孚有盒象，而含大离[①]，疑是洋火匣。继思遇卦之卦皆有金象[②]，洋火匣无金质。复卦之，得山风蛊䷑之地风升䷭。遇卦仍与中孚无异，中孚巽兑互艮震，蛊艮巽互震兑，仍是原体，乃知卦不我欺也。尤异者，初占之卦似覆碗[③]，再占之卦似仰盂，象尤显著。遂为之繇曰：“形凹如泽（兑象），而体则圆（乾为圆），金石制成（兑金，互艮石），空其中间（中孚象），中间蕴光（互大离为光），如日之芒（离为日）。覆之则金杯（姤象），仰之则盂象（升象）。”夫只圆象而中间有光，尚可为带柄之显微镜，而有杯象则必带筒之显微镜也。

注释：

①大离：中孚卦二爻至五爻有大离之象。

②遇卦之卦皆有金象：中孚下卦为兑，兑为金；姤上卦乾为金，三爻至五爻、二爻至四爻所互乾亦为金。

③覆碗：姤卦初爻为阴爻，阴爻中间空，其余五爻皆阳，阳为实，故姤卦有覆碗象。

译文：

侄尚枢覆带筒之小显微镜让我占筮，起得风泽中孚䷼变为天风姤䷫。开始时以为中孚有盒之象（上、下四爻皆实而中间二爻中空），而内含大离，离为火，疑为洋火匣。继而想到本卦中孚之卦姤皆有金象，而洋火匣却无金质。于是又起了一卦，起得山风蛊䷑变为地风升䷭。本卦蛊仍与中孚卦卦体无太大差别，中孚卦上巽下兑，互体卦为艮、震，蛊卦上艮下巽互体卦为震、兑，仍与中孚之卦体相同，因而始知卦不欺我。尤为令人惊奇的是，初占之卦姤似覆碗，而再占之卦升似仰盂，其形象尤为显著。于是占断说："此物象泽一样凹陷（中孚之下卦为兑，兑为泽），其体为圆（姤之上卦乾为圆），由金石制成（中孚之下兑为金，三爻至五爻互艮为石），空其中间（中孚卦有中空之象），中间蕴光（中孚二爻至五爻互为大离，离为光明），如日之芒（大离亦为日）。覆之则为金杯（姤卦之象），仰之则有盂象（升卦之象）。"若只有圆象而中间有光，尚可为带柄之显微镜，而其又有杯象则必为带筒之显微镜。

射皮印囊

小儿等覆皮印囊令射，得观䷓之颐䷚。曰："坤为囊，而颐有大腹象（颐为大离，离为大腹），内孕文章（坤为文），而体则方（坤为方）。且震为萑苇为苍筤，亦有壳状，是必印囊，小印内装。"夜临睡作覆，仓卒难决，至次日始射成。小儿等不知卦理，谓曾偷视。吾自演易理耳，岂与尔等赌胜负哉。其可笑有如此者。

译文：

小儿等覆皮印囊令筮，起得风地观䷓变为山雷颐䷚。我占断说：“观之下坤为囊，而变卦颐有大腹之象（颐卦有大离之象，离为大腹），其内孕有文章（观之内卦为坤，坤为文），其体则方（坤为方）。况且震为萑苇为苍筤竹，亦有皮壳之状，这必定是印囊，内装有小印。”夜晚临睡前作覆，仓猝之间难以决断，到第二天才筮成。小儿等不明卦理，说我晚上曾偷看。我只是推演易理而已，并不是与尔等赌胜负。其可笑如此。

射小方印

澧孙手握小方印，印有布囊装下半有文处，射之，得明夷䷣之临䷒。曰：“坤为布帛为囊而在外，内卦为离，离文章。而卦遇明夷，是文章灭没于内，为囊所障蔽也。且坤为方，两卦皆互震，震为玉，而下泽承之，是一方玉印下承以囊之象也（之卦象）。”启掌，果然。

是虽小道，然布卦时必专精覃思[①]，杂念皆失，庶几得卦，无不冥符。及其推也，必先自信我所布之卦皆从精诚感来，万不能讹。然后罄神[②]凝虑，即象玩占。物体即得，定名为难，掉以轻心，垂成败焉。余如此者屡矣。独此射思不逾时，竟尔得之。私自念言，其有寸进乎？

注释：

①覃思：深思。覃，深。

②罄神：集中精神。罄，尽、用尽。

译文：

孙尚澧手中握小方印，方印下方有布囊装着有字的地方。用卦筮之，起得地火明夷䷣变为地泽临䷒。我占断说：“本卦明夷之上坤为布帛为囊而在外，明夷之下卦为离，离为文章。而卦又遇地火明夷，必是文章灭没于内，为布囊所障蔽。况且坤为方，明夷卦三爻至五爻、临卦二爻至四爻互体皆为震卦，震为玉，临之下卦兑为泽而迎承之，这是一方玉印之下承以布囊之象（变卦临之象）。”启开手掌，果然是小方印。

射覆虽属卜筮之小道，然而揲蓍布卦必须精神集中意念一致，杂念皆除，则所得之卦无不与所筮之事契符。推断时，必须先自己确信揲蓍所得之卦皆从精诚至感而来，必不会错。然后尽神凝虑，察卦象而玩变占。筮出物体之后，定名是一个难题，如果掉以轻心，必功败垂成。我曾经经历了好几次。惟独这一射例没用思考多长时间，一会即筮成。心下私自说，大概是射覆之术有进步吧？

又射残纸烟

得泰䷊。曰："坤为囊，乾为衣为圆，而二至四互兑，兑为口为毁折，三至五互震，震为雷火为气为震动，是此物为圆筒无疑。而雷火爆发于口内，则物遭毁折矣，殆已燃之爆竹筒也。"启视，仍残余烟卷头。

其为囊为衣为圆，及火爆发于口内而遭毁折，无一不符。无如两物太相类，遂致混淆。甚矣，定名之难。然管辂射覆亦梳以为枇，此等处虽古之善筮者，盖亦无如何也。

译文：

起得地天泰䷊。我占断说："泰之上坤为囊，下乾为衣为圆，而泰卦二爻至四爻互体又为兑卦，兑为口为毁折，三爻至五爻互体为震卦，震为雷火为气为震动，因而此物属圆筒无疑。互震之下为互兑，则是雷火爆发于口内，其物已遭毁折，大概是已燃放过的爆竹筒。"启开来看，仍然是残余的烟卷头。

爆竹筒和卷烟头与为囊为衣为圆，以及火爆发于口内而遭毁折，无一不与卦象相符。只是两物太相似，以致混淆。射覆确定物体之名真是太难。然而即使是管辂射覆也常以梳为枇。此等易淆之处，即使是古之善筮者，恐亦无可奈何吧。

射琉璃印色盒

得火水未济䷿。曰：“圆如日（离为日），白似月（坎为月），外见光明（离为光明，在外卦），内孕赤血（坎为赤为血，在内卦），网罗重重[①]（离为网罗，重离故云），矫揉造作（坎为矫揉）。是殆玻璃印色盒子也。”启覆，果然。

注释：

①网罗重重：未济上卦为离，二爻至四爻互体亦为离卦，双离故重，又离为网罗，所以说网罗重重。

译文：

起得火水未济卦䷿。我占断说：“圆如日（未济之上为离，离为日），白似月（未济之下卦为坎，坎为月），外见光明（离为光明，在外卦），内孕赤血（坎为赤为血，在内卦），网罗重重（离为网罗，重离故曰网罗重重），矫揉造作（坎为矫揉）。这大概是琉璃印色盒。”打开一看，果然是琉璃印色盒。

射包烟卷锡纸球

得雷水解䷧之大壮䷡。曰：“明如水，圆似月（互离为明，坎为水月），其质金（乾为金），其形薄（坎为薄），闪电光（震为雷），文明发（离为文明）。其仍为圆洋铁片耶?”启覆，乃包烟锡纸，揉为球。

所射虽皆中，然有胜义。坎为矫揉，重坎有将锡纸揉为球之象。又卦为解，上为震，震所以载物，有从烟包解下之象。轻易推之，遂而不着。

将启覆，儿童大哗，以为无金质，是纸，相去远矣。岂知锡纸仍是金，虽揉为球，原象固甚薄也。细思之，占辞仍中，特定名差耳。

译文：

起得雪水解䷧变为雷天大壮䷡。我占断说：“其明如水，圆似月（解卦二爻至四爻互体为离卦，离为明，三爻至五爻互体为坎卦，坎为水月），其质属金（大壮之下乾为金），其形甚薄（坎为薄），闪着电光（解之上震、大壮之上震亦为雷），文明发（解之互离为文明）。大概仍为圆洋铁片吧？”启覆视之，乃包烟之锡纸而揉为球状。

射辞虽皆中，然锡纸球之义更佳。坎为矫揉，解卦下坎，三爻至五爻亦互为坎，重坎亦有将锡纸揉为球之象。又卦为解，解之上卦为震，震所以载物，有从烟包解下之象。轻易推断，因而未射中。将启覆之时，儿童大哗，认为无金之质，离纸相去甚远。岂知锡纸仍带金，虽揉为球状，原象本来甚薄。细细考虑，占辞仍中，只是定名差错而已。

射纸烟卷筒内之洋铁片

得火山旅䷷之火泽睽䷥。曰：“光溢如日（上离为日），形凹而圆（三至五互兑泽，日圆象），兑金为质，生本于山（兑从艮变来），锤打极薄（兑为毁折，两卦皆互坎，坎为薄），身轻如叶，而文章烂焉（离为文），是为洋铁片。”揭视，果然。但叠至七八片之多，乃悟之卦重离，未察为疏耳。然上有文字，连带射着，则又出意外也。

译文：

起得火山旅䷷变为火泽睽䷥。我占断说：“光溢如日（旅、睽之上卦皆为离，离为日），形凹而圆（旅卦三爻至五爻互兑，兑为泽，泽为凹，旅之上离为日，日有圆象），兑之质为金，本生于山（睽之下兑系从旅之下艮变来)，锤打极薄（兑为毁折，旅之二爻至五爻互为大坎之象，睽卦三爻至五爻互坎卦，坎为薄)，其身轻如叶，而其上有文字（离为文)，这必是洋铁片。”揭开来看，果然是洋铁片。但是洋铁片叠有七八片之多，始悟之卦重离为多，未详察而至疏忽耳。然其上有文字，附带射着，则又出于意外。

射囊中铜币数

得中孚䷼之家人䷤。曰：“兑为九[①]，之卦离亦为九[②]（用洛书数)。而兑为金，离为圆，是金圆有九枚，而巽数八[③]，合之共十七也。”数之，大铜币八枚，小者一枚，恰九枚。而大者一枚为两文，八枚为十六，合小币一枚，共十七，与卦象巧合焉。

注释：

①兑为九：此用后天卦配河图数。

②离亦为九：此用后天卦配洛书数。

③巽数八：此亦用后天卦配河图数。

译文：

起得风泽中孚䷼，变为风火家人䷤。我占断说：“本卦中孚下兑之数为九，之卦下离之数亦为九（此用后天卦配洛书数)。而兑为金，离为圆，是有金圆九枚，而巽之数为八，合之共计十七。”数之，计有大铜币八枚，小铜币一枚，恰好九枚。而大铜币一枚为两文，八枚计十六文，合小铜币共十七，又与卦象巧合。

射橘皮

侄孙澄覆暗送橘皮，请射，得同人䷌之无妄䷘。曰：“是物也，其身甚圆，大腹皤[1]然（天为圆，离为大腹）。而乾为衣为皮[2]，震为壳为鸣，其空其中，摇则发声者乎（震为鸣）？殆小皮鼓也。”揭视，乃橘皮。

圆身、大腹、皮壳、空中皆着，惟鸣不着，继思乾为木果为衣，震为竹为苇，皆与皮壳相应。而互艮又为果蓏，震又为黄[3]，是橘皮之象显然。不澄心罄思，则不能射至尽头处；不至尽头，则物有循形。其难有如此者？

注释：

①皤：形容白色。

②乾为衣为皮：此皆不见录于《说卦》，不知其何据。

③震又为黄：按通常解释，震当为青。但《说卦》云震“为玄黄”，故此处引震为黄。

译文：

侄孙澄覆橘皮请我占筮，起得天火同人☰☲变为天雷无妄☰☳。我占断说：“此物其身甚圆，大腹皤然（同人之上乾天为圆，下离为大腹）。而乾又为衣为皮，震为壳为震鸣，其中间为空，摇动则能发声（无妄之下震为鸣）？大概是小皮鼓。”揭开来看，却是橘皮。

其身圆、为大腹、为皮壳、中间空皆筮中，惟震鸣未筮中。继而考虑到乾为木果为衣，震为竹为苇，皆与皮壳相应。面无妄卦二爻至四爻所互艮卦又为果蓏，无妄之下震又为黄，此显然为橘皮之象。若非澄心静虑尽思，则不能射至物之尽头；不能射至物之尽头，则物必遁形而难射中。做事之难有难于如此射覆的吗？

射画图规矩

孙澧覆规矩令射，得困☱☵之渐☴☶。察两卦皆有巽，知其物形长，或为木质。而遇卦又有兑金，不能决，复卦之，得同人☰☲之无妄☰☳。两卦皆有乾金，乃定其物为金质。而占曰："金质长肩（巽为长），其首则圆（乾为首为圆），下分两股（巽为股，艮为指），其末则尖（坎为棘），文章富丽（四卦皆有离，离为文为丽），光辉烂焉。"射至此，曰必是订书之黄铜钉，圆首而下分两股者。答曰："所射皆是，然非钉也。"乃令勿启覆。再察卦内尚有水象，复曰："口内衔水（本卦外兑内坎），曳则涌泉（坎为曳），足之所覆，其迹多圆（震为足，乾、离皆圆象）"，必作图之规矩也。

后四语若能一气射成，则去古人不远矣。惜乎其在天机微泄之后也。

译文：

孙澧覆画图规矩令我占筮，起得泽水困☱变为风山渐☴。困卦三爻至五爻互体为巽卦，渐上体亦为巽，巽为长，知此物其形必长，巽又为木，其物或为木质。但本卦困上卦为兑，兑为金，似又为金质，故不能决断，于是又起了一卦，起得天火同人☰变为天雷无妄☰。同人、无妄两卦皆有乾，乾为金，乃定此物必为金属制品。于是占断说："为金质而长肩（困之上兑为金，渐之上巽为长），其首则圆（同人、无妄之上乾皆为首为圆）；下分两股（无妄二爻至四爻互体为艮卦，三爻至五爻互体为巽卦。巽为股，艮为指），其末则尖（兑之下卦为坎，坎在下为末，坎又为棘，棘为尖），文章富丽（困卦二爻至四爻互体为离，渐卦三爻至五爻互体为离，同人之下卦为离，无妄初爻至四爻有大离之象，离为文为丽），光辉灿烂。"筮至此处，说这一定是订书的黄铜钉，属于圆首而下分两股的那一种。但澧答曰："筮辞皆中，但并不是圆图钉。"于是令先不要启覆，再细察卦象。发现卦内尚有水象，于是又占断说："口内衔水（本卦困外为兑内为坎，兑为水泽，坎为水），曳则涌泉（坎为曳），足之所覆，其迹多圆（无妄之下震为足，乾、离为圆），一定为作图的规矩（即圆规）。"

后四句若能一气筮成，则离古人春秋筮法之秘旨已不远。只可惜这四句是在天机微泄之后才筮出的。

射玛瑙水勺

余几上有小圆玛瑙水盛，其酌水勺亦玛瑙制，形甚怪奇。小儿等欲以窘余，潜覆令射，得困䷮之节䷻。果只射得其物有光，且居于盒口之内，至其形其质皆未射着。

启覆思之，勺形变曲，下端似舌而略凹，上端有首而不圆，似鸟首非鸟首，卦实难以形容，乃舍其形而言其用。初学不知其狡侩，遂难全着。然卦由至诚筮来，无不奇合。遇卦外兑内坎，兑有壶象，坎者水，而卦名为困，示此勺永困处泽水之中也。之卦外水内兑，而卦名为节，示此物能酌水于壶外而不能多用之，有节也。全示勺之用也。

后与友人张子铭语及，子铭云："是固然矣，然玛瑙勺似水精，且居壶内者半，壶外者半。坎为水精，为弯曲，困坎居内是水精勺处于壶内也。节坎居外，是水精勺露于壶外也。且两卦互离，有光明之物也。"义亦精当。

译文：

我的几案上有一个盛水的小圆玛瑙容器，其酌水勺亦为玛瑙所制，形状甚为奇怪。小儿等想使我窘迫，潜藏玛瑙水勺作覆令我筮，起得泽水困䷮变为水泽节䷻。果然只筮中其物有光，且居于盒口之内，至于其形其质皆未筮中。

启覆之后思之，水勺之形已变弯曲，下端似舌而略凹陷，上端有首却不圆整，似鸟首之形却又不是鸟首，实在难以用卦来形容，于是才舍其形而言其用。初学不知其狡侩之处，因而难以全部筮中。然卦是由至诚而筮得，却无不与事实奇合。本卦困外卦为兑，内卦为坎，兑有壶象，坎为水，且卦名又为困，显示此勺永远困处于泽水之中。变卦节外坎水内兑金，卦名又为节，是说此物能酌水于壶外却不能多用，因使用须节制。这全是讲的水勺之用途。

以后与友人张子铭谈及此卦，张子铭说：“固然是这样，但玛瑙水勺本来似水精，况且其居壶内者一半，居壶外者一半。坎为水，又为精，为弯曲，困卦坎居内是说水精勺处于壶内。节之坎居其外卦，是说水精勺露于壶外。况且困卦二爻至四爻互体为离卦，节卦二爻至五爻互为大离，离为光明，故必为有光明之物。”此解亦甚为精当。

原　跋

揲蓍为占，源本易理，固矣。而决断推测，古人筮案，尤贵精研。犹学文者之先诵古文，习绘者之先读古画也。顾数千年来筮案如林，竟无专书荟萃其全，以资考览。偶有之，如《太平御览》所辑，又苦无注释，难以索解，且甚缺略。至清初李刚主所为《筮考》有注释矣，仍寥落无几事，学者病焉。

吾师滋溪老人以古文专家精游艺，余事偶为人筮，无不奇中。暇辄搜录古人筮案，自春秋以迄明清，凡以易筮而存有本卦者，靡弗抄录，并详加注释，俾幽深奥衍之筮辞豁然洞解。

其间如郭璞之占龙车、占怪兽、占犬豕交，胡宏之筮陆阜遇冯刘得祸，千百年来从无人能解其义。先生按卦冥思穷索，一一剖解。及既释明，然后叹古人所炫为神奇者，仍无一不本于易理，甚平易也。盖非郭、胡之神于筮不能为此占，亦非先生之邃于易不能为此注解。

尤奇者，魏管辂之射印囊、山鸡毛、燕卵、蜂窠、蜘蛛，陈志皆失其本卦，至使古今最有名之射覆术竟不传。先生能即筮辞推得本卦，丝毫不爽，其有功于筮术尤大。

至谓用九用六为圣人之明筮例而非占辞，且专指三变成一爻，言非六爻全变。其谓六爻全变者，乃《左传》杜注之误也，尤足正汉、魏以来注疏家之谬，扫除蒙说，独标真谛，于经义阐明尤为有功。洵晚近之奇著，筮史之大成已。

近今世界各国学问相流通，而哲学尤重。如我国之易筮，所谓世界极深之哲学，非耶？而继述肄习者，寂无闻焉，更何望发挥于峤外乎？兹编出，吾知于易学裨益良非浅鲜。殿臣等既怂恿付梓。及既竣事，爰志数语，以告治易者。

受业刘殿臣谨识

主要参考书目

《周易概论》，刘大钧著，齐鲁书社 1986 年版。

《周易古经白话解》，刘大钧、林忠军著，山东友谊书社 1989 年版。

《周易传文白话解》，刘大钧、林忠军注译，齐鲁书社 1993 年版。

《春秋哲学》，周立升主编，山东大学出版社 1989 年版。

《梅花易数白话解》，刘光本、荣益译评，山东人民出版社 1993 年版。

《周易尚氏学》，尚秉和著，中华书局 1980 年版。

《焦氏易林注》，尚秉和注，中国书店 1990 年版。

《周易大传今注》，高亨著，齐鲁书社 1979 年版。

《周易译注》，黄寿祺、张善文撰，上海古籍出版社 1989 年版。

《周易古经今注》，高亨著，中华书局 1984 年版。

《周易杂论》，高亨著，中华书局 1979 年版。

《春秋左传诂》，清洪亮吉撰，中华书局 1987 年版。

《易童子问》，宋欧阳修撰，《欧阳文忠公全集》（光绪本）。

《周易本义》，宋朱熹撰，金陵书局本。

《易学象数论》，清黄宗羲撰，广雅书局本。

《易图明辨》，清胡渭撰，《图书集成》本。

《易学启蒙》，宋朱熹撰，西京清麓丛书正编本。

《古周易订诂》，明何楷撰，文渊阁《四库全书》本。

《焦氏易诂》，尚秉和撰，1934 年刊本。

《仲氏易》，清毛奇龄撰，文渊阁《四库全书》本。

《周易通义》，李镜池撰，中华书局 1981 年版。

后　记

尚秉和所辑之《周易古筮考》，以其深厚功力，精考自春秋以迄明清的历代古人筮案，对千古以来一向秘而不宣的纳甲筮法、梅花易数之精髓都有独到之见，堪称千百年来研讨《周易》象数、筮法的第一奇书，于象数易学贡献尤大。

然而，价值如此之高的《周易古筮考》，因其文字晦涩古奥，内容艰深，又无句读，几十年来竟疏于流传，一般读者无缘见到。为此，特对尚氏原著予以校点，对其中繁多的象数术语、芜杂的卦象、神妙的易数以及晦涩难懂之处详加注释，对其文适当加以解译和评析，并阐明个人的观点，以期促进象数易学的研究，为当代易学研究做一点贡献。

在本书的撰写过程中，著名易学家刘大钧教授自始至终给予了大力支持。刘先生在百忙中亲为该书制序，尤为拙稿增辉，在此谨致谢忱。

由于水平所限，时间仓促，书中定有许多纰漏，切望学界前辈和广大读者批评指正。

刘光本